本书得到云南财经大学博士学术基金全额资助出版

能源转型与大国崛起

许　剑◎著

ENERGY TRANSITIONS AND THE RISE OF GREAT POWERS

经济管理出版社
ECONOMY & MANAGEMENT PUBLISHING HOUSE

图书在版编目（CIP）数据

能源转型与大国崛起/许剑著．—北京：经济管理出版社，2023.8
ISBN 978-7-5096-9193-9

Ⅰ.①能…　Ⅱ.①许…　Ⅲ.①能源经济—研究—中国　Ⅳ.①F426.2

中国国家版本馆 CIP 数据核字(2023)第 158559 号

组稿编辑：郭　飞
责任编辑：郭　飞
责任印制：许　艳
责任校对：陈　颖

出版发行：经济管理出版社
（北京市海淀区北蜂窝 8 号中雅大厦 A 座 11 层　100038）
网　　址：www. E-mp. com. cn
电　　话：（010）51915602
印　　刷：唐山玺诚印务有限公司
经　　销：新华书店
开　　本：720mm×1000mm/16
印　　张：14.75
字　　数：227 千字
版　　次：2023 年 9 月第 1 版　　2023 年 9 月第 1 次印刷
书　　号：ISBN 978-7-5096-9193-9
定　　价：88.00 元

前　言

近代以来，人类能源利用史上至少经历了两次重大的能源转型，即从柴薪到煤炭及从煤炭到石油，两次重大国际能源转型成就了两个历史阶段的世界霸权——英国和美国，以及众多的世界大国或区域强国，进而引发了全球重大的地缘政治变迁和人类文明形态的演化。能源及能源转型在人类历史进程中的重要作用和意义不言自明。然而，事实证明，两者间的互动关系至今仍未得到清晰的展现。对此重大历史和现实问题，经济学、历史学、政治学以及国际关系语焉不详。因此，如何从能源转型的视角来看待大国崛起和大国间的权力转移是目前国际关系研究中一个值得关注的领域。

本书试图研究自近代民族国家诞生以来能源转型的演进与大国崛起的变化，强调能源转型对大国崛起的巨大推动作用。在研究思路上，本书试图在两次国际能源转型历史阶段的划分下，从能源资源、关联技术、市场联系等几个方面来论证能源转型对大国崛起的影响和推动，回顾了历史上能源转型引领国在能源转型下引领了世界范围内生产生活方式、交通运输、金融贸易等方面的变革和变化，从而获取了国际权力并崛起为世界霸权。在这样的历史进程中，能源转型引领与霸权崛起形成了内在的逻辑联系。与此同时，能源转型引领国的崛起又推进了国际能源转型进程。能源转型跟随国也得以在该进程中实现“次优状态”崛起，限制这样崛起状态的一个重要因素是受困于“能源依赖困境”。

围绕近代以来的能源转型与大国崛起两大历史现象，全书分为六章。第一章导论部分提出了本书的研究问题、价值和意义，对本书选题的相关国内外研究现状进行了综述与述评，对有关概念进行了界定，提出有关命题假设并建立理论分析框架。第二章主要对国际能源转型下的大国崛起现象进行历史回顾和经验验证，包括近代欧洲殖民霸权葡萄牙、西班牙、荷兰的兴起与能源初始转型尝试、由英国引领的第一次国际能源转型下的大国崛起、由美国引领的第二次国际能源转型下的大国崛起或持续崛起。第三章主要分析两个历史阶段的能源转型主导国英国和美国开启引领能源转型的条件——资源禀赋、技术能力、市场规模和制度与社会环境等。能源转型的开启和实现是一系列条件“完美风暴”组合的产物，其既是历史的偶然，也是历史的必然。第四章着重分析能源转型引领下霸权崛起的经济优势，即英国和美国分别通过引领第一次国际能源转型和第二次国际能源转型，进而触发了经济转型和社会转型的连锁反应，在这个过程中英美两国进而能在其主导的经济形态中获取结构性权力和权威，并崛起为不同历史阶段的世界霸权。第五章分析了两次国际能源转型期间有关能源转型跟随国所遭遇的“能源依赖困境”的具体案例。通过几个主要案例的历史回顾分析，本书认为这一困境是制约能源转型跟随国成功进行霸权挑战的一项重要因素。第六章对能源转型与大国崛起的历史经验及启示进行归纳分析并得出全书结论。

本书在遵循马克思主义唯物辩证法的基础上，参考国际关系历史社会学的研究路径，主要采用文献梳理和占有资料进行历史分析和实证研究。同时，采用演绎、比较研究、归纳与建构等方法，在借鉴和参考有关理论基础上提出理论假设，并根据对历史经验的观察作出检验、归纳和总结。总体来看，本书采用的是一种基于近代以来有关国别经济史基础上的国际政治经济学和历史社会学的研究方法。

本书的创新之处在于：

第一，试图把有关大国崛起理论与能源转型结合起来进行融合创新，并试图论述自近代以来能源转型对大国崛起的影响及大国崛起对能源转型的影响。本书力图在能源转型这一视野下初步提出把大国崛起的经济进程和政治进程联系起来的理论概念，深化对能源转型和大国崛起这两大历史现象的认识。通过分析，本书认为能源作为一种经济发展要素，对国家经济起飞和崛起必不可少，但能源的能量最大化表现形式是通过能源转型转变为主导能源，其中能引领国际能源转型的能源引领国或主导国有能力崛起为世界霸权，在崛起为世界霸权的过程中它又会推动国际能源转型和能源转型跟随国的经济起飞和崛起。能源转型与大国崛起得以形成互为条件的双向关系。然而不是所有的大国都能引领国际能源转型的发生，只有具备能源资源优势、技术领先优势、市场规模优势以及有利的制度与环境优势的大国才有可能率先进行新能源的转型并主导能源转型进程，从而引领国际能源转型的发生。

第二，对能源转型及大国崛起从不同历史阶段进行分析，从历史演化和动态视角看待能源体系的周期性变化和大国崛起带来的国际权力周期性变化。在认识方面，初步尝试发现与建立两者之间的联系。大国崛起的基础在于经济起飞。经济起飞的本质是经济的转型升级及其由此引起的社会转型。由于能源转型本质上引领和涵盖了经济转型和社会转型，这对我们理解大国崛起和国际权力变化更具直观性。一次能源转型周期大体可分为两大阶段：能源转型开启—能源转型实现—新一轮能源转型开启前夕。在能源转型不断推进的不同历史阶段进程中，国家经济得以实现崛起并不断从萧条中调整回来，进而实现经济和社会的转型升级。在这个过程中，能源转型引领国之间通过引领实现国际能源转型而完成了国际权力的转移。

第三，分析霸权与能源权力结构变化之间进程的联系并在“安全困境”和“能源安全”概念的基础上提出“能源依赖困境”概念，深化能源安全认识，同时进行历史经验验证。能源转型引领与主导，既是建立主导能源经济形态的过程，也是确立和树立国际领导力与权威的过程。这注定了只有极少数有条件引领能源转型实现的国家才可能崛起到大国等级体系的最高点，即世界霸权或世界强国。能源转型跟随国则失去了这一历史契机，要么崛起在次优地位，要么进行不成功的争霸挑战。其中，从能源资源和能源转型的条件来看，限制这一崛起进程的一项重要因素是基于主导能源经济形态下资源与产品供应保障或扩张竞争的“能源依赖困境”。

第四，从能源转型与大国崛起和国际权力转移的角度为中国实现民族伟大复兴提供了历史启示。其中，最具现实意义的是应评估中国能否成功引领或如何进一步推动新一轮国际能源转型的实现，同时如何避免在同一能源体系下，形成与当前能源体系主导国的“能源依赖困境”乃至国家间的全面冲突与对抗。

目　录

第一章　导论

第一节　问题的提出与选题的意义

一、问题的提出

大国兴衰是国际关系研究中的一项重要内容。众多理论从不同角度对近代以来大国崛起进行了不同的解释，如从战争、国家建构、生产方式等视角进行解释①，从贸易兴起进行解释②，从身份建构的视角来解释③，等

---

① Charles Tilly, *Coercion, Capital, and European States, AD* 1990 – 1992, Oxford: Blackwell, 1992; Karaman Kivanc and Sevket Pamuk, "Different Paths to the Modern State in Europe: The Interaction Between Warfare, Economic Structure, and Political Regime", *American Political Science Review*, Vol. 107, No. 3, 2013; Michael Hechter and William Brustein, "Regional Modes of Production and Patterns of State Formation in Western Europe", *American Journal of Sociology*, Vol. 85, No. 5, 1980.

② Richard Rosecrance, *The Rise of the Trading State*, New York: Basic Books, 1986; Daron Acemoglu, Simon Johnson and James Robinson, "The Rise of Europe: Atlantic Trade, Institutional Change, and Economic Growth", *American Economic Review*, Vol. 95, No. 3, 2005；黄振乾、唐世平：《现代化的"入场券"——现代欧洲国家崛起的定性比较分析》，载《政治学研究》，2018 年第 6 期，第 26–41 页。

③ 封永平著：《大国崛起困境的超越：认同建构与变迁》，北京：中国社会科学出版社，2009 年版。

等。但正如阎学通等所指出的，《大国的兴衰》等著作理论可以解释历史上众多大国衰败的原因和过程（过度扩张），但解释不了一个国家如何才能变得强盛①。如果仅从经济因素解释大国的崛起，就会陷入经济决定论的“泥潭”。那么，有关现实主义理论对大国崛起的解释似乎又陷入了政治决定论“陷阱”。事实上，大国崛起是经济和政治结合各种因素作用的结果，对大国崛起的研究既需要从经济方面看，也需要从政治方面看，而能源转型则是一个很好的切入点。

国家经济发展离不开能源。世界能源的开发、获取、利用是一种经济行为，更是一种政治结果，地缘经济与地缘政治是世界能源这枚“硬币”的两面②。对能源转型与国家崛起之间联系的研究成果并不多见，能源是政治通过其他方式的一种继续③。近代以来，人类社会成功实现了从柴薪到煤炭、从煤炭到石油的两次重大国际能源转型。这两次重大国际能源转型分别成就了两个历史阶段的世界霸权——英国和美国。与此同时，在它们的引领和推动下，能源转型进程得以在世界范围内推进和扩展，这使得众多的世界大国或区域强国也随之实现了相对崛起。

自16世纪中叶以来，随着欧洲寻找替代能源的推进，英国也开始走向用煤炭替代柴薪的能源转型进程，并在随后引发了第一次国际能源转型和工业革命浪潮。作为“煤工业经济”的“引领者”，英国得以有实力和条件不断向世界霸权崛起，而紧跟第一波能源转型浪潮的有关大国也不同程度地实现了经济起飞和国家崛起。进入20世纪后，美国不断引领世界有关国家实现了第二次国际能源转型，通过以“石油工业经济”为特征的能源经济社会形态的建立，美国与英国之间实现了“权力的转移”，从而取代英国崛起为新的世界霸权。与此同时，有关大国也紧跟美

① 以阎学通等为代表的“道义现实主义”主要从“政治革新能力和政治领导力”来解释大国的崛起。参见阎学通、张旗编著：《道义现实主义与中国的崛起战略》，北京：中国社会科学出版社，2018年版，第267页。

② 苗中泉：《世界能源秩序与地缘政治动力》，载《南大亚太评论》，2020年第1期，第154页。

③ 崔守军著：《能源大冲突——能源失序下的大国权力变迁》，北京：石油工业出版社，2013年版，前言第1页。

国第二波能源转型浪潮实现了国家的相对崛起。两次波及全球的重大能源转型不仅推动了有关国家崛起，而且还引发了全球重大的地缘政治变迁和人类文明形态的演化。从国际政治角度来看，这些现象的产生恐怕不仅是一种历史巧合，而是一种能源政治现象的反映。在众多研究中，虽说能源这一因素已被纳入地理环境或自然资源中进行分析，要么被经济学视为经济发展的要素，要么被政治学视为权力的来源。然而对能源转型与国家崛起如此重大的历史和现实问题，经济学、历史学、政治学以及国际关系的研究对此都语焉不详。

因此，如何从历史和理论的角度来解释近代以来的能源转型与大国崛起乃至于大国间的权力转移，能源转型与大国崛起之间存在着怎样的联系？这是国际关系研究里值得关注的领域。基于此，本书试图通过能源转型因素这一视角来解释近代以来历史上的大国崛起。由于史学界对世界近代史的开端存在争议，为了论述方便，本书解析的历史时期主要指欧洲殖民者发现新大陆（地理革命）以来的历史时期，文中有关历史回顾和分析止于美苏争霸、苏联解体这一历史时期。其中主要关注自英国资产阶级革命以来和威斯特伐利亚体系建立以后民族国家变为国际体系主要行为体的这一段时期，这期间的大国崛起现象主要发生在欧美等西方国家，始于葡萄牙、西班牙、荷兰等欧洲殖民霸权兴起，历经了英国、美国世界霸权统治下的法国、俄国、德国、日本、苏联等大国的兴起。

二、选题意义和价值

推动大国崛起的因素众多，能源因素甚至能源转型只是一项必要而非充分条件，也需要避免陷入“能源决定论”的陷阱。尽管如此，本书认为对能源和能源转型这种至关重要因素的导向性的研究，无论在经济学还是在政治学特别是国际关系领域里至少都应该得到加强。本书遵从经济史角度看待国家崛起。在既有研究的基础上，本书试图回答为什么工业革命首先发生在英国而不是其他地方。同时试图在理论上把能源转型现象与大国崛起现象联系起来并尝试搭建相应的理论分析框架。在该分析框架下，既为大国崛起理论进一步添加“能源因素”的解释，又丰富能源转型和安全理论。在策略上，为中国或其他大国的和平崛起及国际权力转移提供一个新的视角。因此，本书对丰富近代以来的有关国别经济史特别是能源史研究应具有一定的学术价值。

第一，大国崛起的基础来自经济增长。自工业革命以来，有关国家的近现代经济增长和工业化进程便成了经济史论研究所关注的一个核心问题。对于经济增长的认识，从经济学鼻祖亚当·斯密（Adam Smith）的劳动人口比例的增长、劳动生产率的提高到经济学古典学派马尔萨斯（Thomas Robert Malthus）、李嘉图（David Ricardo）的劳动、土地、资本，再到技术、人力资本、企业家阶层及创新、制度、政府、文化、地理环境等，各种因素不断被加入①。一般认为，英国工业革命成为前现代和现代经济增长的分水岭。以西蒙·库兹涅茨（Simon Smith Kuznets）为代表的新古典主义发展理论（新牛顿主义经济学）认为，国家经济增长是一个“循序渐进”的过程，经济时代之间不存在十分明显的分界线②。而以罗斯托（Walt Whitman Rostow）为代表的“生物学经济学”或演化经济学则提出了现代经济的起飞理论，该理论描述了近代以来美国、日本等国通过产业主导部门及其扩散效应引领了经济突变式崛起或经济起飞。无论是以前者还是以后者为代表的理论都未能引入能源转型来进一步解释以“生物燃料”为主的前现代社会与以“矿物燃料”为主的现代社会增长③。在此情况下，对为什么英国能在近代以来首先引领西方国家群体起飞这一问题或许还需要进行进一步地开拓性研究。同时在不同能源转型历史时期下，在国家经济能力上英国和美国相对飞得更高的原因何在？其他大国为何

① 萧国亮、隋福民编著：《世界经济史》，北京：北京大学出版社，2007年版，第444-446页。

② ［美］西蒙·库兹涅茨著：《现代经济增长》，戴睿等译，北京：北京经济学院出版社，1989年版；［美］W. W. 罗斯托编：《从起飞进入持续增长的经济学》，贺力平等译，成都：四川人民出版社，2000年版。

③ 库兹涅茨认为英国在煤炭和铁矿石这些现代经济增长早期阶段的资源上占有极大优势，但是时代机遇对这些具有自然资源优势国家的选择需要提供更多的事实证明。罗斯托承认英国具有很早把煤作为燃料的优势，并认为这是一种“创造性反应”，但是对于英国经济的“起飞”，能源的作用及能源转型并不是其论述和分析的重点。

又很难做到？因此，本书是经济史学中看待有关国家经济持续增长或起飞的一个具体微观视角。

第二，能源转型问题与大国经济起飞问题不仅是一个经济现象和经济学关注的问题，更是国际政治所关注的问题。如何从能源转型的视角来看待大国崛起和大国间的权力转移是目前国际关系研究中一个值得关注的领域。大国的历史和现实证明，大国在经济崛起后甚至在崛起时，它们往往并不满足于现状，而是寻求扩张与权力追逐。对此，有关经典现实主义理论者给予了充分的分析。汉斯·摩根索（Hans J. Morgenthau）认为，国际政治是追逐权力的斗争①。肯尼思·华尔兹（Kenneth N. Waltz）认为作为国际体系的主要行为体，国家的最高目标是争夺世界主导权②。与此类似，约翰·米尔斯海默（John J. Mearsheimer）认为国际政治中的国家权力意志促使国家争夺霸权③。与此相关，众多现实主义理论如霸权稳定论、霸权和权力转移理论、国际权力周期理论等都把大国崛起视为其理论的主要关注焦点之一。尽管这些理论不乏把能源作为一项权力来源纳入分析，然而它们基本都忽略了能源转型这一重大历史现象对大国崛起和权力转移的影响和作用。对此，需要引入能源转型视角予以完善和补充，以使有关大国崛起的理论得到更多的经验支持。另外，能源转型研究在能源政治里还处于新兴状态，需要把这项研究放到广阔的历史背景中，充分汲取历史经验支持，以便使该方面的研究不断得到丰富和完善，也只有这样能源转型研究才会更具活力。虽然既有的一些研究已尝试把能源转型与国际地缘政治变化结合起来，但总体来看成果和影响力都较为有限。在此情形下，本书试图对能源转型和大国崛起在理论、历史和知识上再“添砖加瓦”，并贡献一些认识，从而把能源转型与大国崛起这两大重大历史现象联系起来，

---

① ［美］汉斯·摩根索著：《国家间政治：权力斗争与和平》（第七版），徐昕等译，北京：北京大学出版社，2006年版。

② ［美］詹姆斯·多尔蒂等著：《争论中的国际关系理论》（第五版），阎学通等译，北京：世界知识出版社，2013年版，第86页。

③ ［美］约翰·米尔斯海默著：《大国政治的悲剧》，王义桅等译，上海：上海人民出版社，2008年版，第15页。

深入探讨能源转型与大国崛起之间的深刻联系，扩展和丰富该研究领域的知识和理论储备，在学术价值方面，力图弥补国内外研究在该领域留下的些许空白。

第三，从现实意义来看，自进入21世纪以来，随着全球经济的增长，一般认为以中国为代表的新兴市场国家群体开始崛起。同时，新一轮工业革命和能源转型正重塑着世界经济形态和权力结构。在这样的背景下，中国面临着“百年未有之大变局”的历史机遇，中国稳步迈入了既富含战略机遇又面临严峻挑战的民族伟大复兴进程。在中国崛起的过程中，能源转型和能源安全不仅对中国重要，同时作为一个全球性的议题的出现，需要中国提供“中国智慧”，贡献“中国方案”，承担有关国际责任。与此同时，中共中央近年来也不断把中国的能源转型与能源革命提到了一个新的历史高度。通过研究历史上大国崛起中的能源因素——能源转型对大国崛起带来的影响，可以为我们观察与推动中国的能源转型与中华民族复兴提供很好的参照和借鉴。除此之外，通过研究能源转型与大国崛起之间的关系，也对其他发展中国家特别是新兴发展中大国的发展，乃至全人类文明进步与可持续发展具有重要的历史和现实意义。

第二节　国内外研究综述与述评

一、能源转型研究现状

德国应用生态学研究所最早提出了“能源转型”（Energiewende）一词[①]。它原意是指德国一次能源由石油和核能向可再生能源的转型。国外

① David Jacobs, “The German Energiewende-History, Targets, Policies and Challenges”, *Renewable Energy Law and Policy Review*, Vol. 3, No. 4, 2012, pp. 223-233; World Energy Council, *Global Energy Transitions: A Comparative Analysis of Key Countries and Implications for the International Energy Debate*, Berlin: Weltenergierat-Deutschland, 2014, p. 3.

对该领域进行研究的主要学者有瓦茨拉夫·斯米尔（Vaclav Smil）、布鲁斯·波多布尼克（Bruce Podobnik）、彼特·奥康纳（Peter A. O' Connor）、罗伯特·赫夫纳三世（Robert A. Hefner Ⅲ）、赫尔曼·希尔（Hermann Scheer）、霍华德·格尔勒（Howard Geller）、奥努夫·格鲁贝勒（Arnulf Grübler）、约翰·R. 麦克尼尔（John R. McNeill）等。斯米尔认为，能源转型是用于描述一次能源消费（供应）结构的变化①，当一种新能源占能源消费结构达5%时便是能源体系转型开始的标志，而在能源体系中占据最大比例甚至过半时则是能源体系转型取得里程碑阶段（实现）的时刻②。波多布尼克认为，“能源转换（Energy Shift）是指某种一次能源被大规模开发使用的过程”，其中以煤炭为核心的第一次能源体系和以石油为核心的第二次能源体系已完成转型（成熟状态），其他类型的能源正处于转型中③。奥康纳认为，能源转型是社会性能源使用模式的变化，包括资源、能源载体与转换器、能源服务业等方面④。赫夫纳三世认为，能源转型是从固体能源（柴薪、煤炭、粪肥等）依次向液体能源（鲸油、石油等）、气体能源（天然气、风能、太阳能、水能等）的转变⑤。格鲁贝勒认为，能源转型是指能源使用中“量”即从能源贫困到能源充足的变化，也是指结构和“质”的变化⑥。本杰明·索瓦库尔（Benjamin K. Sovacool）认为，能源转型或许是一个连续递进与路径依赖（Path Dependent）的过程，而非革命性

---

① 一次能源与二次能源的分类主要基于生产方式或能源的使用或消费来确定。一般一次能源的使用和消费发生在能源加工企业，如原油、天然气被能源加工企业采购后转换为成品油、工业和家庭用气、用电，水电、核电、可再生能源发电被电厂采购后转换为工业、生活用电等。一般把煤、石油、天然气等一次能源产生的电力归为二次电力能源，而可再生能源、核能等产生的电力归为一次电力能源。

② Vaclav Smil, *Energy Transitions: History, Requirements, Prospects*, Santa Barbara: Praeger, 2010, pp. vii-viii, p. 63.

③ Bruce Podobnik, *Global Energy Shifts: Fostering Sustainability in a Turbulent Age*, Philadelphia: Temple University Press, 2006, p. 4.

④ Peter A. O' Connor, *Energy Transitions*, Boston: Boston University Press, 2010, p. 2.

⑤ Robert A. Hefner Ⅲ, *The Grand Energy Transition: The Rise of Energy Gases, Sustainable Life and Growth, and the Next Great Economic Expansion*, New Jersey: John Wiley & Sons, Inc., 2009, pp. 5-17.

⑥ Arnulf Grübler, "Energy Transitions", The Encyclopedia of Earth, April 16, 2013, https://editors.eol.org/eoearth/wiki/Energy_transitions.

或完全替代性的改变[①]。毛罗·阿尼奥莱蒂（Mauro Agnoletti）、西蒙娜·内里·塞尔纳里（Simone Neri Serneri）认为，能源转型是指能源消费量与能源使用效率的迅速提升[②]。罗格·福奎特（Roger Fouquet）认为，能源转型作为经济、社会和政治转变的催化剂改变了经济生产过程和社会结构[③]。

从国内学者的研究来看，总体上对能源转型的基本认识也基本与国外学者一样，即从历史过程看待能源转型，或者从结构变化及影响范围看待能源转型[④]。除此之外，裴广强认为能源转型既会形成“能源路径依赖”，也是近代经济转型的原动力[⑤]。何建坤则认为，能源体系的革命性转型指的是“低碳能源系统对高碳能源系统的替代”[⑥]。苗中泉认为，能源转型进程离不开地缘政治因素的影响并可能呈现出空前加剧的态势，能源转型是世界范围内一场深刻的生产力与生产关系的调整过程，是人类社会关系的深刻变革[⑦]。

二、从能源因素看待大国崛起的研究现状

在这类研究中，波多布尼克把霸权更替、商业竞争和社会冲突作为分

---

① Benjamin K. Sovacool, “How long will it take? Conceptualizing the temporal dynamics of energy transitions”, *Energy Research & Social Science*, Vol. 13, 2016, p. 212.

② Mauro Agnoletti, Simone Neri Serneri Editors, *The Basic Environmental History*, London: Springer, 2014, p. 12.

③ Roger Fouquet, “Historical energy transitions: Speed, prices and system transformation”, *Energy Research & Social Science*, Vol. 22, 2016, p. 10.

④ 赵宏图：《国际能源转型现状与前景》，载《现代国际关系》，2009 年第 6 期，第 35 页；朱彤、王蕾著：《国家能源转型：德、美实践与中国选择》，杭州：浙江大学出版社，2015 年版，第 76 页、第 85-88 页；舟丹：《全球第三次能源转型的特征》，载《中外能源》，2017 年第 9 期，第 84 页；周守为、朱军龙：《助力“碳达峰、碳中和”战略的路径探讨》，载《天然气工业》，2021 年第 12 期，第 6 页。

⑤ 裴广强：《近代以来西方主要国家能源转型的历程考察——以英荷美德四国为中心》，载《史学集刊》，2017 年第 4 期，第 75-88 页。

⑥ He Jian-Kun, “Objectives and Strategies for Energy Revolution in the Context of Tackling Climate Change”, *Advances in Climate Change Research*, Vol. 6, No. 2, 2015, p. 101.

⑦ 苗中泉：《世界能源秩序与地缘政治动力》，载《南大亚太评论》，2020 年第 1 期，第 154-181 页。

析视角来看待能源转型[①]。美国著名环境史学家约翰·麦克尼尔回顾泥炭与荷兰、煤炭与英国、石油和美国之间的三个历史案例，提出能源与这些大国的经济、军事发展、领土扩张乃至霸权更替所具有的联系[②]。国内学者舒小昀和潘荣成在相关文献里分析了英国的煤炭能源转型与英国的崛起[③]。王桂兰认为，能源是古代中国以及近代以来荷兰、英国和美国等有关西方大国兴起不可替代的物质因素[④]。崔守军认为，能源博弈具有地缘政治属性，在大国称霸与反称霸的过程中，大国权力的生命力与能源控制力之间存在着辩证统一的关系[⑤]。余胜海认为，新能源链条与国际能源权力结构以及霸权兴衰之间存在着因果联系[⑥]。宁留甫认为，能源转型完成的时间差异可形成“非对称相互依赖”，率先完成的国家，如历史上的英国和美国，可借此影响和塑造国际权力和地缘政治格局并能崛起成为霸权国家[⑦]。于宏源从能源链的竞争与国际体系权力转移的角度论证了清洁能源是中国成为国际体系大国的唯一选择，因为它正在改变全球权力格局[⑧]。吴磊认为，从英美国家的历史经验来看，资源、技术与市场的“完美结合”是能源转型发生和成功的必要条件，能源转型与国家发展之间存在互为条件的“正向关系”[⑨]。

---

① Bruce Podobnik, *Global Energy Shifts: Fostering Sustainability in a Turbulent Age*, Philadelphia: Temple University Press, 2006, pp. 1-17.

② ［美］约翰·R. 麦克尼尔著：《能源帝国：化石燃料与1580年以来的地缘政治》，格非译，载《学术研究》，2008年第6期，第108-114页。

③ 舒小昀：《工业革命：从生物能源向矿物能源的转变》，载《史学月刊》，2009年第11期，第118-124页；潘荣成：《近代早期英国能源转型及其启示》，载《理论月刊》，2016年第2期，第177-182页。

④ 王桂兰著：《能源战略与和平崛起》，北京：科学出版社，2011年版，第31-88页。

⑤ 崔守军著：《能源大冲突——能源失序下的大国权力变迁》，北京：石油工业出版社，2013年版，第1-55页。

⑥ 余胜海著：《能源战争》，北京：北京大学出版社，2012年版，第42页。

⑦ 宁留甫著：《能源转换的政治经济学分析》，长春：吉林出版集团，2016年版，第137-155页。

⑧ 于宏源：《清洁能源和国际体系权力转移》，载上海市社会科学界联合会编：《国际责任互利共赢·软力量·对外战略》，上海：上海人民出版社，2007年版，第106-115页。

⑨ 吴磊：《新能源发展对能源转型及地缘政治的影响》，载《太平洋学报》，2021年第1期，第64-66页。

三、国际关系理论中的能源权力概述

无论是现实主义理论，还是新自由制度主义理论，或是国际政治经济学等理论流派，一般都认为大国在崛起和权力追逐中，目标都或多或少指向霸权。能源作为一种权力来源，在这些理论中已得到一定的阐述。

第一，现实主义大师汉斯·摩根索和肯尼思·华尔兹都把能源作为国家权力的要素进行了描述。特别是汉斯·摩根索把石油这种战略性资源同人口规模、领土面积和军事力量一起视为构成国家权力的基本要素。他甚至把控制石油的支配权的重要性与掌控军事支配权的重要性在一定意义上相提并论，他认为与核武器相比，石油虽然不那么惊心动魄，但它几乎能够以不同的方式，彻底毁灭工业高度发达国家的文明①。约翰·米尔斯海默把能源消费量作为财富中的一项指标纳入近代以来有关欧洲大国潜在权力的分析②。斯蒂芬·范·埃弗拉（Stephen Van Evera）把能源列为一种累积性资源，对这种累积性资源的争夺和占领是国家间战争爆发的一个重要原因③。能源政治现实主义学者梅森·威尔里奇（Mason Willrich）认为，能源对各国发展至关重要，然而由于国际政治中中央机构的缺乏，能源分配极不平衡④。霸权稳定论强调霸权提供国际公共产品的重要性，也意味着“对物质资源的控制”，这样的国家行为与国家能力或实力资源密切相关。其代表人物罗伯特·吉尔平甚至认为，对石油的掌控在一定程度上反映了国际政治权力的格局分布⑤。对资源的控制离不开技术优势和能力。霸权转移理论把能源因素放在技术中来研究，它不仅指出技术转移推动国际权

① ［美］汉斯·摩根索著：《国际纵横策论争强权、求和平》，卢明华等译，上海：上海译文出版社，1995 年版，第 161 页。

② ［美］约翰·米尔斯海默著：《大国政治的悲剧》，王义桅等译，上海：上海人民出版社，2008 年版，第 66-82 页。

③ ［美］斯蒂芬·范·埃弗拉著：《战争中的原因：权力与冲突的根源》，何曜译，上海：上海人民出版社，2014 年版，第 127-136 页。

④ Mason Willrich, *Energy and World Politics*, New York: The Free Press, 1975, p. 65.

⑤ ［美］罗伯特·吉尔平著：《世界政治中的战争与变革》，武军等译，北京：中国人民大学出版社，1994 年版，第 7 页。

力再分配，而且承认在一个资源不足的世界里，冲突具有无所不在的特征，并从资源增量与规模经济的角度解释了霸权的崛起，同时从资源的有限性所决定的报酬递减规律和维持成本不断增加的角度解释了霸权的衰落①。

第二，以罗伯特·基欧汉（Robert O. Keohane）和约瑟夫·奈（Joseph S. Nye，Jr.）为代表的国际关系新自由制度主义理论学派认为，石油属于复合相互依赖的问题领域之一，石油既是大国“不惜代价”争夺的资源，也是小国用于权力博弈的工具。通过“敏感性”与“脆弱性”，他们较好地分析了石油被用于权力政治博弈的历史案例②。石油既可以作为政治武器直接发挥威力，也可以通过对石油的控制形成威慑力，它甚至是“权力的源泉”③。另外，基欧汉还分析了美国主导下的石油合作机制。他强调，“二战”后至20世纪70年代初，在美国领导的贸易、金融和石油“金三角”中，石油作为物质资源基础处于中心位置，但是石油机制与贸易、金融等其他机制相比较为松散④。总体来看，基欧汉对石油机制的分析是与美国能源霸权的不断式微联系在一起的。与美国能源霸权式微同步的是，美国在世界原油生产中所占的比重不断下降⑤。基欧汉在一定程度上是把能源机制及能源治理作为一项“公共产品”进行描述的，但他又未在这方面给予确切的定性和分析。

第三，国际政治经济学著名学者苏珊·斯特兰奇（Susan Strange）把权力分为“结构性权力”与“联系性权力”。前者是形成和决定全球各种政

---

① ［美］罗伯特·吉尔平著：《世界政治中的战争与变革》，武军等译，北京：中国人民大学出版社，1994年版，第16页、第56-66页、第82页、第158页、第178-181页。

② ［美］罗伯特·基欧汉、约瑟夫·奈著：《权力与相互依赖》，门洪华译，北京：北京大学出版社，2012年版，第11-18页。

③ ［美］罗伯特·基欧汉著：《霸权之后：世界政治经济中的合作与纷争》，苏长和等译，上海：上海人民出版社，2012年版，第170页；［美］小约瑟夫·奈著：《理解国际冲突——理论与历史》，张小明译，上海：上海世纪出版集团，2001年版，第296页。

④ ［美］罗伯特·基欧汉著：《霸权之后：世界政治经济中的合作与纷争》，苏长和等译，上海：上海人民出版社，2012年版，第138-139页、第149-175页。

⑤ 从1950年的53%降至1960年的30%，再到1976年的3%。参见 Stephen D. Krasner，“American policy and global economic stability”，in William P. Avery and David P. Rapkin，eds.，*America in a Changing World Political Economy*，New York：Longman，1982，p. 38.

治经济结构的权力或者说决定办事方法的权力，后者指甲靠权力使乙去做他本来不愿做的事①。权力结构分为安全结构、生产结构、金融结构、知识结构，而能源则作为次级权力结构与运输体系、贸易、福利等并存。斯特兰奇不仅认为能源是生产中一种不可缺少的要素，还认为在古典经济学的生产三要素——土地、劳动和资本上还应加上能源和技术并描述能源从生产要素不断走向“高政治”的过程②。这表明了能源政治属性的提升和其“结构性权力”的不断增强。然而按照斯特兰奇的定义，能源只是作为一种“次级权力结构”存在。事实上，自人类从柴薪向化石能源转型和工业革命以来，能源使用已无处不在。特别是自进入石油时代以来，各国对石油的需求就是一种结构化了的对外需求，即一个决定这个国家经济福利发展、社会稳定和国际地位的条件③。它涵盖生产、安全、金融、贸易、运输等方面。石油的流动性意味着石油政治具有了国际性④。在这样的情况下，本书认为能源在历史的演进中或许并不仅仅是作为一种次级权力结构，而是不断演变为一种“基础性”的权力结构。

第四，以查尔斯·多兰（Charles F. Doran）为代表的“权力周期理论”（Power Cycle Theory）认为，国家权力和战争动力来自经济支撑。经济因素在权力周期变化中扮演了重要甚至是自动的角色，间接对整个体系和各国对外政策稳定具有重要的作用⑤。与长周期理论主要关注的是国际体系和世界霸权周期不同的是该理论主要是从个体层面关注国家的崛起和权力变化。多兰认为，国家权力来源于国家实力，国家实力可以用规模（Size）和发展状态（Development）来衡量。而能源消费则是评估国家发展状态的

① ［英］苏珊·斯特兰奇著：《国家与市场》，杨宇光等译，上海：上海人民出版社，2012 年版，第 20-21 页。

② ［英］苏珊·斯特兰奇著：《国家与市场》，杨宇光等译，上海：上海人民出版社，2012 年版，第 197-201 页。

③ 崔守军著：《能源大冲突——能源失序下的大国权力变迁》，北京：石油工业出版社，2013 年版，第 87 页。

④ ［美］约瑟夫·奈著：《硬权力与软权力》，门洪华译，北京：北京大学出版社，2005 年版，第 225 页。

⑤ Charles F. Doran，“War and Power Dynamics：Economic Underpinnings”，*International Studies Quarterly*，Vol. 27，No. 4，1983，pp. 419-441.

一项重要指标，进而成为评估国家实力的一项重要指标[①]。多兰主要从“相对权力”（Relative Power）和“相对实力”（Relative Capabilities）来分析近代以来有关大国的崛起[②]。同样，以奥根斯基（A. F. K. Organski）为代表的“权力转移理论”也强调“相对权力”或“权力差距”。权力差距来自国家实力的不平衡的增长[③]。在奥根斯基等看来，现代国家实力增长最重要的途径在于工业化，同时它也是造成权力转移进而导致国际体系不稳定的根源。权力转移理论认为国家在国际秩序中对稀缺资源的竞争如同国内政治集团对国内稀缺资源的竞争一样普遍……在这样的情况下，国家对相对权力及国际体系地位的认知和接受形成了国际体系的等级秩序[④]。

四、经济史中的能源发展要素概述

有关这部分的著作汗牛充栋。它们基本上是把能源作为一项生产要素或国家经济发展的要素进行描述的。较具代表性的人物有很多，如经济史学家 W. S. 杰文斯（William Stanley Jevons）、约翰·内夫（John Nef）、肯尼思·波梅兰兹（Kenneth Pomeranz）、E. A. 里格利（Edward A. Wrigley）、罗伯特·艾伦（Robert C. Allen）、加文·赖特（Gavin Wright）等。杰文斯早在 1860 年就写到，大不列颠各种产品的无限生产能力依赖于煤的使用，而欧洲大陆虽然能生产不计其数的具有艺术气息和亚热带风格的奢侈品，

① Charles F. Doran & Wes Parsons, “War and the Cycle of Relative Power”, *The American Political Science Review*, Vol. 74, No. 4, 1980, p. 953.

② Charles F. Doran, “War and Power Dynamics: Economic Underpinnings”, *International Studies Quarterly*, Vol. 27, No. 4, 1983, pp. 419-441; Charles F. Doran & Wes Parsons, “War and the Cycle of Relative Power”, *The American Political Science Review*, Vol. 74, No. 4, 1980, p. 952; Charles F. Doran & Wes Parsons, “War and the Cycle of Relative Power”, *The American Political Science Review*, Vol. 74, No. 4, 1980, p. 949; Charles F. Doran, “War and Power Dynamics: Economic Underpinnings”, *International Studies Quarterly*, Vol. 27, No. 4, 1983, pp. 420-421.

③ ［美］罗伯特·吉尔平著：《世界政治中的战争与变革》，武军等译，北京：中国人民大学出版社，1994 年版，第 96-97 页。

④ Jacek Kugler and A. F. K. Organski, “*The Power Transition: A Retrospective and Prospective Evaluation*”, in Manus I. Midlarsky, ed., *Handbook of War Studies*, Boston: Unwin Hyman, 1989, p. 172.

但在与我们竞争时却缺乏具有比较优势的煤[①]。约翰·内夫在1932年在其经典名著《英国煤炭工业的兴起》（*The Rise of British Coal Industry*）中进一步阐发了杰文斯的观点，并提出“木材枯竭”理论。他认为英国自都铎王朝（Tudor）时期出现了“木材枯竭危机”，这成为推动人们改而采用煤炭作为燃料的导火线[②]。经济史研究中的加利福尼亚学派认为，欧洲首先爆发工业革命的重要因素在于其丰富的煤炭资源。如肯尼思·波梅兰兹认为煤炭资源和开拓美洲大陆所获取的原材料对推动包括英国在内的欧洲工业革命起了作用；他还表示，虽然中国也有煤，但却是蕴藏在错误的地方——很难开采的山西[③]。他继而指出，欧洲能够引领18世纪的技术发展在于英国的引领，其中重要的一项就是矿业开采，而中国的矿业特别是煤业开采却令人困惑[④]。英国著名历史学家A. J. P泰勒也认为改变欧洲面貌的工业革命的基础是煤，而钢的制造则显示出了最富革命性的形式[⑤]。历史人口学家里格利强调英国“惊人的构面”和煤的重要性[⑥]。他将工业革命发生前后的经济形态进行了区分，之前属于“有机物燃料”经济，之后属于“矿物燃料”经济[⑦]。同样，英国学者罗伯特·艾伦认为对英国成功真正起作用的要素是能源（燃料）价格的低廉，这是英国与其他国家之

---

① W. S. Jevons, *The Coal Question*, New York: Kelley, 1965, p. 416; Cited from N. F. R. Crafts, *British Economic Growth during the Industrial Revolution*, Oxford: Clarendon Press, 1985, p. 146.

② ［英］罗伯特·艾伦著：《近代英国工业革命揭秘：放眼全球的深度透视》，毛立坤译，杭州：浙江大学出版社，2012年版，第128页。

③ 参见［美］杰夫·马德里克著：《经济为什么增长》，乔江涛译，北京：中信出版社，2003年版，第73页；［英］彼得·杰伊著：《财富的历程》，杨建民译，北京：国际文化出版公司，2005年版，第200页；Kenneth. Pomeranz, *The Great Divergence: China, Europe, and the Making of the Modern World*, Princeton, NJ, Princeton University Press, 2000.

④ Kenneth Pomeranz, *The Great Divergence: China, Europe, and the Making of the Modern World*, Princeton, NJ, Princeton University Press, 2000, p. 62.

⑤ ［英］A. J. P. 泰勒著：《争夺欧洲霸权的斗争1848-1918》，沈苏儒译，北京：商务印书馆，1987年版，第12-15页。

⑥ ［英］彼得·杰伊著：《财富的历程》，杨建民译，北京：国际文化出版公司，2005年版，第199页。

⑦ E. A. Wrigley, *Continuity, Chance and Change*, Cambridge: Cambridge University Press, 1988; ［英］罗伯特·艾伦著：《近代英国工业革命揭秘：放眼全球的深度透视》，毛立坤译，杭州：浙江大学出版社，2012年版，第122页。

间最突出的差别①。与此类似，加文·赖特认为美国在 20 世纪初取得的杰出成就也是由包括石油在内的不可再生的自然资源丰富所导致的②。与国外一样，在国内众多经济史学著作中，也是把能源作为一种资源要素进行描述。

五、对现有研究的评价

在众多的研究中，能源都被视为一项要素纳入了其中。总体来看，有的研究还存在一些问题，需要进一步拓展。

第一，从能源转型研究来看，与能源革命存在着交叉。对于能源转型和能源革命，目前学术界还未存在共识且存在着大量混用现象。从既有研究来看，国外学术界基本上把能源转型等同于能源革命，对能源革命的直接研究较少。与国外学术界所不同的是，“能源革命”这一概念较具中国特色③。既有把能源转型等同于能源革命的，也有更偏重于对能源革命进行专门性研究的，研究文献比较丰富④。对此，本书所要提出的问题的是，如果说能源转型与能源革命在内涵上或本质上是一回事，即能源领域的体系性变革，那么能源转型所导致的经济社会影响是不是能源转型中的一部分，或者说能源转型的外延边界在哪儿?

第二，既从国际政治角度，又从“能源因素”角度，特别是从能源转型角度对近代以来的大国崛起和地缘政治变迁进行全面分析的成果相对来

---

① ［英］罗伯特·艾伦著：《近代英国工业革命揭秘：放眼全球的深度透视》，毛立坤译，杭州：浙江大学出版社，2012 年版；Robert C. Allen，“Backward into the future：The shift to coal and implications for the next energy transition”，*Energy Policy*，Vol. 50，2012，pp. 17-23.

② Gavin Wright，“The Origins of American Industrial Success，1879-1940”，*American Economic Review*，Vol. 80，September 1990，pp. 651-666.

③ 对能源革命看法最具影响的表述当数习近平总书记在 2014 年提出的要推进包括能源消费革命、供给革命、技术革命、体制革命在内的中国能源革命。参见习近平：《积极推动我国能源生产和消费革命》，载新华网，http：//news. xinhuanet. com/politics/2014-06/13/c_ 1111139161. htm。

④ 如董继斌主编：《能源社会学》，上海：书海出版社，2005 年版；邱建群：《生态危机与能源转换——英国首先发生工业革命原因之新解》，载《辽宁大学学报》（哲学社会科学版），2010 年第 2 期；朱彤、王蕾著：《国家能源转型：德、美实践与中国选择》，杭州：浙江大学出版社，2015 年版；吴磊：《国际能源体系转型与中国应对》，载《人民论坛·学术前沿》，2016 年第 11 期；曹峰毓：《国际能源革命与中国的对策》，云南大学博士学位论文，2019 年。

说比较少。已有的一些研究虽然已对能源转型与能源权力政治的变化作出了一定的分析，但总体上仍语焉不详，对能源转型与大国崛起之间历史规律的总结和理论升华不够透彻、全面。因此，以能源转型解释大国崛起还缺乏充分的实证研究和理论支持。

第三，尽管有关经济史和国际关系理论把能源作为一项要素纳入了大国崛起和权力转移的分析，在一定程度上解释了大国的权力崛起，但对于是什么原因导致了这样的崛起，这些理论的解释并不充分，基本上只是模糊地从经济能力的变化角度一笔带过。因此，能源无论是作为一种经济发展要素，还是作为一种权力要素，它所侧重的只是“资源规模”效应，并不一定展现为一种力量和动能。能源为何在资源体系中如此重要，它的“威力”如何得以释放？而在千百年前，有的国家，甚至包括英国本身就具有了很好的能源禀赋，为什么没形成能源权力和与之相关的结构性权力？

实质上，只把能源资源视为一项经济发展要素或权力要素，只是一种观察问题的静态视角，只有把能源的作用放入到能源转型的视角上，才会取得一种动态的视角。对这一要素的认识也才会更充分。可以说，能源及能源转型对近代以来历史周期中的经济变迁和政治变迁具有重要的影响。正如特里·博斯韦尔（Terry Boswell）和迈克·斯维特（Michael Sweat）所指出的那样，就长周期而言，我们强烈地认为资源理论能更好地解释经济扩张与主要战争规模之间的因果关系。尽管难以测量，与国家自主紧密相关的资源理论应该得到进一步研究①。对此，本书力图从能源转型这一动态的历史周期视角来检视大国，特别是霸权的经济扩张，从而发现能源转型与大国崛起之间有关联系与规律。

① Terry Boswell & Mike Sweat, “Hegemony, Long Waves, and Major Wars: A Time Series Analysis of Systemic Dynamics, 1496–1967”, *International Studies Quarterly*, Vol. 35, No. 2, 1991, pp. 144–145.

第三节　本书的理论分析框架

一、对有关概念的界定

为了更好地进行理论和实证分析，需要对能源转型、大国、崛起、霸权的概念进行厘清和界定。

（一）能源转型

由前述相关文献综述部分可知，学术界对能源转型并未形成统一的认识和界定。总体而言，一般认为能源转型是能源结构或能源形态在能源体系中发生的变化。这样的变化既包括能源消费量的增长，又包括主要能源在能源体系中的地位变迁，或者说能源生产和消费的“质变”。对此，国外学者杰罗·范登贝尔赫（Jeroen Van den Bergh）与弗朗西斯·奥斯特惠斯（Frans Oosterhuis）把能源转型归纳为三个层次：第一层次能源使用方式上的根本性变革，例如对火的利用、农业兴起及工业革命等；第二层次能源体系间的转变；第三层次能源消费水平、能源服务、能源消费结构等方面的转变①。从这几个层次的划分来看，第一层次的能源转型实际上基本等同于用能方式发生的“革命性变化”，与能源革命基本等同；第二层次和第三层次则囊括了大部分学者对能源转型的理解。把这几个方面概括起来，我们可认为能源转型是能源系统在一定时间周期内所发生的显著和重大变化，其中显著变化可对应能源转型开启阶段，重大变化可对应能源转型实现阶段。从历史和现实来看，能源转型将相应地导致能源技术、能源生产和消费规模、能源结构、能源政策乃至能源经济与社会形态等方面的变化。然而，对能源转型的认识还应继续深化。

---

① Jeroen van den Bergh & Frans Oosterhuis, “An Evolutionary Economic Analysis of Energy Transitions”, *ERSA Conference Papers*, 45th Congress of the European Regional Science Association, 2005.

从近代以来的能源转型史演变来看，生产力进步或经济发展需求以及技术进步从根本上推动了能源转型。这一过程可简要概括为：生产力进步（经济发展需求）——技术能力提升——新能源资源大规模开发——能源与工业经济形态转型。近代欧洲商业革命和地理革命推动了航海、风力水力运用、资源开采、手工业制造技术、蒸汽机技术等一系列的技术进步，煤炭资源得到大规模开采与运用，煤炭工业经济不断形成；此后，生产力或经济的进一步发展再次推动技术变化和新能源资源的开采利用，化工技术、电力技术、内燃机技术是这一波技术浪潮的代表，石油则是新能源的代表。基于石油，有关国家的工业模式不断向石油工业经济转型和升级。因此，从更广泛的角度来看，能源转型是指以形成新能源为主导并在技术能力保障下的工业经济形态的转型。

从能源转型与能源革命的关系来看，一定程度上的能源转型会触发包括能源革命、产业革命、技术革命、运输革命等“创新集群爆发”在内的工业革命，而工业革命也会推动能源转型。能源革命实质上也是能源转型，但这种转型是以能源技术革命为支撑进行的。能源技术革命涉及能源开采和利用方式的重大变化，一般是工业革命中的组成部分。但能源技术革命还不是能源革命的最终表现形式，能源革命必然在能源技术革命的带动下指引向能源体系的变革。这种变革包括能源的开采生产进步（供给革命）、新能源下的制造业变革与消费模式升级（产业革命、消费革命、城市化进程）、交通运输革命、能源关联体制变革（如企业管理变革、能源政策调整、金融贸易政策改革等制度性变革）等方面，其特征是在能源体系中形成新的主导能源并进行能源体系的更新或替代。因此，能源转型与能源革命之间是一种连续相对区分的关系或者说能源革命是能源转型的深入阶段。能源转型的历史视野更为宏大，更能体现一种较长的历史周期进程，也更适合用其分析同样体现较长历史周期的大国崛起进程。

基于以上分析，本书认为能源转型主要是近代以来发生的历史现象，从消费端看是指能源消费种类发生了变化，并在此变化上导致了消费量和消费结构发生的变化[①]，从供给侧来看是通过技术手段对自然界能量进行量和质的转换，且这样的转换会随着技术的变化而变化，并具有对能源关联部门的增量“扩散”效应，并由此引起了经济转型和社会转型的连锁反应。因此，从狭义来看能源转型是指能源结构乃至能源系统的显著和重大变化，从广义来看它还涵盖了由能源系统变化进而导致的经济形态和社会形态的变化。概言之，能源转型不只是能源形态在能源结构中的显著变化过程以及能源系统的重大变化，而且这样的变化还推动了经济部门的转型升级以适应生产力和经济的发展。本书认为重大的能源转型或能源革命包含于生产关系乃至社会关系调整以适应生产力发展需求的范畴之内，因此能源政策的重大调整和改革从广义上也属于能源转型范畴之内。从政治角度来看，这样的变化过程推动了大国经济崛起进而推动国家在国际政治体系中地位的上升。

（二）大国

大国可以从领土、资源、人口、经济、科技、军事、历史、文化、政治影响力等方面来界定。如果一个国家在这几方面都位居世界前列，毫无疑问它是一个大国。现实情况是很多国家往往很难完全具备以上条件，但也被认可为大国。从国际政治角度来看，国际政治语境下的大国指具有较大实力或国家力量的国家并通过其国家实力追逐国际权力。大国可通过国际权力来维护和实现国家利益。一般来说，“克莱茵”公式大致可以作为测量一国实力或国家力量的重要参考：PP＝（人口、领土 C+经济能力 E+军事能力 M）×（战略意图 S+战略意志 W）[②]。

由于相关国家的人口、领土在一定历史范围内基本上是既定的，而与人的主观能动性有关的战略意图和战略意志又是很难测量的，那么国家实力消长的关键变量就是经济能力和军事能力。而军事能力和经济能力以及

① 为了更好地进行分析，本书把斯米尔的量化标准作为判断能源转型开启和实现的重要参考，即当一种新能源在能源结构中占比达到 5%时标志着能源转型进程的开启（显著变化），当这种新能源在能源结构中占最大比例或排在首位时则标志着能源转型的实现（重大变化）。

② 参见倪世雄等著：《当代西方国际关系理论》，上海：复旦大学出版社，2009 年版，第 263 页、第 267-268 页。

文化影响力等其他方面的权力要素往往一道决定了一国的政治影响力的运作空间。因此，历史上许多西方学者也一般从军事、经济方面的能力来界定大国。其中，以军事能力来界定的著名学者有19世纪德国历史学家兰克（Leopold von Ranke），他对大国的定义是，它必须能够通过自己来对抗其他大国，即使在它们联合起来的情况下[①]。卡尔（E. H. Carr）认为，大国地位的获得，通常是一场大规模战争胜利的回报[②]。A. J. P 泰勒（Allan John Percivale Taylor）认为，大国是谋求权力并最终诉诸战争的组织[③]。英国学者马丁·怀特（Martin Wight）将大国划分为两类：一类是支配大国（Dominant Powers）；另一类是普通大国（Great Powers）[④]。两者的区别在于前者的战争能力比后者更强，在战争中前者有能力对付他国联盟，而后者可对付另一大国。约翰·米尔斯海默则认为大国的资格由常规战争的军事实力来决定[⑤]。虽然说历史上大国都具有相应的军事能力，但军事能力离不开经济能力。经济利益始终影响着国际政治的发展趋势，特别地，它们在近代以来的历史发展中的影响力更大，经济因素的这种重要作用是区别近代国际关系和此前国际关系的一个重要特征[⑥]。因此，除军事能力的界定外，国际关系学者也从经济能力方面来界定大国。如乔治·莫德尔斯基（George Modelski）把世界大国等同于世界领导国，这样的世界领导国也是世界的主导经济国[⑦]。兰德尔·施韦勒（Randall L. Schweller）把大国分为

---

① Leopold von Ranke, *The Theory and practice of History*, edited with an introduction by Georg G. Iggerrs and Konrad von Moltke, new translations by Wilma A. Iggers and Konrad von Moltke, The Bobbs-Merrill Company, Inc., 1973, p. 86.

② E. H. Carr, *Twenty Years Crisis*, 1919-1939: *An Introduction to the Study of International Relations*, Palgrave Macmillan, 2001, p. 102.

③ A. J. P. Taylor, *The Struggle for Mastery in Europe*, Oxford: At the Clarendon Press, 1954, p. xxiv.

④ ［英］马丁·怀特著：《权力政治》，宋爱群译，北京：世界知识出版社，2004年版，序言第5-6页、第7-24页。

⑤ ［美］约翰·米尔斯海默著：《大国政治的悲剧》，王义桅等译，上海：上海人民出版社，2008年版，第4页。杰克·利伟也持有相似看法，参见 Jack S. Levy, *War in the Modern Great Power System*, 1495-1975, Lexington: University Press of Kentucky, 1983, pp. 10-19.

⑥ ［美］罗伯特·吉尔平著：《世界政治中的战争与变革》，武军等译，北京：中国人民大学出版社，1994年版，第68页。

⑦ George Modelski, *Long Cycles in World Politics*, London: Macmillan, 1987, pp. 7-18.

修正国（Revisionist State）和现状国（Status-quo State），修正国力图增加资源，而现状国则力图保持资源①。保罗·肯尼迪认为，经济力量转移预示新大国崛起②。布热津斯基（Zbigniew Brzezinski）认为，经济活力作为先决条件使美国在体现国家实力的经济、军事、技术和文化四个方面都表现为唯一的全球性超级大国③。

纵观历史，经济大国一般具有转换成军事大国的能力，而军事大国并不一定都是经济大国。因此，近代以来，经济能力对大国具有不可或缺的作用，更能衡量一个大国的实力，本书也主要从经济能力来分析有关大国崛起。

（三）崛起

在国际关系中，崛起通常是指大国、强国的崛起，意味着一个新的重量级的霸权的产生，带有“霸权交替”“霸权转移”的潜在逻辑。国内学者阎学通等认为“崛起”指大国间相对综合实力差距快速缩小或拉大的过程，这一过程表现出某国先成为地区强国再成为全球性强国，并且对世界力量格局、国际秩序和国际行为准则产生重大影响④。

无论从哪方面来看，近代以来国家的崛起首先都离不开经济的崛起，从经济实力到军事、科技、文化和政治，崛起是一种国家国际地位不断提升的历史进程。它反映了国际体系中主要行为体排序变化的过程。这一进程既是与其他国家发展状况横向比较的过程，也是自身发展纵向比较的过程。在这个进程中，国家物质实力和国际影响力不断得到提高，国家用以维护国家利益的手段和能力不断提高。对于经济崛起，本书借用罗斯托的

---

①［美］詹姆斯·多尔蒂等著：《争论中的国际关系理论》（第五版），阎学通等译，北京：世界知识出版社，2013年版，第134页。

②［美］保罗·肯尼迪著：《大国的兴衰——1500-2000年的经济变迁与军事冲突》，王保存等译，北京：求实出版社，1988年版，前言第8-9页。

③［美］兹比格纽·布热津斯基著：《大棋局—美国的首要地位及其地缘战略》，中国国际问题研究所译，上海：上海人民出版社，1998年版，第29-33页、第255页。

④ 阎学通、孙学峰等著：《中国崛起及其战略》，北京：北京大学出版社，2005年版，第2页；阎学通、张旗编著：《道义现实主义与中国的崛起战略》，北京：中国社会科学出版社，2018年版，第327页。

“经济起飞”概念，指的是国家经济通过工业化进程进入“持续增长”的过程。与罗斯托所不同的是，本书认为各国经济起飞的高度是不同的，这里不仅是指经济增长速度，而且是指在不同历史阶段中国家经济崛起的总量水平和较高的人均水平。而这样的经济崛起高度往往注定了一国在国际政治体系中的崛起高度。以此分类，一国崛起的最高层次表现为世界霸权（也可称为世界强国，如 19 世纪的英国、20 世纪的美国）；次优层次为具有一定国际影响力的世界大国（或区域强国、区域霸权），如 20 世纪初以来的德国、日本、法国等。同时，也可根据崛起状况把历史上的大国分为霸权主导者/守成国（英国、美国）、跟随者与挑战者/崛起国（法国、德国、日本、苏联等）等几个层次。当然这个分法只是一个总体历史进程的分法，在不同历史发展时期，这些大国的历史角色会略有不同。在本书分析里，前者也是能源转型引领国与主导国，后者则是能源转型跟随国。

（四）霸权

霸权（Hegemony）也是一个具有争议的概念[①]。总体上，对霸权研究的文献可分为体系和现实主义两大类。前者的代表如沃勒斯坦（Immanuel Wallerstein）的世界体系论、莫德尔斯基和汤普森（William R. Thompson）的霸权周期理论；后者的代表如霸权稳定论和权力转移理论[②]。

金德尔伯格（Charles P. Kindleberger）认为“霸权”一词的含义接近“经济霸权”[③]。同时，由其开创的“霸权稳定论”认为霸权有能力为国际社会提供“公共产品”。欧文·沃斯（Owen Worth）把对霸权的理解归纳

---

① 对霸权更多的不同定义可参见 Michael Doyle, *Empires*, New York: Cornell University Press, 1986, p. 40; Charles Maynes, “‘Principled’ Hegemony”, *World Policy Journal*, Vol. 14, No. 3, 1997, p. 31; Donald Puchala, “World Hegemony and the United Nations”, *International Studies Review*, Vol. 7, No. 4, 2005, pp. 571-572; Ian Clark, “Towards an English School Theory of Hegemony”, *European Journal of International Relations*, Vol. 15, No. 2, June 2009, pp. 203-224; Owen Worth, *Rethinking Hegemony*, London: Palgrave Macmillan, 2015, pp. 1-40.

② Terry Boswell & Mike Sweat, “Hegemony, Long Waves, and Major Wars: A Time Series Analysis of Systemic Dynamics, 1496-1967”, *International Studies Quarterly*, 1991, Vol. 35, No. 2, p. 124.

③ ［美］金德尔伯格著：《世界经济霸权：1500-1990》，高祖贵译，北京：商务印书馆，2003 年版，第 16 页。

为两种：一种是国家领导力，另一种是主导观念或意识形态（葛兰西霸权）[1]。罗伯特·吉尔平和沃尔弗斯（William C. Wohlforth）等则把霸权国（霸主）看成是国际体系中具有统治力的国家[2]。这样的情况是从民族国家出现后主要表现在19世纪和20世纪的现象，它取代了之前的欧洲均势体系和帝国周期更替[3]。从这个角度来说，霸权崛起主要指大国成为霸主，是大国身份的进一步转变，是大国在国际体系内追逐权力最大化的过程。对于这种霸主的身份，离不开对其军事能力和经济能力的认定。

从军事能力来认定霸主的代表性人物约翰·米尔斯海默认为，由于水域的阻遏力量（The Stopping Power of Water）和越过巨大水域投送力量十分困难，大国不可能形成全球霸权，最终目标只能是地区霸权[4]。从经济能力来认定霸主的代表性人物罗伯特·基欧汉则认为霸权国家并不需要在世界范围内都是军事上的主导者，但这个国家必须在经济能力上拥有相对的优势[5]。而沃勒斯坦认为，霸权概念是指在世界经济体系中有一个明显比其他强国更强的国家，这个国家能通过规则确立世界政治秩序[6]。根据他的标准，近代以来世界上共有3个国家取得过世界霸权，分别是荷兰、英国和美国。除荷兰、英国、美国外，莫德尔斯基等还把16世纪中期的葡萄牙列入霸权国行列。而英国学派代表人物马丁·怀特还认为西班牙是最早

---

① Owen Worth, *Rethinking Hegemony*, London: Palgrave Macmillan, 2015, pp. 63-85.

② Robert Gilpin, *War and Change in World Politics*, Cambridge: Cambridge University Press, 1981, p. 29; William C. Wohlforth, *The Elusive Balance: Power and Perceptions during the Cold War*, Ithaca, NY: Cornell University Press, 1993, pp. 12-14.

③ Robert Gilpin, *War and Change in World Politics*, Cambridge: Cambridge University Press, 1981, p. 116.

④ ［美］约翰·米尔斯海默著：《大国政治的悲剧》，王义桅等译，上海：上海人民出版社，2008年版，序第7-28页、第42-46页、第93页。

⑤ ［美］罗伯特·基欧汉著：《霸权之后：世界政治经济中的合作与纷争》，苏长和等译，上海：上海人民出版社，2012年版，第32页、第38页。

⑥ ［美］伊曼纽尔·沃勒斯坦著：《现代世界体系》（第二卷），郭方等译，北京：社会科学文献出版社，2013年版，序言第11页。

主宰整个国家体系的大国①。而吉尔平认为，英国和美国取得过对国际政治体系的支配，只有它们称得上世界霸权②。综合来看，无论哪一个理论学派，较没有争议的是 19 世纪的英国和 20 世纪的美国分别取得过历史上的霸权地位。

本书认为霸权国主要是指自近代以来民族国家中经济崛起的最强者并表现为世界霸权（全球霸权）。世界霸权是既有霸权能力（最强经济实力和军事能力），又实施霸权政策（扩张主义和干涉主义）的世界强国。因此，霸权崛起除了指大国身份地位和能力的改变外，更指一国对外政策的改变，这种改变的本质是为了本国利益不惜侵犯别国主权和干涉别国事务，指的是一种霸权主义。从能源转型角度来看，世界霸权是在某种国际体系中拥有最强经济实力的国家并能引领世界能源体系转型和包含能源革命在内的工业革命的开展。它能够为世界经济的发展和国际秩序的稳定提供一定的“公共产品”，其中包括提供能源转型中的“主导能源”安全供应和保障国际能源安全秩序的稳定。自近代以来符合这一条件的霸权国家只有英国和美国。

二、有关理论引入融合与命题假设

大国崛起离不开经济基础的夯实和经济实力的提升。自近代以来，西方有关国家的经济实力的迅速提升甚至可以用“经济起飞”来描述。对此，美国经济史学家罗斯托的“经济起飞”理论贡献无疑具有重要的意义。然而从历史现实来看，大国经济起飞都处于历史上重大的国际能源转型周期上，尽管罗斯托也认为资源禀赋对大国经济起飞具有影响，但罗斯托并未把能源转型与经济起飞联系起来，这使其“起飞”理论存在解释力的不足。为此，本书将首先尝试探索性地把经济起飞理论与能源转型视角

---

① ［英］马丁·怀特著：《权力政治》，宋爱群译，北京：世界知识出版社，2004 年版，第 7-8 页。与怀特不同的是，莫德尔斯基把西班牙界定为葡萄牙霸权的挑战者。参见 George Modelski, *Long Cycle in World Politics*, London: Macmillan, 1987, p. 40.

② Robert Gilpin, *War and Change in World Politics*, Cambridge: Cambridge University Press, 1981, pp. 144-145.

结合起来，进行理论分析和归纳，并提出有关命题假设。

（一）罗斯托的经济起飞理论

罗斯托认为，在近代以来西方各国经济发展中，主导部门的出现和急剧扩张对我们把经济史看成是不同阶段的顺序演进具有重大的意义。根据他的划分，这些国家经济增长分别经历了传统社会、起飞准备、起飞、走向成熟、高额群众消费、追求生活质量六个阶段。其中，起飞是区分传统社会和现代社会的一个重要时间界限①。这种论点所主张的是，促进经济转变强有力的、核心的引擎在于新制造业部门的迅速增长②。以至于这种力量最终转变为推动和保持经济稳定增长的要素。因此，经济起飞指的是在技术的加持下，经济部门累积的扩散效应过程。这一效应包括前向、后向、旁侧几个方面。其中，前向效应指主导部门建立起了引起新工业活动的基础或创造了台阶；后向效应指新部门的发展会对投入产生新的要求，包括机器、原材料、物质、人力、制度，甚至包括观念和方法等方面；旁侧效应指主导部门所引起的周围一系列的变化，如人力资源、先行资本投资、建筑业、金融业和服务业等。当初始的主导部门达到一定规模并足以引诱出基本的扩张效应时，就会创造出飞跃③。

在几个阶段中，最关键的是起飞准备和起飞两个阶段。在起飞准备阶段，农业革命已开始，一些工业企业以有限的规模或在有限的部门发展起来，企业家阶级开始出现，交通网络扩大，国内商业和对外贸易随之扩大，

---

① ［美］W. W. 罗斯托编：《从起飞进入持续增长的经济学》，贺力平等译，成都：四川人民出版社，2000 年版，译者序第 9 页；［美］W. W. 罗斯托著：《经济增长理论史：从大卫·休谟至今》，陈春良等译，杭州：浙江大学出版社，2016 年版，序言第 3-4 页；［美］W. W. 罗斯托著：《经济增长的阶段：非共产党宣言》，郭熙保等译，北京：中国社会科学出版社，2001 年版，第 4-8 页、第 14-15 页、第 61-62 页。

② ［美］W. W. 罗斯托编：《从起飞进入持续增长的经济学》，贺力平等译，成都：四川人民出版社，2000 年版，序与跋第 39-40 页；［美］W. W. 罗斯托著：《经济增长的阶段：非共产党宣言》，郭熙保等译，北京：中国社会科学出版社，2001 年版，第 59 页。

③ ［美］W. W. 罗斯托编：《从起飞进入持续增长的经济学》，贺力平等译，成都：四川人民出版社，2000 年版，第 4-10 页。

动员储蓄的新机构发展了起来①。在起飞阶段，工业制造品需求扩大，新兴工业迅速扩张，投资、人力、服务业及城市化与工业化进一步扩张。这样的经济扩张使一部分人的收入增加，这又有利于形成高储蓄率和高投资率，新的企业家阶级扩大，经济利用了迄今尚未使用的自然资源和生产方法②。

根据罗斯托的理论，很明显地看出近代以来能源行业就是这样一个典型的具有扩散效应的经济主导部门。这也就解释了为什么有关能源如煤炭、石油千百年前就存在，然而也只有到了近代，它们才不断被飞速地开采和使用，并推动了对应能源经济形态乃至社会文明形态的产生。

（二）能源转型视角引入

根据前述分析和界定，能源转型是一个从能源形态到经济部门连锁变化的过程。这样的变化首先反映在能源结构或能源体系中，是一种具体能源形态的消费量出现巨大增长的过程。以至于这样的量变最终产生质变，使这种能源在能源结构中取得主导地位并推动了与之关联的经济部门的变革。因此，能源转型是一种从结构到结构的变化进程。能源转型为我们更好地理解能源在近代以来国家经济起飞和崛起中的重要作用提供了一个很好的动态视角。从这个角度出发，根据"起飞理论"的"扩散效应"机制，可以说近代以来的能源转型是大国经济部门扩张和经济起飞的一项必要前提。它与罗斯托认为国家经济起飞必须具备的其他三个条件一道构成了大国经济起飞的必要条件③。

从近代欧洲以来到目前的情况来看，触发能源转型的客观因素有三个：

---

① ［美］W. W. 罗斯托著：《经济增长的阶段：非共产党宣言》，郭熙保等译，北京：中国社会科学出版社，2001 年版，第 41 页。

② ［美］W. W. 罗斯托著：《经济增长的阶段：非共产党宣言》，郭熙保等译，北京：中国社会科学出版社，2001 年版，第 8-9 页。

③ 这三个条件是：第一，生产性投资率提高，由占国民收入（或国民生产净值）5%以下增加到 10%以上；第二，有一个以上重要制造业部门以很高的增长速度发展；第三，有一种政治、社会和制度结构存在，或迅速出现，这种结构为现代部门的扩张带来外部经济效应并且使增长具有不断前进的性质。参见［美］W. W. 罗斯托著：《经济增长的阶段：非共产党宣言》，郭熙保等译，北京：中国社会科学出版社，2001 年版，第 39-40 页。

第一，由经济增长需求或生产力进步需求进而导致由原能源供应不足引发的能源危机；第二，更高效替代能源的出现和能源技术的进步；第三，能源排放造成的环境生态危机，以及可持续发展需求等。总体来看，无论是哪种因素，能源转型都是由经济发展需求或生产力进步需求引起的。因此，能源转型的原因或前提也可简要归结为经济发展需求或生产力进步需求。

根据以上分析，生产力发展或经济发展需求导致能源转型，能源转型就是把建立在主导能源这一要素基础上的经济形态变为一种常态，使大国经济起飞和崛起具备了一种更高效“主导能源”引导的路径并触发经济部门扩张效应的产生，从而推动了现代经济和社会转型。在这个过程中，大国从而获取国家利益和实现国家崛起。这个过程也可描述为新能源形态—新工业形态—新经济形态—国家经济崛起。由于国家经济崛起在国家崛起中起到基础性和根本性的作用，而国家经济崛起又离不开能源。因此，我们可以说，能源是大国经济起飞和崛起的重要基础和条件，而能源转型则是充分发挥这一基础和条件的路径所在，并成为大国经济起飞和崛起的一项必要前提。能源转型推动大国经济起飞和崛起的关系如图 1-1 所示。

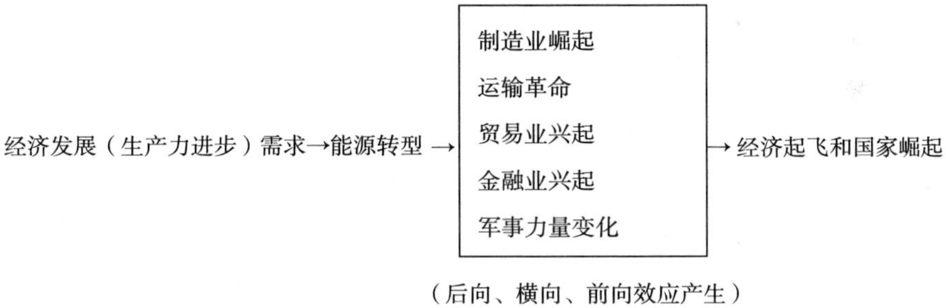

图 1-1　能源转型推动国家经济起飞过程

资料来源：笔者绘制。

（三）有关命题假设

根据经济起飞理论和能源转型视角的引入分析和推导，本书的第一个命题假设：能源要素功能和价值通过能源转型得以充分释放，能源转型是大国经济起飞的重要路径和一项必要前提。而能源转型的启动至少包括了能源资源、能源开采与应用技术、能源产品市场以及其他因素。与之对应，本书的第二个命题假设：重大国际能源转型的开启和推进须具备充足的条件或者说严苛的条件。这样的条件决定了国际能源转型进程只能由少数特定国家引领推进。根据第二个命题假设的条件，一旦能源转型开启，少数特定国家在引领国际能源转型进程中可获取主导权，以形成经济发展中的先发优势和不对称依赖关系。据此，本书的第三个命题假设：国际能源转型引领国通过能源转型引领确立经济实力优势。国际能源转型的引领主导或者是跟随推进，使得对某类具体能源种类产生巨大需求并不断形成能源依赖。受资源禀赋和技术能力差异等因素影响，能源转型中的主导能源具有分配不平衡的特征，这决定了各国对能源依赖的程度不一。能源依赖程度较高的国家便具有了遭遇能源依赖困境的可能。与此同时，能源转型产生了各国经济转型的时间差和不同的发展态势，成为权力差距的来源。权力差距与权力满意度的不平衡[①]，推动了大国安全困境和争霸行为的产生。作为大国经济发展和军事准备的“血液”，能源是大国竞相争夺获取的战略物资。能源安全也因此成为大国安全困境和争霸行为中的一个重要组成部分。能源安全的另一个重要组成部分即能源依赖也就不同程度地反映在有关大国特别是能源转型跟随国上。综合以上推导过程，本书的第四个命题假设：国际能源转型进程中存在“能源依赖困境”。

（四）“能源依赖困境”概念的提出

正如前文所述，“能源依赖困境”是能源转型进程中的一个重要方面，能源转型导致能源消费和生产剧增，能源依赖形成。与能源依赖对应的则是能源安全和大国发展的安全困境。根据安全困境的概念，国际体系中的某一行为体增强自我安全的行为触发并导致其他另外行为体的疑虑与不安，以至于其他行为体也朝相反方向增强自我安全的行为，以此形成了国家间

---

① 权力转移理论认为，保持国际体系稳定的关键是实现权力与满意之间的平衡。参见李小华：《“权力转移”与国际体系的稳定》，载《世界经济与政治》，1999 年第 5 期，第 42 页。

的恶性安全竞争[①]。就能源安全而言，学术界一般认为能源安全包含供应安全与需求安全两个基本层面，并向气候与环境安全等非传统安全层面蔓延与交织。同时，能源安全具有公共属性与非公共属性共存的特征，特别是能源安全竞争性、排他性、对抗性等特征一直以来难以克服[②]。可以说，由能源安全触发的大国间安全困境或者由大国安全困境触发的能源安全一直未得到学术界的重视。从能源安全的供应与需求的两个基本面出发并结合安全困境概念，我们可认为"能源依赖困境"是指某国尤其是大国的主要能源供应或需求安全面临着另一大国或大国联盟能源政策和行为影响的困扰。该困境包括"能源供应依赖困境"以及"能源需求依赖困境"两个方面，前者主要指某大国在主要能源上形成进口依赖或特定来源依赖进而形成能源供应安全不确定性隐患，后者主要指某大国在主要能源形态上与其他大国形成竞争格局并被能源转型主导国领导的联盟遏制进而形成限制自身进一步发展的困境。

具体来说，"能源供应依赖困境"主要存在于能源资源禀赋不足或开采技术能力有限的大国上，它们会对能源体系中主导能源形成高度进口依赖或特定来源依赖，对能源供应保障形成了由重大突发事件影响的不确定性，这种困境有可能由能源进口依赖国引起，也有可能由其他大国引起。"能源需求依赖困境"主要存在于具有较好能源资源禀赋及较强技术开采能力的大国上，该能源资源大国增强自我能源需求安全和利益的能源"扩张"或"竞争性"政策及行为，会不自觉地导致其他能源资源大国特别是国际能源体系主导大国的疑虑与不安，以至于导致能源体系主导国的"竞争性"反应和遏制。这类困境主要体现的是一种对能源体系中主导能源或基于主导能源的经济竞争。为了应对竞争，这类能源大国的能源需求依赖甚至可能形成"能源产量竞赛"，进而形成经济发展的路径依赖。

---

① John H. Herz, "Idealist Internationalism and the Security Dilemma", *World Politics*, Vol. 2, No. 2, 1950, pp. 157-180.

② 吴磊、许剑：《论能源安全的公共产品属性与能源安全共同体构建》，载《国际安全研究》，2020 年第 5 期，第 3-28 页。

由于能源资源禀赋特征和各国能源开采技术能力的差异，在理论上和现实上前一种困境较后一种困境更多。而后一种困境则更能反映实力更为接近的两个大国之间的竞争甚至争霸。一般来说，由于能源在国家经济发展中乃至国防安全中的基础性地位，能源依赖困境具有“嵌入”式特征。这一困境若处理不好，轻则使有关国家在崛起中面临“经济压力陷阱”①，重则可能因其升级造成国家间关系的恶性竞争甚至是冲突和战争的爆发。当冲突和战争爆发后，能源安全甚至转变成为军事安全中的一部分。据此逻辑出发，能源供应依赖成为有关大国进行霸权挑战的一项重要限制性因素，使其争霸很难成功。另外，具有能源需求依赖的国家更具备进行霸权挑战的能力。但是否进行霸权挑战还要看该国的意愿及它与霸权国之间是何种身份建构。当这类国家既有能力又有霸权争夺意愿且与霸权国处于“霍布斯文化”时，这类大国在国家崛起进程中更易于进行争霸挑战，即古典现实主义的“能力塑造意图”②。但这样的挑战往往会受到能源主导国即霸权国建立的霸权联盟的遏制，使得其争霸很难成功。因此，由于能源转型主导国具有能源转型进程中的主导地位，能源依赖困境主要存在于能源转型跟随国中。从逻辑来看，某大国只有再次实现引领新一轮国际能源转型的进行，才有可能摆脱这一困境的限制，从而向大国等级体系的最高层次崛起。因此，能否引领国际能源转型成功进行可成为观察崛起大国能否与守成大国成功实现权力转移的一个重要观察点。

为了对以上命题假设和有关概念作出经验验证，本书下文将主要从经济史角度回看和分析近代以来能源转型与有关大国崛起的历程。

---

① 有关“经济压力陷阱”这一概念可参见高程、王震：《大国崛起模式与中国的策略选择——基于大国崛起历史进程的比较分析》，载《世界经济与政治》，2020 年第 12 期，第 8–9 页。

② ［美］法利得·扎卡利亚著：《从财富到权力》，门洪华、孙英春译，北京：新华出版社，2001 年版，第 25–28 页。

第二章　能源转型下大国崛起的历史现象回顾

近代以来，随着资本主义的扩张和新能源使用尝试，西方国家不断崛起。本章主要从近代以来不同能源转型历史阶段下有关大国崛起过程进行历史回顾，主要包括能源转型序幕的拉开与欧洲殖民霸权的兴起，第一次国际能源转型下的大国崛起，第二次国际能源转型下的大国崛起几个部分。

第一节　能源转型序幕的拉开与欧洲殖民霸权的兴起

一般认为，工业革命前的人类农业社会主要是人畜动力的时代，我们称之为“原始动力”时代，柴薪、食物、饲料、人力、畜力、自然力是主要的能源和动力来源。自中世纪以来，欧洲开始渐渐地大量使用风力和水力。在近代早期欧洲的能源结构中，柴薪占50%~60%，食物和饲料均占20%~25%，风力和水力仅占1%~2%①。这一时期是典型的以柴薪为主导的传统“生物燃料”能源体系阶段。虽然风力和水力等自然力在总体能源

① Astrid Kander, et al., *Power to the People: Energy in Europe over the Last Five Centuries*, Princeton: Princeton University Press, 2013, p. 38.

结构中占比不大，但意义却重大。它让人类在一定程度上开始摆脱人力、畜力的限制并走上了依赖机器技术和动力来源不断突破自身限制的发展进程。15 世纪以后，以葡萄牙、西班牙、荷兰等国为代表的欧洲国家通过风力和水力的娴熟使用开始进行远洋航行和殖民扩张，荷兰甚至开始在工业上最早使用化石能源——泥炭。这拉开了人类能源使用不断转型的序幕，此后能源转型和大国崛起这两大历史现象就紧密相连了。

一、葡萄牙、西班牙、荷兰殖民霸权的特殊性分析

尽管葡萄牙、西班牙、荷兰这几个国家的殖民扩张和兴起处于欧洲资本主义兴起的进程中，但需要予以说明的是它们有着自己的特殊性。

第一，它们都脱胎于中世纪的神圣罗马帝国，荷兰又脱胎于西班牙哈布斯堡王朝。因此，它们的崛起既得益于这个帝国的衰落又得益于这个帝国曾经强盛所留下的基础。

第二，这三个国家的殖民扩张强盛时期都是在威斯特伐利亚条约签署以前，因此对于其民族国家的主权属性或许存在争议，正因为这一点，把它们拿来与 17 世纪中期以来的大国崛起做比较或许不完全恰当，它们或许是属于“夹在中间的现象”（帝国与民族国家过渡时期的现象）。

第三，这三个国家的殖民扩张属于前工业革命时期，而工业革命被视为西方资本主义经济发展史上的一个根本的突变或断裂①。甚至有学者认为 1500~1750 年是“向资本主义过渡”时期，1750 年之后是真正的资本主义时期②。或者将中世纪晚期的“早期资本主义”与 19 世纪“充分发展

---

① ［美］伊曼纽尔·沃勒斯坦著：《现代世界体系》（第二卷），郭方等译，北京：社会科学文献出版社，2013 年版，第 3-8 页。

② Etienne Balibar, “Sur les concepts fondamentaux du matérialism historique”, in Louis Althusser & Etienne Balibar, *Lire Le Capital*, nouvéd. Entièrement refondue, Paris: Maspéro, 1968, Ⅱ, pp. 217-226. 转引自［美］伊曼纽尔·沃勒斯坦著：《现代世界体系》（第二卷），郭方等译，北京：社会科学文献出版社，2013 年版，第 5 页。另外，西蒙·库兹涅茨将 1750 年确定为“现代经济增长”的转折点，而安格斯·麦迪森、罗斯托、格申克朗等则认为 1820 年才是当今“资本主义”的起点。参见［英］麦迪森著：《世界经济两百年回顾》，李德伟等译，北京：改革出版社，1997 年版，第 1-11 页。

的资本主义”区分开来①。罗伯特·吉尔平则认为17~18世纪的重商主义时期是前现代体系向现代体系过渡的时期。② 与此对应的是，第一次工业革命一直到18世纪60年代才在英国发生。西方学者托尔（Dona Torr）就认为“资本主义社会的最终形式”只存在于工业革命之时③。因此，从这些情况来看，工业革命前的国家“崛起”与工业革命后的国家“崛起”反映了即使“不是两个不同的社会体系至少也是资本主义两个阶段”进程的国家地位变化：一是以手工业为主的制造业崛起，二是机器制造业的崛起。即使如此，不可否认的是由葡萄牙、西班牙等国开启的地理大发现推动了世界市场的形成和商业革命或第一次产业革命的爆发。从逻辑上讲，商业革命推动了市场对更高效能源的需求和能源转型进程，能源转型最终触发了工业革命。

第四，这里的殖民霸权与后续论述的霸权国家如英国、美国不完全等同。因为，即使根据沃勒斯坦的划分，历史上取得霸权的国家只有荷兰、英国和美国。显然葡萄牙与西班牙至多算是区域霸权或“殖民领域霸权”，而如果以严格的具有全球影响力的霸权国来看，荷兰显然不能算在内或具有争议性④，取得这一地位的只有英国和美国，或许苏联短暂时期也一度取得这一地位。与此相关，与其说西班牙、葡萄牙和荷兰这三国崛起为殖民霸权，不如说它们的殖民扩张成就了其殖民霸权。

纵然如此，为了论述方便和从历史承接的角度考虑，本书对它们的殖

① G. H. Clark, *The Seventeenth Century*, 2nd ed. Oxford: Clarendon Press, 1960, pp. 10–11. 转引自［美］伊曼纽尔·沃勒斯坦著：《现代世界体系》（第二卷），郭方等译，北京：社会科学文献出版社，2013年版，第5页。

② ［美］罗伯特·吉尔平著：《世界政治中的战争与变革》，武军等译，北京：中国人民大学出版社，1994年版，第169页。

③ Dona Torr, “The English Revolution, I”, *Labour Monthly*, XXIII, 2, Feb. 1941, p. 90. 转引自［美］伊曼纽尔·沃勒斯坦著：《现代世界体系》（第二卷），郭方等译，北京：社会科学文献出版社，2013年版，第10–11页。

④ 如彼得·克莱因不认可沃勒斯坦把荷兰划为霸权国家，他认为霸权理论要求有一个强大的民族国家及强有力的中央政府，但荷兰联合省不是这样的国家。参见Peter Wolfgang Klein, “Dutch Capitalism and the World Economy”, ln *Dutch Capitalism and World Capitalism*, edited by Maurice Aymard, Cambridge: Cambridge University Press, 1982, p. 85.

民扩张及其所带来的经济地位的变化还是采用“崛起”和“霸权”二词进行描述。因为，殖民主义和殖民霸权从此开始兴起，后来的英国把其推至极致，建立了横跨全球的“大英帝国”。

二、对自然能的娴熟运用与葡萄牙、西班牙殖民霸权的崛起

早在中世纪时期，欧洲大陆已经将水力和风力运用于制造厂的工作中。早期的水磨机的功率大约能达到 3.5 马力，最后达到了 10 马力；而风车的功率能够达到 20~30 马力[①]。水能的利用起初是用于碾玉米，其后用于纺织工业的一些部门[②]。11 世纪时它的主要用途是磨面粉、制造布料、酿酒、锤击、鼓吹风箱、磨制金属餐具、抽丝和锯物等[③]。虽然风车的起源可能来自中亚，但是传动装置和水平轴是在欧洲发明出来的，它结合了水车和风帆的观念[④]。可以说从中世纪中期之后，欧洲能源利用方式已初步突破柴薪和人畜力的限制。对自然力更高效的利用使欧洲经济不断发展，一些西方历史学家如 E. M. 卡勒斯—威尔逊（E. M. Carus-Wilson）甚至将欧洲 13 世纪的经济发展称作“第一次工业革命”[⑤]。对风力这种自然动力的娴熟使用使得航海业兴起，欧洲最早发现了新大陆，开启了“地理革命”。

新大陆的发现与造船和航海业的发展密不可分。造船业的发展离不开木材的支撑，而木材在当时社会形态下，是重要的原料和燃料。造船业的

---

① ［美］杰夫·马德里克著：《经济为什么增长》，乔江涛译，北京：中信出版社，2003 年版，第 62-63 页。

② 参见［英］波斯坦等主编：《剑桥欧洲经济史》（第四卷），王春法等译，北京：经济科学出版社，2003 年版，第 87 页。

③ ［英］彼得·杰伊著：《财富的历程》，杨建民译，北京：国际文化出版公司，2005 年版，第 118 页。

④ ［英］彼得·杰伊著：《财富的历程》，杨建民译，北京：国际文化出版公司，2005 年版，第 125 页。

⑤ ［美］杰夫·马德里克著：《经济为什么增长》，乔江涛译，北京：中信出版社，2003 年版，第 64 页、第 79 页。卡勒斯—威尔逊认为英格兰得益于漂洗水车数量的增加，而在 13 世纪开始了这样的“第一次工业革命”。参见［意］卡洛·M. 奇波拉主编：《欧洲经济史》（第一卷），徐璇译，北京：商务印书馆，1988 年版，第 226 页。

发展诱发了欧洲殖民扩张热情的高涨。1400 年左右，欧洲出现了第一批适于远洋航运的船只，其中一种是葡萄牙造船厂建造的三桅全帆缆船（Carrack），该船除了方形帆（适合顺风航行），还有三角帆（适合逆风时操作），这种缆船被称作是伟大的发明①。因此，在 15 世纪欧洲的海外扩张中，首先处于领先地位的是葡萄牙而不是西班牙。当西班牙于 1580 年合并葡萄牙后，开始成为 16 世纪末最大的殖民国家。

另外，殖民扩张推动了造船业和航海业的兴起。它们的兴起离不开对跨海跨洋运输动力进行优化，需要研究了解帆船对风能的充分利用。葡萄牙人和西班牙人利用对热带地区出现东风带、温带地区出现西风带及海洋气流系统的有关认识，他们从伊比利亚半岛来到美洲，再从阿卡普尔科（墨西哥南部港口城市）到马尼拉，然后再借西风回国②。自此之后的历史表明，交通运输方式的每一次革新和进步都离不开能源利用方式的突破。可以说，交通运输用能方式的改变是推动和实现能源转型的关键所在并有助于国家崛起。

第一，跨洋航运的领先使得葡萄牙和西班牙能顺利地通过殖民扩张攫取有关物资和财富，从而实现国家的崛起。欧洲殖民者在 14～15 世纪对外扩张所寻找的是西欧所需的贵金属、香料、食品和燃料。食品以小麦和糖为主，燃料主要是木材，它不仅被用作燃料，还被广泛用作造船的建材、纺织品的染料和浆洗丝绸制品时的原料等方面。如果说以贵金属和香料为代表的奢侈品或货币补充来源是欧洲早期殖民经济开拓的原始动力的话，那么以食品和燃料为代表的大宗商品贸易则促进了欧洲生产的发展和商业水平的提升③。由于工业革命前的欧洲能源形态以柴薪为主，所以这一时期的能源安全主要是指在国家经济的发展过程中木材的普遍缺乏和国家的

---

① ［英］彼得·杰伊著：《财富的历程》，杨建民译，北京：国际文化出版公司，2005 年版，第 145 页。

② ［美］阿尔弗雷德·克劳士比著：《人类能源史——危机与希望》，王正林等译，北京：中国青年出版社 2009 年版，第 68-69 页。

③ ［美］伊曼纽尔·沃勒斯坦著：《现代世界体系》（第一卷），郭方等译，北京：社会科学文献出版社，2013 年版，第 16-45 页。

发展需要充足的木材供应。欧洲殖民霸权的对外扩张从基本面上解决了这一问题。欧洲国家认为它们拥有的殖民地是安全的原料（黄金、毛皮、木材、糖、烟叶等）来源，同时也是它们不断增长的制成品的消费者①。它们不仅通过殖民扩张解决发展困境，还在一定程度上拉开了新能源利用的帷幕。

第二，燃料及奢侈品、食品获取与对外殖民扩张互为因果，形成螺旋循环。这形成了欧洲殖民霸权得以“崛起”的充足动力。16 世纪葡萄牙和西班牙的扩张不仅是地理的扩张而且是经济的扩张，甚至还被认为是“第一次产业革命”时代，标志着欧洲与世界其他地区经常性贸易的确立②。处于欧洲大陆的葡萄牙和西班牙殖民者凭借着对风能等自然力的娴熟利用，不仅使用以风力和水力为动力的磨坊、风车、水车、风力锯木机、水力锤、鼓风器等生产工具扩大生产，更是通过航海技术进行殖民地开拓，使之得以建立强大的殖民经济。当然在进行扩张中，不得不强调的是，对来自非洲的奴隶贩卖对其殖民霸权的兴起也起到了巨大作用。甚至可以说奴隶贸易给工业革命提供了一只血腥的助力之手③。

虽然西班牙在殖民地进行疯狂掠夺并建立起了跨大西洋和太平洋的贸易，但以西班牙为首的“伊比利亚半岛”殖民霸权并没有用普及教育和国内投资的方法来维持它的领先地位，它的注意力集中在战争和荣誉上④。1588 年，其“无敌舰队”被英国和荷兰击败，标志着这一殖民霸权的陨落。因此，金德尔伯格认为近代初期西班牙在经济上从未真正发展起来。

---

① ［美］罗伯特·吉尔平著：《世界政治中的战争与变革》，武军等译，北京：中国人民大学出版社，1994 年版，第 171 页。

② J. H. Parry, “Transport and Trade Routes”, in *Cambridge Economic History of Europe*, *Volume Ⅳ*: *The Economy of Expanding Europe in the16th and 17th Centuries*, E. E. Rich and C. H. Wilson, eds., Cambridge: Cambridge University Press, 1967, p. 191.

③ 波音著：《航海、财富与帝国：从经济学角度看世界历史》，北京：群言出版社，2017 年版，第 60 页。

④ ［美］杰夫·马德里克著：《经济为什么增长》，乔江涛译，北京：中信出版社，2003 年版，第 67-68 页。

它的衰落与其说是经济上的，倒不如说是政治上的①。

三、化石能源转型帷幕的拉开与近代荷兰的崛起

由于哈布斯堡王朝的扩张特别是与法国查理五世的争霸导致了它的衰落，西班牙内部爆发“尼德兰革命”后②，一方面战争使西班牙背上了难以偿还的巨额债务，另一方面“海上马车夫”荷兰脱颖而出。它同葡萄牙、西班牙一样通过对风能的利用，建立强大的海上运输力量，并在捕鱼业上确立了优势③。17 世纪初，荷兰人改良伊比利亚半岛的轻快帆船，发展出三桅商船（Fluyt）或称大型平底沿海船，军舰也选用西班牙的大帆船④。1636 年，荷兰已有 1750 艘远洋商船活跃于欧洲，鲱鱼船队则有数百艘。荷兰人不仅垄断了鲱鱼捕捞业，而且靠鲸油又促进了荷兰肥皂业及化学工业的发展⑤。与巧用风能改善海上航行并行的是，水利工程和风车也在荷兰得到大规模的利用。1650 年的荷兰，在需要抽水的潮湿农村，至少矗立着 8000 座风车⑥。荷兰自然也被誉为“风车王国”。这些方面都预示着荷兰在用能方式上的创新和突破。

荷兰人对能源的利用不仅限于自然能，能源史学家阿尔弗雷德·克劳士比（Alfred W. Crosby）认为它还是第一个主要以化石燃料——泥炭作为生产动力的社会，可谓是第一个现代社会⑦。泥炭是一定条件下由腐烂的

---

① ［美］金德尔伯格著：《世界经济霸权：1500～1990》，高祖贵译，北京：商务印书馆 2003 年版，第 106 页。

② 1566 年荷兰群起而反抗，终于取得独立，并于 1648 年结束“三十年战争”时建立“荷兰联合省”。

③ 关于当时荷兰人在捕鱼业上的情况，参见［美］伊曼纽尔·沃勒斯坦著：《现代世界体系》（第二卷），郭方等译，北京：社会科学文献出版社，2013 年版，第 47 页。

④ ［英］彼得·杰伊著：《财富的历程》，杨建民译，北京：国际文化出版公司，2005 年版，第 161 页。

⑤ 波音著：《航海、财富与帝国：从经济学角度看世界历史》，北京：群言出版社，2017 年版，第 37-38 页。

⑥ ［美］阿尔弗雷德·克劳士比著：《人类能源史——危机与希望》，王正林等译，北京：中国青年出版社，2009 年版，第 88 页。

⑦ ［美］阿尔弗雷德·克劳士比著：《人类能源史——危机与希望》，王正林等译，北京：中国青年出版社，2009 年版，第 91 页。

植物埋在地下数千年形成的化石燃料，能量密度比煤炭低，但远远高于木材等有机能源[①]。但荷兰朝泥炭这种化石能源的转型并未能持续地转换为一次能源革命，其能源转型也只是限于本国的区域性初始能源转型。

15 世纪之前，荷兰北部已开始小规模的泥炭开采，在荷兰的海平面上甚或海平面以下，泥炭蕴藏丰富，并且可以通过运河交通进行运送[②]。1560~1680 年，是荷兰大规模利用泥炭能源优势的黄金年代，大量泥炭的发现推动了荷兰向泥炭进行能源转型。1600 年，有 27.5 万公顷的土地开采泥炭，到 17 世纪中期，泥炭已占荷兰经济所需能源的一半[③]。根据荷兰学者 J. W. 德齐尤伍（J. W. de Zeeuw）的计算，通过风车和泥炭，荷兰人生产的能源可以替换 80 万公顷的森林和节约 100 万公顷的可耕地来种植马的饲料[④]。对泥炭的开采，不仅使荷兰获得便宜的能源，还回收了耕地，促进了交通网络的形成和贸易、农业和工业的发展，特别是荷兰通过热加工行业能够生产易于在国际市场上竞争的货物[⑤]。制造业的兴起使荷兰在波罗的海的贸易中不断呈上升趋势，这使它变成了大宗木材原料的集散地，这不仅能够降低造船成本，使造船业也成为荷兰的主要“支柱产业”，而且反过来低成本船只与荷兰人的技术革新精神又更有利于他们在波罗的海贸易中的竞争[⑥]。东印度贸易公司与西印度公司的成立，使荷兰的贸易触

① 朱彤、王蕾著：《国家能源转型：德、美实践与中国选择》，杭州：浙江大学出版社，2015 年版，第 30 页。

② J. W. de Zeeuw, “Peat and the Dutch Golden Age: The Historical Meaning of Energy Attainability”, 1976, p. 7, http://peatandculture.org/documenten/Zeeuw.pdf.

③ Jan De Vries and Ad Van Der Woude, *The First Modern Economy: Success, Failure, and Perseverance of the Dutch Economy*, 1500–1815, Cambridge University Press, 1997, p. 37.

④ J. W. de Zeeuw, “Peat and the Dutch Golden Age: The Historical Meaning of Energy Attainability”, 1976, p. 21, http://peatandculture.org/documenten/Zeeuw.pdf.

⑤ Jan De Vries and Ad Van Der Woude, *The First Modern Economy: Success, Failure, and Perseverance of the Dutch Economy*, 1500–1815, Cambridge University Press, 1997, pp. 27–40; J. W. de Zeeuw, “Peat and the Dutch Golden Age: The Historical Meaning of Energy Attainability”, 1976, pp. 21–22, http://peatandculture.org/documenten/Zeeuw.pdf.

⑥ ［美］伊曼纽尔·沃勒斯坦著：《现代世界体系》（第一卷），郭方等译，北京：社会科学文献出版社，2013 年版，第 216 页。

角向地中海、印度洋、大西洋等世界各地延伸[①]。到 17 世纪时，荷兰人的船只控制了世界的运输贸易[②]，贸易业的发展又带动了金融业的兴起[③]。

1400 年至 17 世纪中叶荷兰成为欧洲最繁荣的经济地区[④]。在人均收入上，1600 年荷兰是英国的 1.4 倍、法国的 1.6 倍、德国的 1.7 倍和美国的 3.5 倍；到 1700 年人均收入差距进一步分别扩大到 1.7 倍、2.3 倍、2.3 倍和 4 倍[⑤]。根据沃勒斯坦对历史上世界性霸权国家的划分，1648 年到 17 世纪 60 年代的荷兰是第一个，在 17 世纪最强的国家中，联合省（荷兰）居第一位，英国居第二位，法国居第三位[⑥]。这一时期的荷兰人用《鲁滨孙漂流记》的作者英国作家笛福（Daniel Defoe）的话说，变成了世界贸易的运输者、贸易的中间商、欧洲的经纪人和代理人[⑦]。在一定程度上荷兰通过贸易霸权和航行自由的守护，在波罗的海和北海水域建立了荷兰统治下的和平（Pax Neerlandica）[⑧]。

因此，在很大程度上，17 世纪中叶以前荷兰的崛起可以说一方面得益于风能、水能等自然能的运用和泥炭（土煤）这种廉价能源的开采和利用，另一方面也得益于低价木材推动的低成本造船业和贸易业的发展。荷兰的成功得益于摆脱“柴薪危机”造成的能源依赖困境，摆脱这一困境的主要方式是替代能源的使用和能源转型。能源转型的成功推动了荷兰制造

---

① ［美］伊曼纽尔·沃勒斯坦著：《现代世界体系》（第二卷），郭方等译，北京：社会科学文献出版社，2013 年版，第 51-57 页。

② ［美］金德尔伯格著：《世界经济霸权：1500-1990》，高祖贵译，北京：商务印书馆，2003 年版，第 149 页。

③ 荷兰拥有当时世界上最大的阿姆斯特丹银行。

④ ［英］安格斯·麦迪森著：《世界经济千年史》，伍晓鹰等译，北京：北京大学出版社，2003 年版，第 7 页。

⑤ 朱彤、王蕾著：《国家能源转型：德、美实践与中国选择》，杭州：浙江大学出版社，2015 年版，第 28 页。

⑥ ［美］伊曼纽尔·沃勒斯坦著：《现代世界体系》（第二卷），郭方等译，北京：社会科学文献出版社，2013 年版，序言第 12 页，第 33 页、第 46-47 页。

⑦ Charles Henry Wilson, *Anglo-Dutch Commerce and Finance in the Eighteenth Century*, Cambridge University Press, 1941, p. 4. 转引自［美］伊曼纽尔·沃勒斯坦：《现代世界体系》（第二卷），郭方等译，北京：社会科学文献出版社，2013 年版，第 51-52 页。

⑧ Jonathan I Israel, *Dutch Primacy in World Trade*, 1585-1740, Oxford: Clarendon Press, 1989, pp. 95-158.

业、航运业、贸易和金融等“关联性”行业兴起。这些行业的兴起确保了荷兰制造业大国和贸易大国的地位，这又反过来确保了荷兰的崛起。由于1648年后国际体系已进入以民族国家为主要行为体的“威斯特伐利亚”时代，因此我们也可以认为荷兰是现代民族国家中第一个实现经济起飞和崛起的国家。然而，荷兰这样的国际地位却是短暂的，与葡萄牙、西班牙一样，它的崛起也只是昙花一现。在18世纪它的经济丧失了活力，表面上看是因为它在与法国和英国的冲突中丧失了贸易垄断权，被英、法两国排斥到经济主流之外①。但从实质上来说，荷兰制造业和贸易优势的丧失与易于采用地带的泥炭（泥煤）在用完后不得不用更深的疏浚来获得更远地区的储量有关②。17世纪后，在相应的海拔高度上，泥炭变得不太容易找到，大约27.5万公顷的泥炭沼泽地被开采殆尽③。这导致荷兰制造商成本升高，而煤的进口使得荷兰相较于英国处于劣势④。几次战争（如四次英荷战争）失败后，荷兰的经济优势逐渐丧失。

从能源转型的角度来看，虽然区域能源转型突破帮助荷兰实现了崛起，但这样的崛起与能源转型之间只表现出单向性关系，即能源转型对国家崛起产生了影响，但国家崛起没能对能源转型的深入进行即推进到能源革命阶段产生影响。荷兰自身泥炭资源不足或开采技术能力有限，因此谈不上对世界其他地区形成资源权力影响力和引领国际能源转型的进行。同时，在这个短暂时期内，荷兰只实现了经济能力崛起，未实现军事能力崛起及国际政治权力的崛起。正是从这个意义上说，荷兰的崛起还不能与英国和美国的崛起相提并论。

---

① ［英］安格斯·麦迪森著：《世界经济千年史》，伍晓鹰等译，北京：北京大学出版社，2003年版，第73页。

② J. W. de Zeeuw, “Peat and the Dutch Golden Age: The Historical Meaning of Energy Attainability”, 1976, p. 23, http://peatandculture.org/documenten/Zeeuw.pdf.

③ ［美］金德尔伯格著：《世界经济霸权：1500～1990》，高祖贵译，北京：商务印书馆，2003年版，第151页；［英］安格斯·麦迪森著：《世界经济千年史》，伍晓鹰等译，北京：北京大学出版社，2003年版，第71页。也有很多观点认为，当时荷兰泥炭资源并未开采殆尽，只是开采难度加大。

④ ［英］彼得·杰伊著：《财富的历程》，杨建民译，北京：国际文化出版公司，2005年版，第167页。

第二节　第一次国际能源转型下的大国崛起

虽然能源史学家阿尔弗雷德·克劳士比认为荷兰是第一个以化石燃料为生产动力的国家，但从英国对煤炭的使用情况来看，这两个国家在大规模开采使用化石能源的时间上基本同步，然而与荷兰对泥炭的使用只限定于本国区域内且不可持续不同，英国对煤炭的使用却引发了第一次国际能源转型并持续了一个很长的历史时期。英国通过引领第一次国际能源转型进程，不断崛起为世界霸权，而作为能源转型主导国英国的崛起又推进了国际能源转型进程，这使得紧跟英国引领第一次能源转型的有关国家也纷纷实现了次优状态的崛起。

一、英国引领向煤炭的转型

经济史学家约翰·内夫（John U. Nef）认为，在1540~1640年英国经历了在燃料上以煤代替木材的"早期工业革命"[①]。同样，有西方学者的研究就指出，以焦耳（Petajoules）为燃烧单位计，1619年英格兰和威尔士煤炭消费开始超过木材[②]。甚至根据英国史学者里格利的看法，英国已于1550年开启向煤炭的能源转型。该年煤炭在英国能源消费结构中的比重超过5%，1561~1570年这一占比上升到10.6%，1619年左右煤炭消费占比超过了柴薪[③]。17世纪早期至18世纪以前，在英格兰和苏格兰煤已经不只

① John U、Nef, *The Conquest of the Material World*, Chicago: University of Chicago Press, 1964, pp. 144-212.

② Paul Warde, *Energy Consumption in England and Wales*, Consiglio Nazionale delle Ricerche, 2007, pp. 115-122. http://sites. fas. harvard. edu/~histecon/energyhistory/data/Warde_Energy%20Consumption%20England. pdf.

③ Edward A. Wrigley, *Energy and the English Industrial Revolution*, Cambridge: Cambridge University Press, 2010, p. 239; Edward A. Wrigley, "Energy and the English Industrial Revolution", *Philosophical Transactions of the Royal Society A* (*Mathematical, Physical & Engineering Sciences*), Vol. 371, No. 1986, 2013, p. 6.

限于家庭使用，而且已被用来制盐、砖、瓦、船锚和烟斗等，煤、铜、铝冶炼者，肥皂和淀粉制造商，制糖和酿酒商，染料制造商，砖窑主，玻璃主以及所有其他金属加工业者都广泛使用煤作为燃料①。

从上文对近代早期英国经济史的描述可看出，英国启动向煤炭的能源转型比罗斯托认为英国经济起飞开始的 1783 年更早。推动能源转型的根本原因可认为是经济增长的需求。英国经济史学家波斯坦（M. M. Postan）就认为中世纪后期欧洲用煤的少量增长表明了人口的增长和 12~13 世纪以及 14 世纪初期的经济繁荣，这导致了对金属和其他工业品的需求的持续增长②。这种需求的增长使作为燃料和建筑材料的木材出现了短缺，木材的短缺出现了以柴薪为能源的能源危机③。欧洲各国被迫寻找替代燃料，而恰巧英国找到了煤这种替代燃料并予以不断加大规模的使用。以至于煤业被有关西方学者视为 17 世纪英国唯一有效率的工业④。1700 年，煤炭在英格兰的能源消耗中所占的比重已经达到了 50%，1750 年又进一步达到了 60%⑤。与此同时，1700~1750 年英国发生了农业革命，这又提供了生产生活资料、劳动力和国内市场。然而，在 18 世纪中期这段时期以前，我们可认为是英国经济起飞前的准备时期或崛起的前期。此时，煤炭在英国的能源消费结构已明显取得主导地位，能源转型的持续进行继而推动了对煤炭在技术上利用的革命性变化，这既是能源革命又是工业革命。一般认为，这一革命经历了 70~80 年的时间（18 世纪 60 年代至 19 世纪 30 年代末）。

有我国国内学者指出，英国的能源转型是工业革命的核心要素，以及

① Charles Singer et al., *A History of Technology*, *Volume* Ⅲ: *From the Renaissance to the Industrial Revolution*, *c*. 1500–*c*. 1750, Oxford: At the Clarendon Press, 1957, pp. 76–77.

② ［英］波斯坦等主编：《剑桥欧洲经济史》（第二卷），钟和等译，北京：经济科学出版社，2004 年版，第 588 页。

③ ［美］巴巴拉·弗里兹著：《煤的历史》，时娜译，北京：中信出版社，2005 年版，第 25–30 页。

④ Michael W. Flinn, *The History of the British Coal Industry*, 1700–1830, Vol. 2, Oxford: Clarendon Press, 1984, p. 428.

⑤ 波音著：《航海、财富与帝国：从经济学角度看世界历史》，北京：群言出版社，2017 年版，第 79–80 页。

工业革命得以发生的原动力和经济转型的核心构成要素①。意大利学者卡洛·M. 奇波拉（CarCo M. Cipolla）甚至承认，从狭隘的观点来看，工业革命是人类社会控制大量无生命能源的过程②。与此类似，里格利认为工业革命是有机植物经济向矿物能源经济的转变。这一转变后煤作为能源基本燃料的兴起是与钢铁工业的扩张和它的技术进步交织在一起的③。因此，所谓的工业革命，就是指从农业社会向工业社会转变的进程。实质上是在以某种能源为投入通过技术革命推动生产关系的重大变革，也可以说它是一场影响深远的经济增长模式转型。

1815~1870 年，工业革命从英国传播到整个欧洲大陆并且取得了巨大的成功。欧洲大陆的法国、比利时、德国等地有关区域也形成了一系列煤炭开采区④。与此相应的是，蒸汽机疾速跃升不断成为占主导地位的动力源。因此，英国引领的能源转型不仅推动英国的崛起，作为能源转型主导国，英国的崛起同样推进了国际能源转型进程。在这样的情况下，欧洲有关大国能源消费结构纷纷开启并实现向煤炭的转型（见表 2-1）。

表 2-1　欧洲有关大国向煤炭的转型情况　　单位：%

国家	明显转型开启时间	煤炭消费占比	煤炭取代柴薪时间	煤炭消费占比
法国[a]	1816~1819 年	5.1	1854 年	36.1
德国	1815 年	11.3	1853 年	33.6
意大利	1861 年	7.5	1904 年	29.3
西班牙	1856 年	5.4	1894 年	30.0

① 朱彤、王蕾著：《国家能源转型：德、美实践与中国选择》，杭州：浙江大学出版社，2015 年版，第 20-22 页。

② ［意］卡洛·M. 奇波拉主编：《欧洲经济史》（第三卷），吴良健等译，北京：商务印书馆，1989 年版，第 1-2 页。

③ ［美］伊曼纽尔·沃勒斯坦著：《现代世界体系》（第三卷），郭方等译，北京：社会科学文献出版社，2013 年版，第 16 页。

④ ［加］瓦科拉夫·斯米尔著：《能源转型：数据、历史与未来》，高峰等译，北京：科学出版社，2018 年版，第 51 页。

续表

国家	明显转型开启时间	煤炭消费占比	煤炭取代柴薪时间	煤炭消费占比
荷兰[b]	1800~1813 年	5.2	1865 年	36.4

注：a 表示法国 1816 年煤炭消费占比为 5.1%，1817 年为 5.4%，1818 年又倒退到 4.8%，1819 年重新达到 5.1%后就一直保持增长；b 表示荷兰 1800 年时煤炭消费占比已达 9.4%，并维持 5%以上的比例到 1810 年，1811 年该比例下降到 4.8%，1813 年重新达到 5.2%后就一直处于上升阶段。

资料来源：www.energyhistory.org。

除以上主要西欧大国外，美国在 1840 年开启向煤炭的转型，此时煤炭占美国能源消费结构的 5%①。1885 年，在美国一次能源消费中薪柴占比下降到 47.5%，煤炭占比上升为 50.3%②。1900 年，俄国的冶金工业开始使用矿物燃料代替木质燃料，但一直到 1913 年，俄国木材仍提供 75%以上的一次能源需求③。1868 年明治维新以后，日本的资本主义经济迅速发展，日本开始“跟随”煤炭能源转型和工业革命。1880 年，在日本的一次能源结构中，木材和木炭占 85%，煤炭占 14%，石油占 1%；1901 年煤炭以 57%的占比超过木材和木炭 39%的占比，日本实现了向煤炭的能源转型④。1830 年，煤炭占全球一次能源消费结构仅为 4%，1860 年增至 24%，到 1905 年达 48%并超过植物能源成为一次主导能源，全球能源的利用进入到“煤炭时代”，1920 年煤炭占能源消费结构比例继续上升到 62%⑤。

① Peter A. O'Connor, Cutler J. Cleveland, "U. S. Energy Transitions 1780 - 2010", *Energies*, Vol. 7, No. 12, 2014, p. 7975.

② 朱彤、王蕾著：《国家能源转型：德、美实践与中国选择》，杭州：浙江大学出版社，2015 年版，第 164 页。

③ 王云龙著：《现代化的特殊性道路：沙皇俄国最后 60 年社会转型历程解析》，北京：商务印书馆，2004 年版，第 187-188 页；Vaclav Smil, *Energy Transitions: History, Requirements, Prospects*, Santa Barbara: Praeger, 2010, p. 100.

④ Vaclav Smil, *Energy Transitions: History, Requirements, Prospects*, Santa Barbara: Praeger, 2010, p. 93.

⑤ 朱彤、王蕾著：《国家能源转型：德、美实践与中国选择》，杭州：浙江大学出版社，2015 年版，第 82 页；Vaclav Smil, *Energy Transitions: History, Requirements, Prospects*, Santa Barbara: Praeger, 2010, pp. 63-64.

二、能源转型引领国英国的崛起

通过前述可见，从开启向煤炭的能源转型再到工业革命，英国都走在了世界的前列。不仅能源转型影响了英国的崛起和具有“溢出效应”，英国的崛起也影响了煤炭能源体系和工业革命向世界的扩散。这样的扩散不仅在于其他大国的效仿与跟进，而且还在于英国大力推进的海外殖民扩张。这使统一的世界能源市场开始逐渐形成。这在一定程度上解释了罗斯托关于英国与其他大国在经济起飞上为什么会存在着时间差异。英国向煤炭的转型时间比起飞时间更早，而能源转型跟随国经济起飞的时间与其能源转型时间基本吻合。这就从逻辑上解释了英国能源转型是经济起飞的前提以及为什么英国能比其他大国更早地实现经济起飞。而且英国经济的起飞和能源转型的推进特别是工业革命的爆发又使英国经济持续以较快速度增长①，并且使其他国家能够跟随转型和实现起飞。在这个历史阶段中，由于先发优势，英国得以不断崛起为世界第一个霸权。

首先，从经济能力来看，1860 年英国现代工业的生产能力相当于世界的 40%~50%（欧洲的 55%~60%），其人均工业化水平分别是法国和美国的 3 倍、分别是中国和印度的 15 倍和 20 倍②。此后 10 年，英国在工业生产、对外贸易和商船吨位上都占世界第一位，以英国为中心的“金本位”制国际货币体系和“自由贸易”国际机制也在 19 世纪建立起来。从占世界财富份额比例和人均收入上来看，英国成为当时占比最高和收入最高的国家（见表 2-2 和表 2-3），GDP 总值与人均 GDP 也处于领先地位（见表 2-4 和表 2-5）。

① 英国国民总收入和人均收入在 1810~1850 年分别增长了 2.8%和 1.7%；1850~1880 年分别增长了 2.3%和 1.4%；到 1880~1890 年则分别增长了 1.8%和 1.2%。而 17 世纪黄金时期的荷兰年增长率仅为 0.3%。参见萧国亮、隋福民编著：《世界经济史》，北京：北京大学出版社，2007 年版，第 209 页。

② ［美］保罗·肯尼迪著：《大国的兴衰》，陈景彪等译，北京：国际文化出版公司，2006 年版，第 8-9 页。

表 2-2 1830~1940 年世界财富的相对份额 单位：%

国家＼年份	1830	1840	1850	1860	1870	1880	1890	1900	1910	1913	1920	1930	1940
英国	47	57	59	59	53	45	32	23	15	14	16	11	11
德国	4	4	3	9	13	16	16	21	20	21	14	14	17
法国	18	14	10	12	11	10	8	7	6	6	5	9	4
俄国	13	8	6	3	2	2	3	6	5	6	1	6	13
奥匈帝国	6	6	6	4	4	3	4	4	4	4	—	—	—
意大利	—	—	—	0	0	0	1	1	1	1	1	2	2
美国	12	12	15	13	16	23	35	38	48	47	62	54	49
日本	—	—	—	0	0	0	0	0	1	1	2	4	6

资料来源：［美］约翰·米尔斯海默著：《大国政治的悲剧》，王义桅等译，上海：上海人民出版社，2008 年版，第 228 页。

表 2-3 “一战”前欧洲有关国家人均收入状况

单位：1970 年美元

国家＼年份	1840	1870	1890	1910
英国[a]	567	904	1130	1302
比利时	—	738	932	1110
丹麦	402	563	708	1050
德国	—	579	729	958
法国	392	567	668	883
瑞典	—	351	469	763
挪威	—	441	548	706
意大利	—	467	466	548

注：a 表示 1870 年、1890 年、1910 年为联合王国数据。

资料来源：N. F. R. Crafts, *British Economic Growth during the Industrial Revolution*, Oxford: Clarendon Press, 1985, p. 54.

表 2-4　1820~1938 年有关大国的 GDP 总值

单位：1990 年百万盖—凯美元

国家 年份	英国	法国	德国	意大利	俄国（苏联）	日本	美国
1820	34829	38071	16393	22042	37873	21831	12432
1870	95651	71419	44101	40900	83646	25505	98418
1890	143477	94176	70648	51707	100376	39016	214966
1900	176504	115645	99227	58799	154049	50045	312866
1913	214464	143125	145068	93399	232351	68933	517990
1938	284165	185633	220359	140833	405220	169367	800295

注：盖—凯美元指用盖里—凯米斯（Geaty-Khamis）法统计的以货币购买力平价和商品的国际平均价格双重观念为基础，按照 GDP 规模给予相应国家加权的多边基准测量单位（货币）。

资料来源：［英］麦迪森著：《世界经济两百年回顾》，李德伟等译，北京：改革出版社，1997 年版，表 C-16a、表 C-16c，第 124-130 页。

表 2-5　1820~1938 年有关大国的人均 GDP

单位：1990 年百万盖—凯美元

国家 年份	英国	法国	德国	意大利	俄国（苏联）	日本	美国
1820	1756	1218	1112	1092	751	704	1287
1870	3263	1858	1913	1467	1023	741	2457
1890	4099	2354	2539	1631	925	974	3396
1900	4593	2849	3134	1746	1218	1135	4096
1913	5032	3452	3833	2507	1488	1334	5307
1938	5983	4444	5126	3244	2150	2356	6134

资料来源：［英］麦迪森著：《世界经济两百年回顾》，李德伟等译，北京：改革出版社，1997 年版，表 D-1a、表 D-1c，第 134-140 页。

其次，英国经济能力的不断崛起为军事能力提升提供了重要支撑，英国军力特别是海军力量也得以崛起①。17 世纪英国的运煤船在国防方面具

① 虽然英国的陆军在欧洲并不是实力最强的，但它也是一支高质量的战斗部队。参见［美］约翰·米尔斯海默著：《大国政治的悲剧》，王义桅等译，上海：上海人民出版社，2008 年版，第 327 页。

有特殊的重要性，海岸线上的煤炭贸易是培育英国水兵的“主要基地”，海军经常派遣舰队护卫煤船沿英国海岸线航行①。四次英荷海上战争后，英国确立了自己的海上霸权。1757~1763 年英法“七年战争”获胜后，英国得以进一步迈向全球殖民和商业霸权。1790 年，英国的海军总吨位为 48.59 万吨，排名第二的法国为 31.43 万吨，排名第三的西班牙为 24.22 万吨；1815 年，英国的总吨位数达 60.93 万吨，排名第二的法国为 22.83 万吨，排名第三的俄国为 16.73 万吨，排名第四的西班牙还不到 6 万吨②。从 1850 年开始，英国海军开启“蒸汽动力”化升级进程并建立了遍布世界各地的“加煤站”网络③。能源运输保障网络的完备使英国走入“全球化海军时代”，这进一步确立了英国海军的霸主地位。19 世纪末叶，英国正式采用两强标准，旨在建立一支实力可与仅次于自己的两大海军联合舰队匹敌的舰队④。故而在 19 世纪的大部分时间里，英国海军在全球五大洋所向披靡，没有一个挑战者⑤。

最后，在对外政策中，英国一改过去“光辉孤立”的外交政策，慢慢地把不干涉思想转变为具有自由主义原则精神的干涉政策，并凭借着超强的经济实力和军事实力以“离岸平衡者”的角色不断操作变化与有关大国结盟⑥。这种转变开始于坎宁（George Canning）时期，在帕麦斯顿（Henry John Temple Palmerston）时期（1830~1834 年，1835~1841 年，1846~1851 年为外交大臣）完成⑦。英国这一时期的地位和对外政策用哈罗德·

---

① ［美］巴巴拉·弗里兹著：《煤的历史》，时娜译，北京：中信出版社，2005 年版，第 74-75 页。

② 唐晋主编：《大国崛起》，北京：人民出版社，2006 年版，第 164 页。

③ ［美］约翰·R. 麦克尼尔著：《能源帝国：化石燃料与 1580 年以来的地缘政治》，格非译，载《学术研究》，2008 年第 6 期，第 111 页。

④ ［英］马丁·怀特著：《权力政治》，宋爱群译，北京：世界知识出版社，2004 年版，第 11 页。

⑤ ［英］彼得·杰伊著：《财富的历程》，杨建民译，北京：国际文化出版公司，2005 年版，第 212 页。

⑥ 不同时期，英国不断变化结盟对象，如反法联盟、联法（奥）抗俄、英德同盟、英法俄三国协约等。

⑦ ［联邦德国］卡尔·艾利希·博恩等著：《德意志史》（第三卷），张载扬等译，北京：商务印书馆，1991 年版，第 153-154 页。

斯普劳特（Harold Sprout）和玛格丽特·斯普劳特（Margaret Sprout）的话来说就是，19 世纪中期的英国政府充当了一个世界范围帝国的警察①。英国对西方国家实施的结盟和均势政策的出发点用帕麦斯顿的话来说就是：我们没有永久的朋友，也没有永久的敌人。只有我们的利益是永恒不变的，这些利益才是我们应当遵循和追求的②。这样以“国家利益至上”原则为标准的外交政策在实施时难免会带有双重标准③。

对非西方国家，英国实行的是“炮舰外交”或武力侵略占领。对印度及其周边邻近国家扩大侵略和统治，在东南亚和中国推行赤裸裸的武装侵略，在非洲、西亚、美洲、大洋洲等地也进行殖民扩张。到 1900 年时所谓的大英帝国拥有 1200 万平方英里的土地和占世界 1/4 的人口④。英国当之无愧地被称为“日不落帝国”。这一段时期也被称为英国统治下的和平（Pax Britannica）⑤。

三、能源转型跟随国的崛起

除英国崛起为世界霸权外，在能源转型进程和工业革命的影响下，有关国家通过紧跟能源转型，也崛起并进入到了英国主导时期的大国等级体系中。这些国家主要包括法国、德国、美国、俄国、日本、意大利等⑥。

---

① ［美］罗伯特·吉尔平：《世界政治中的战争与变革》，武军等译，北京：中国人民大学出版社，1994 年版，第 172 页。

② 唐晋主编：《大国崛起》，北京：人民出版社，2006 年版，第 179 页。

③ 阎学通认为，判断霸权型领导的重要标准在于是否采取双重标准制定外交政策与外交战略和具有国际战略信誉。参见阎学通著：《大国领导力》，李佩芝译，北京：中信出版集团，2020 年版，第 53-64 页。阎学通认为只有 20 世纪的美国才是霸权型领导。但本书认为就英国在 19 世纪~20 世纪初历史上实施的对外政策来看它也基本上符合霸权型领导标准。

④ ［美］保罗·肯尼迪著：《大国的兴衰》，陈景彪等译，北京：国际文化出版公司，2006 年版，第 218 页。

⑤ Robert Gilpin, *War and Change in World Politics*, Cambridge: Cambridge University Press, 1981, pp. 194-198.

⑥ 奥匈帝国曾短暂取得近代大国地位，但第一次世界大战后其已不复存在。鉴于此，本书基本上不对该国情况进行分析。

（一）法国

当1750年英国已实现煤炭在能源消费结构比例中过半时，法国缺乏木材已经成为“工业增长的主要瓶颈”。对煤的接受很清晰地显示英国的选择是一种较深刻的理性，而诸如法国这样的国家却执迷不悟地排斥煤——甚至当有力的金钱刺激去转用更为便宜的燃料时也是如此①。因此，虽然法国的制造业从19世纪初期基本与英国持平，到1830年和1860年却分别被英国反超182.5%与251%②。

由表2-1可知，大约在1819年，法国开启了向煤炭的能源转型。此后，法国经济逐渐开始实现起飞。然而能源转型的“跟随”状态和一系列战争的影响使得法国在第一次世界大战前夕只能崛起到“次优”地位。19世纪60年代初，虽然法国工业生产居世界第二位，但比居首位的英国要落后很多，而且由于发展速度赶不上新兴的美国和德国，到19世纪60年代末法国被美国和德国超过而退居世界第四位。1870~1913年，法国的工业生产增长了1.9倍，德国增长了4.6倍，美国增长了8.1倍③。在20世纪初，法国在列强中只能排在美国、英国、德国、俄国后，居世界第五位④。

（二）德国

18世纪时德国未完成统一，德意志地区是一个落后的农业区。1800年，以柴薪、食物和饲料为主的三大植物能源占德国全国能源消费的95.8%，煤炭消费仅占2.5%，风力和水力占1.7%⑤。19世纪前30年，德国在技术上主要师从英国，要么把技术人员送至英国学习，要么求教于到

① David S. Landes, *The Unbound Prometheus: Technological Change and Industrial Development in Western Europe from* 1750, Cambridge: At the University Press, 1969, p. 54.

② ［美］保罗·肯尼迪著：《大国的兴衰》，陈景彪等译，北京：国际文化出版公司，2006年版，第163页。

③ 樊亢等编著：《主要资本主义国家经济简史》，北京：人民出版社，1973年版，第199页、第209页。

④ ［美］保罗·肯尼迪著：《大国的兴衰》，陈景彪等译，北京：国际文化出版公司，2006年版，第216页。

⑤ 朱彤、王蕾著：《国家能源转型：德、美实践与中国选择》，杭州：浙江大学出版社，2015年版，第104页。

德国工作的英国技术人员[①]。在开启向煤炭能源转型之后不久，德意志开始进入工业革命时期，但到 19 世纪 40 年代末它还是一个农业人口占 70%的农业国，工业水平明显逊于法国（采煤和铁路线长度除外）并远远落后于英国，这时它的煤炭产量才超过 300 万吨，生铁年产量约 20 万吨[②]。经济学家罗斯托等则把 1850 年作为德国工业起飞的开始点[③]。由表 2-1 可知，到 1853 年德国实现了向煤炭的能源转型。可以说德国在经济起飞前夕已开始能源转型，这样的转型以至于推动了经济的起飞。得益于能源转型，在起飞时期，作为带头行业的采煤与钢铁工业，其增长率高于平均水平[④]。

当德国统一取代普鲁士时，它的经济实力和军事实力不仅超过了奥匈帝国，而且也超过了法国[⑤]。到 1913 年，德国在世界工业总产量中以 15.7%的比重仅次于美国，取代了英国[⑥]。然而，即使此时在工业能力上已略超英国，但在大国地位上德国仍然处于以英国为主导的维也纳体系之中。

（三）美国

1830 年后，由煤驱动的工厂逐渐成为美国制造业向上发展的一个特点[⑦]。正如前述，19 世纪 40 年代美国开启了向煤炭的能源转型。一般认为，到 1860 年，美国的工业生产在主要资本主义国家中已居第四位，但根

① W. G. 霍夫曼：《德国的起飞》，载［美］W. W. 罗斯托编：《从起飞进入持续增长的经济学》，贺力平等译，成都：四川人民出版社，2000 年版，第 129 页。

② 樊亢等编著：《主要资本主义国家经济简史》，北京：人民出版社，1973 年版，第 240-241 页。

③ ［美］W. W. 罗斯托著：《经济增长的阶段：非共产党宣言》，郭熙保等译，北京：中国社会科学出版社，2001 年版，第 9 页、第 38 页。

④ W. G. 霍夫曼：《德国的起飞》，载［美］W. W. 罗斯托编：《从起飞进入持续增长的经济学》，贺力平等译，成都：四川人民出版社，2000 年版，第 134 页。

⑤ ［联邦德国］卡尔·艾利希·博恩等著：《德意志史》（第三卷），张载扬等译，北京：商务印书馆，1991 年版，第 348 页。

⑥ 樊亢等编著：《主要资本主义国家经济简史》，北京：人民出版社，1973 年版，第 253 页。

⑦ ［美］加里·M. 沃尔顿、休·罗考夫著：《美国经济史》（第十版），王珏等译，北京：中国人民大学出版社，2013 年版，第 265 页。

据道格拉斯·C. 诺思的论证，此时美国的制造业已经仅次于英国了①。从人均指标来看，据有关估计，以1860年价格计算，1840年虽然美国的GNP可能低于英国和法国；但人均GNP却与英国接近，比法国高25%~40%②。1870~1913年，美国成为国内生产总值和人均国内生产总值年增长率最快的国家（见表2-6）。美国逐渐赶上并超过了英国。

表2-6　1870~1913年部分国家GNP和人均GNP年增长率　单位：%

国家	GDP	人均GDP
法国	2.1	1.9
德国	3.7	2.2
意大利	1.9	1.0
联合王国	2.4	1.3
美国	5.4	2.6
日本	3.2	1.9

资料来源：［澳］A. G. 肯伍德、A. G. 洛赫德著：《国际经济的成长：1820~1990》，王春法译，经济科学出版社，1997年版，第15页。

由表2-4可知，1870年美国在GDP总量上已超过英国。即使保守一点的观点也认为，1899年美国在GDP总量上超越了英国，1900年美国人均收入已相当于英国水平的90%以上，到1900~1910年其人均GDP也都超过了英国③。然而，此时美国外交和国际影响力都是微不足道的。美国

① 丁则民主编：《美国通史》（第三卷），北京：人民出版社，2002年版，第83页；余志森主编：《美国通史》（第四卷），北京：人民出版社，2002年版，第25页；［美］加里·M. 沃尔顿、休·罗考夫著：《美国经济史》（第十版），王珏等译，北京：中国人民大学出版社，2013年版，第252页、第261页；道格拉斯·C. 诺思：《美国的工业化》，载［美］W. W. 罗斯托编：《从起飞进入持续增长的经济学》，贺力平等译，成都：四川人民出版社，2000年版，第58页。

② Jonathan Hughes, *American Economic History* (3rd edition), Scott, Foresman and Company, 1990, p. 332.

③ 朱彤、王蕾著：《国家能源转型：德、美实践与中国选择》，杭州：浙江大学出版社，2015年版，第35页。

与仅拥有其物质实力一小部分的国家地位相当，被当作二流国家来对待①。

（四）俄国

俄国工业化开启的机器设备主要来自英国。19 世纪 40 年代中期，英国制造的机械设备如潮水般涌入俄罗斯，为其工业化提供了基础②。但由于俄国资源丰富，到处都有无边的森林，传统工业需要的能源并不紧缺，它没有使用新能源和新机器的积极性。从 1887 年开始，俄国工业发展到一个新的阶段，工业重点从纺织业转到重工业，能源生产取得突破性的发展，顿巴斯成为俄国的采煤中心，巴库成为新兴石油工业的中心，铁路把全国联系起来，形成了统一的民族市场，现代俄国雏形出现③。根据罗斯托的判断，1890 年，俄国经济起飞开始了。1900 年，俄国的冶金工业开始使用矿物燃料代替木质燃料，冶金工业的工艺技术水平有了飞跃性的提高④。到 1913 年，俄罗斯工业总量居世界第五位，但工业总产出与排在其前面的美国、德国、英国、法国几个国家相比，仍有较大距离⑤。总体来看，俄国能源禀赋较好，得力于其能源工业，俄国在“一战”前已崛起为欧洲大国之一，但它严重依赖外国资本和技术，不能形成能源自主开发利用，这使它不能完全被西方国家接受和认可，要赶上美国、英国、德国还有很长一段距离。

（五）意大利

意大利本土缺煤，这成为限制和困扰意大利向煤炭转型和工业革命的一个重要因素。1873 年以后，海运费用下跌，进口煤价也随之大跌，从而

---

① ［美］法利得·扎卡利亚著：《从财富到权力》，门洪华等译，北京：新华出版社，2001 年版，第 68-69 页、第 179 页。

② 1854 年，全俄只有 29 家机器制造工厂，3813 名工人，产值 200 万卢布；到 1860 年，全俄机器制造企业增加 3 倍，工人数量增加 7 倍，产值增加 18 倍。参见王云龙著：《现代化的特殊性道路：沙皇俄国最后 60 年社会转型历程解析》，北京：商务印书馆，2004 年版，第 169 页。

③ 李世安著：《欧美资本主义发展史》，北京：中国人民大学出版社，2004 年版，第 210 页。

④ 王云龙著：《现代化的特殊性道路：沙皇俄国最后 60 年社会转型历程解析》，北京：商务印书馆，2004 年版，第 187-188 页。

⑤ 此时俄国工业总产出只相当于法国的 40%、英国的 21.7%、德国的 16.7%、美国的 7%。参见宋则行、樊亢主编：《世界经济史》（上卷），北京：经济科学出版社，1998 年版，第 437 页。

消除了一直困扰着国家工业发展的一个最严重的障碍①。能源转型开启后，意大利经济开始起飞。1895~1908年，意大利工业产值年增长率达7%②，它开始稳步跨入欧洲大国行列。然而值得注意的是，该国在经济方面一直被看作“二流角色”。它是“大国中最小的一个”③。

（六）日本

在近代以来崛起的大国中，日本也是典型的能源禀赋不好的国家。明治维新后，日本也紧跟西方步伐推进以煤炭为能源基础的工业化进程。1886年，日本使用蒸汽机的纺织工厂占比为40.9%，到1899年为71.3%，蒸汽动力机械的生产必然推动煤炭工业的发展④。与此同时，据估算，在19世纪的最后25年里，日本净投资占收入的比重在13%~16%⑤。然而到1890年时意大利是大国体系中一位刚够格的成员，而日本甚至还未进入这个俱乐部⑥。1894~1895年爆发的中日甲午战争给日本带来了巨额金银的战争赔偿，同时也打开了日本大规模引进外资的大门⑦。以中日甲午战争为起点后的10年，日本近代工业的主要部门建立了起来。日本开启向煤炭的能源转型和经济起飞基本同步。1904~1914年，日本工业生产增加了1.5倍，这一时期其工业发展的明显特征是：靠从中国、朝鲜攫取的资源为基础，电气、煤炭、钢铁、机械、造船等重工业和化学工业得到了最大

---

① ［意］瓦莱里奥·卡斯特罗诺沃著：《意大利经济史：从统一到今天》，沈珩译，北京：商务印书馆，2000年版，第112页。

② ［意］卡洛·M. 奇波拉主编：《欧洲经济史》（第三卷），吴良健等译，北京：商务印书馆，1989年版，第276页。

③ ［美］保罗·肯尼迪著：《大国的兴衰》，陈景彪等译，北京：国际文化出版公司，2006年版，第199-200页。

④ 朱明编著：《日本经济的盛衰》，合肥：中国科学技术大学出版社，2004年版，第9-12页。

⑤ 都留重人：《日本的起飞，1868~1900年》，载［美］W. W. 罗斯托编：《从起飞进入持续增长的经济学》，贺力平等译，成都：四川人民出版社，2000年版，第174页。

⑥ ［美］保罗·肯尼迪著：《大国的兴衰》，陈景彪等译，北京：国际文化出版公司，2006年版，第200页。

⑦ 都留重人：《日本的起飞，1868~1900年》，载［美］W. W. 罗斯托编：《从起飞进入持续增长的经济学》，贺力平等译，成都：四川人民出版社，2000年版，第183页。

的发展，其速度超过轻工业[①]。进入 20 世纪以来特别是第一次世界大战以来，日本不断崛起为大国体系中的一员。由表 2-2、表 2-4、表 2-5 可知，日本与意大利一样，在大国中只处于末流位置。

综上可见，第一次国际能源转型推动了有关大国崛起，其中作为能源转型引领与主导国的英国不断崛起为世界霸权，在英国崛起为世界性霸权的同时期内，它又引领推进了国际能源转型进程，进而使法国、俄国、德国、意大利、美国、日本等大国也在 18 世纪下半期至 20 世纪初期相继开启和完成能源转型与工业革命，相继实现“次级”崛起。以“维也纳”体系为标志的国际格局首次形成以英国为龙头的“多极结构”。

第三节　第二次国际能源转型下的大国崛起

在第一次国际能源转型期间，尽管有众多大国崛起，但其中只有美国又成功开启引领了第二次国际能源转型。在这次转型期间，两次世界大战爆发，给这些崛起的大国带来了严重的摧毁和削弱。特别是“一战”后沙俄如同奥匈帝国一样消失于历史中，“二战”期间法国被德国攻占而亡国，“二战”后德国被盟国占领分为西德（联邦德国）和东德（民主德国），日本成为世界上第一个遭受核武器攻击的国家。然而，也是在这段历史时期，国际能源开启了向石油的转型之路，引领转型的美国崛起成为世界霸权，而被战争严重影响的这些大国又得以再度崛起或持续崛起。

一、美国引领向石油的转型

在美国完成向煤炭转型的过程中，它还开启了向石油转型的进程。转型的原因主要也是能源需求的增长，而石油是更高效的能源形态，或许还

① 樊亢等编著：《主要资本主义国家经济简史》，北京：人民出版社，1973 年版，第 299-300 页、第 307 页。

有燃煤带来烟雾污染的困扰[①]。1890 年，美国的能源消费超过了英国，10 年后，其能源消费已超过德国、法国、奥匈帝国、沙皇俄国、日本和意大利的总和[②]。1905 年，美国能源消耗超过了 5 亿吨煤当量[③]。1910 年，美国煤炭消费占比达到 76.8%的历史峰值，它用大约 40 年时间实现了煤炭占比从 5%到成为主导能源，从 5%到历史峰值则用了 65 年[④]。与此同时，美国开启能源向石油的转型即石油在能源消费结构中占比达 5%以上。1910 年，美国 64%的非畜力能源来自烟煤；无烟煤占 12.4%；石油占 6.1%；天然气占 3.3%；水力发电占 3.3%；木材燃烧获取能量仍占非畜力能源的 11%[⑤]。1911 年，美国石油工业从“煤油时代”进入“汽油时代”[⑥]。而此时也是美国能源从业人员、能源产量及其有关工业品大幅增长的年代，特别是原油行业处于暴增状态（见表 2-7）。

表 2-7　1910 年美国有关产业数据在 1860 年基础上增长的倍数

劳动力从业人口		原（料）产品产量		制成品产量	
农业	3.4	铁矿（石）	19.8	制成品总产量	10.8
采矿业	2.0	原油	419.1	食品类	3.7
建筑业	6.7	烟煤	46.1	纺织品	6.2
制造业	3.7	宾夕法尼亚无烟煤	7.7	钢铁产品	25.2
棉纺织业	5.4	水泥	70.7	其他金属及金属产品	26.0

① 美国进入煤炭时代后，很多城市受烟雾污染及其引起的疾病困扰，开始了声势浩大的除烟运动。从这个角度来讲，也可以说是美国遭遇了另类的“能源危机”。具体情况可参见［美］巴巴拉·弗里兹著：《煤的历史》，时娜译，北京：中信出版社，2005 年版，第 123-132 页。

② ［美］法利德·扎卡利亚著：《从财富到权力》，门洪华等译，北京：新华出版社，2001 年版，第 67 页。

③ Milton Lipton, “Energy in the American Economy 1850-1975”, *Challenge*, Vol. 10, No. 9, 1962, p. 41.

④ 朱彤、王蕾著：《国家能源转型：德、美实践与中国选择》，杭州：浙江大学出版社，2015 年版，第 170 页。

⑤ Jonathan Hughes, *American Economic History* (3rd edition), Scott, Foresman and Company, 1990, p. 325.

⑥ 朱彤、王蕾著：《国家能源转型：德、美实践与中国选择》，杭州：浙江大学出版社，2015 年版，第 173 页。

续表

劳动力从业人口		原（料）产品产量		制成品产量	
钢铁业	3.0	铜矿	67.5		
贸易业	6.0				
铁路业	23.2				

资料来源：Jonathan Hughes，*American Economic History*（3rd edition），Scott，Foresman and Company，1990，pp. 324-325.

在煤炭与石油转型之间，美国还是电气时代的先驱之一①。1882 年，美国建立第一座商业电站，此后几年，大小电站遍地开花②。1913 年美国发电量达 248 亿度，1919 年电力达到全国动力总容量 2940 万马力的 1/3③。但是正如经济史学家克拉潘（John Clapham）所描述的，人们注意到，行将取得胜利的是内燃机，而不是传送的电力，因为当时电力的传送技术和作为动力还处于“幼稚阶段”④。

美国开启石油转型进程后，英国、法国、意大利、德国、苏联、日本等其他大国才在 20 世纪 30 年代开启向石油转型的进程，仅从时间来看，美国的石油转型就领先了 20 年左右（见表 2-8）。美国向石油的转型中石油消费占比从 1910 年的 6.1%到 1920 年的 12.5%，再到 1930 年的 24.9%，1940 年的 30.79%和 1950 年的 38.5%（首次超过了煤炭的 35.7%），用了 40 年时间⑤。美国不仅在石油领域长期领先，在作为石油业伴随发展起来的天然气业上也是如此。正如前述，1950 年时石油已取代煤炭在美国能源

① ［英］克拉潘著：《现代英国经济史：机器和国与国的竞争 1887-1914 年：附结论：1914-1929 年》（下卷），姚曾廙译，北京：商务印书馆，2011 年版，第 60 页。

② 高德步、王珏编著：《世界经济史》，北京：中国人民大学出版社，2001 年版，第 254 页。

③ ［美］H. N. 沙伊贝、H. G. 瓦特、H. U. 福克纳等著：《近百年美国经济史》，彭松建等译，北京：中国社会科学出版社，1983 年版，第 41 页；余志森主编：《美国通史》（第四卷），北京：人民出版社，2002 年版，第 10 页。

④ ［英］克拉潘著：《现代英国经济史：机器和国与国的竞争 1887-1914 年：附结论：1914-1929 年》（下卷），姚曾廙译，北京：商务印书馆，2011 年版，第 176 页、第 179 页。

⑤ 朱彤、王蕾著：《国家能源转型：德、美实践与中国选择》，杭州：浙江大学出版社，2015 年版，第 174 页；EIA，*Annual Energy Review* 2011，Washington，DC：Energy Information Administration，2011，p. 341.

消费结构中的地位，美国实现了向石油的转型。若加上天然气，到 1955 年美国的油气占能源消费构成已从 1910 年的 9%上升到 65%，煤炭则从 77%下降到 29%①，具体情况如表 2-9 所示。甚至有西方学者认为，美国从煤炭向油气进行的转型早在 1946 年就已完成②。1958 年，美国石油消费占比上升到 44.5%，煤炭的消费占比（22.9%）则被天然气的消费占比（25.6%）超过；1977 年美国石油消费占比达到 47.7%的峰值③。

表 2-8　第二次国际能源转型期间有关大国的转型时间和石油消费占比

单位：%

国家	开启转型时间	石油消费占比	石油取代煤炭时间	石油消费占比
德国[a]	1938～1939 年	5.0	1972 年	44.9
日本[b]	“二战”前	7.0	1961 年	41.0
苏联[c]	1928 年	10.9	1974 年	35.0
英国[d]	1930 年	5.1	1972 年	44.1
法国[e]	1930 年	5.1	1965 年	41.9
意大利[f]	1930 年	5.8	1953 年	27.0

注：a 表示德国在 1930 年石油消费占比为 2.1%，此后在 20 世纪 30 年代末逐渐增长到 5%，然后受战争影响又退回到 5%以下，直至 1954 年又恢复到 5%以上；b 表示日本虽然在“二战”前已向石油转型，但从逻辑上讲，“二战”期间它与其他欧洲国家一样石油消费占比应该又会退回到 5%以下；c 表示苏联于 1928 年开始第一个“五年计划”，此时它已实现开启向石油的转型；d 表示英国数据为英格兰和威尔士数据，1939～1942 年，英国的石油消费占比又跌落到 5%以下，直到 1943 年又达到 5.1%；e 表示法国在 1941～1944 年，石油消费占比跌落到 1%以下；f 表示 1941～1945 年，意大利石油消费占比又跌落到 5%以下。

资料来源：剑桥—哈佛“能源史：历史与经济联合中心”官方数据库；丹尼尔·耶金著：《石油风云》，上海市政协翻译组译，上海：上海译文出版社，1992 年版，第 369-370 页、第 395 页；Vaclav Smil, *Energy Transitions: History, Requirements, Prospects*, Santa Barbara: Praeger, 2010, pp. 93, pp. 100-101.

---

① Milton Lipton, “Energy in the American Economy 1850 - 1975”, *Challenge*, June, 1962, p. 41.

② Peter A. O’Connor, *Energy Transitions*, Boston: Boston University Press, 2010, p. 8.

③ 朱彤、王蕾著：《国家能源转型：德、美实践与中国选择》，杭州：浙江大学出版社，2015 年版，第 174 页、第 177 页。

表 2-9　1955 年和 1975 年美国主要能源消费构成

能源种类	1955 年		1975 年	
	能源消耗量	能源消费占比	能源消耗量	能源消费占比
煤炭	4.51 亿吨	28.8%	7.68 亿吨	25.5%
原油	27.74 亿桶	40.5%	51.54 亿桶	40.1%
天然气	9.614 万亿立方英尺	24.0%	19.881 万亿立方英尺	26.5%
天然气凝析液	2.6 亿桶	3.1%	7.69 亿桶	4.7%
水电	1200 亿千瓦时	3.6%	2650 亿千瓦时	3.2%

资料来源：Milton Lipton, "Energy in the American Economy 1850 - 1975," *Challenge*, June, 1962, p. 43.

在美国的引领下，20 世纪 60 年代，在世界能源消费结构中，石油开始超过煤炭成为主导能源①。在这个过程中，几个关键时间点为：1910 年，石油占比达 5%，1937 年为 20%，1950 年增至 28.9%（煤炭为 55.7%），1960 年继续增至 35.8%（煤炭下降为 44.2%），1965 年转折点来临，石油比重增至 39.4%，煤炭比重下降到 39%②。至此，石油取代煤炭实现了人类历史上第二次能源转型。

二、能源转型引领国美国的崛起

在第一次国际能源转型期间，美国已实现经济能力的崛起和经济能力对当时历史阶段霸权国英国的超越。然而，美国在这个历史阶段并未寻求争霸挑战，而是致力于经济发展并成功地开启了引领第二次国际能源转型的进程。具有历史巧合的是，第二次国际能源转型期间，两次世界大战爆发。而美国本土远离战场，这或许为其充当"离岸平衡手"和实现最终的霸权崛起提供了历史契机。

第一次世界大战后，从经济实力来看，美国崛起为世界第一强国。这

① Roger Fouquet, Peter J. G. Pearson, "Past and Prospective Energy Transitions: Insights from History", *Energy Policy*, Vol. 50, 2012, p. 2.

② 吴磊：《国际能源体系转型与中国应对》，载《人民论坛·学术前沿》，2016 年第 11 期，第 17 页。

时，美国拥有70%的世界石油生产、40%的煤炭生产[①]。美国的“能源霸权”优势已转化为“经济霸权”优势，美国已具备了获取世界霸权的经济能力。而凡尔赛—华盛顿体系的确立则表明美国已开始走入国际舞台，国际地缘政治形成欧美两大权力中心。1922年《五国海军协定》的签署，则标志着美国开始在海军方面取得与英国平起平坐的资格。

第二次世界大战使欧洲以煤为主要能源的局面受到严重破坏。从外部条件来看，不仅第一次世界大战成就了美国，第二次世界大战也是如此。而两次世界大战的进行都离不开石油及石油制造业的保障。在战争期间，美国总体工厂的规模扩大了近50%，产品产量增长了50%以上[②]。战争结束时，美国在经济上具有绝对的优势。与此同时，美国在“二战”中也迅速建成了一个完全以石油为燃料的先进军事体系。美国从“二战”前还相对较小的军事规模发展到了包括陆军1042万人、海军388.352万人、海军陆战队59.9683万人、海岸警备队24.1902万人在内的强大军事力量[③]。美国在实现经济规模登顶后又实现军事能力的登顶。1944年“布雷顿森林体系”的建立则标志着以美国为中心的国际金融贸易秩序的建立。

“二战”后初期，美国开采了全球62%的煤和石油，冶炼了61%的钢，生产了48%的电力和84%的汽车，拥有全世界84%的民用飞机、85%的冰箱和洗衣机，占有了资本主义世界2/3的工业产量、1/3的外贸出口额、3/4的黄金储备[④]。除这些具有全面优势的经济指标外，美国还不断引领石油、天然气、核能、化工、电子信息、航空航天等新兴产业蓬勃发展。随着美国实力的急剧扩张，美国追求世界霸权的野心越来越大并开始放弃孤立主义进而转向全球扩张主义。

1947年2月21日，英国通知美国希望它接手继续资助希腊和土耳其在

---

① ［美］托马斯·帕特森等著：《美国外交政策》（下），李庆余译，北京：中国社会科学出版社，1989年版，第439页。

② ［美］保罗·肯尼迪著：《大国的兴衰》，陈景彪等译，北京：国际文化出版公司，2006年版，第352页、第362页。

③ 张爽著：《美国崛起之政治经济学分析》，北京：时事出版社，2012年版，第489-490页。

④ 刘绪贻主编：《美国通史》（第六卷），北京：人民出版社，2002年版，第11-12页。

东地中海的任务和随后杜鲁门主义的出台，标志着世界霸权从大英帝国全面地最后转移到了美国[①]。同年6月，英国外交大臣欧内斯特·贝文（Ernest Bevin）感慨地说，美国今天正处在拿破仑战争结束时英国的地位……[②]，拿破仑战争结束时确立了以英国为中心的维也纳体系，第二次世界大战结束则确立了以美国为中心的雅尔塔体系[③]。

从某种意义上可以说，美国时代就是石油时代，美国的霸权就是建立在石油主导上的霸权。基于石油生产和供给的主导，美国自20世纪以来建立了世界上最强大的军事工业复合体和世界最发达的航空系统和汽车文化，控制着世界的能源命脉，引领全球能源消费转型，推动了两次世界大战战局的转变。而美国通过能源转型和转型引领则加速和巩固了其霸权崛起。20世纪50~70年代是美国经济迅速发展的时期，其1950~1973年的经济增长率为3.93%[④]。1970年，美国GDP已经在1929年的基础上增长超过了大约3.5倍，人均GDP也比1870年高6倍以上[⑤]。以1958年美元购买力计算，美国1970年人均GDP超过了3500美元，而当时的印度还不到100美元[⑥]。1971年，美国的GNP和GDP超过了1万亿美元的标志性水平[⑦]。1974年，美国与沙特阿拉伯达成的“不可动摇”的协议随即开启建立了“石油美元”体系的征程[⑧]。

---

① 刘绪贻主编:《美国通史》(第六卷)，北京：人民出版社，2002年版，第27-28页。

② 刘绪贻主编:《美国通史》(第六卷)，北京：人民出版社，2002年版，第12页。

③ 虽然在特定历史时期，随着苏联的崛起和争霸，国际格局一度形成美苏两极结构，然而从更长的历史时期来看，随着苏联争霸的失败，这样的格局也只能算是“昙花一现”，雅尔塔体系仍未改变以美国为中心的特征。

④ ［英］安格斯·麦迪森著:《世界经济千年史》，伍晓鹰等译，北京：北京大学出版社，2003年版，第260页。

⑤ ［美］杰夫·马德里克著:《经济为什么增长》，乔江涛译，北京：中信出版社，2003年版，第42页。

⑥ ［美］吉尔伯特·C. 菲特、吉姆·E. 里斯著:《美国经济史》，司徒淳等译，沈阳：辽宁人民出版社，1981年版，第644页。

⑦ Jonathan Hughes, *American Economic History* (3rd edition), Scott, Foresman and Company, 1990, p. 582;［美］吉尔伯特·C. 菲特、吉姆·E. 里斯著:《美国经济史》，司徒淳等译，沈阳：辽宁人民出版社，1981年版，第645页、第779页。

⑧ 林伯强、黄光晓编著:《能源金融》，北京：清华大学出版社，2014年版，第15页。

美国实际上成为国际石油贸易的“收税人”①，可以说，正是凭借于此，美国得以巩固其“金融霸权”地位从而巩固了其世界霸权地位。

三、能源转型跟随国的崛起

两次世界大战和世界经济大萧条重创了世界主要大国，然而这些大国在跟随美国能源转型后又再次实现了崛起。特别是在大国等级体系中，苏联崛起程度达到最高并展开了与美国的争霸，然而争霸最终失败；日本从最初与意大利几乎一样的末流位置崛起到经济实力一度仅次于美国的地位；德国从战争废墟中再度崛起，成为西欧经济实力最强的国家；英国②、法国、意大利等国则从战争中恢复过来保持了世界经济大国的地位。

（一）苏联

1922 年 12 月 30 日，由俄罗斯苏维埃联邦社会主义共和国等 15 个加盟共和国共同构成了苏维埃社会主义共和国联盟，简称苏联。作为一个能源大国，苏联成立后不断发展壮大，仅用两个“五年计划”多一点的时间就实现了工业能力的“飞跃”和崛起为仅次于美国的大国。1928 年初，石油工业成为苏联大规模的出口行业，石油产品出口的收入弥补了 20 世纪 20 年代下半期粮食出口急剧减少的不足③。1928 年是苏联工业建设的转折之年，也是“一五”计划的开局之年。此时，苏联已开启向石油的转型（见表 2-8）。

第一个“五年计划”完成后，苏联由农业国变成了工业国④。第二次世界大战爆发后，德国入侵时，苏联已经建立了成千上万的工厂、大坝和

① 苗中泉：《世界能源秩序与地缘政治动力》，载《南大亚太评论》，2020 年第 1 期，第 167 页。

② 英国由于与美国完成了霸权转移，虽然“二战”后经济再度崛起，但其权力地位已不可能与过去相比。鉴于此，本部分后段将不对“二战”后英国的情况进行具体描述。

③ ［俄］B. Ю. 阿列克佩罗夫著：《俄罗斯石油：过去、现在与未来》，石泽译审、何小平副译审，北京：人民出版社，2012 年版，第 225 页。

④ ［苏］列利丘克著：《苏联的工业化：历史、经验、问题》，闻一译，北京：商务印书馆，2004 年版，第 194 页。

电厂，生铁产量已是当时英国产量的两倍，美国产量的一半①。苏联不仅拥有强大的工业产品生产能力，其优越的能源禀赋和能源生产能力也是当时的德国不可比拟的。1940 年，苏联工业生产总值已跃居世界第二位，欧洲第一位②。从根本上来说，苏联的能源优势及强大的工业能力是其赢得卫国战争的重要物质基础和根本的能力保障。苏联开启石油转型以来，以油气工业为代表的能源业的发展推动了苏联工业的发展和经济的增长。据估计，1928~1955 年苏联国民收入的年均增长率为 4.4%~6.3%③。第二次世界大战结束后，随着国力的增强和雅尔塔体系的建立，苏联不断走上与美国争夺世界霸权的道路，然而争霸的结局却以苏联的失败而告终。

（二）日本

第二次世界大战爆发前，日本已开启向石油转型。但是第二次世界大战的战败重创了日本。日本战后经济重建是从实行“倾斜生产方式”开始的④，这个恢复工业生产的方法，一方面使得日本的工业用能开始大步向石油迈进，另一方面也把投资引向了煤炭、钢铁、电力、海运“四大重点产业”⑤。1955~1965 年，日本的产业结构迅速从轻纺工业向重化学工业转型，投资的行业分布主要涉及属于“成长行业”和“新兴产业”的钢铁、造船、产业机械、化学、汽车、石油化学、原子能、家用电器及电力工业等部门⑥。这开始推动日本经济再次崛起。

20 世纪 60 年代后半期，日本年经济增长率以 11%的速率高速增长，

---

① ［英］罗伯特·C. 艾伦著：《全球经济史》，陆赟译，南京：译林出版社，2015 年版，第 134 页。

② 唐晋主编：《大国崛起》，北京：人民出版社，2006 年版，第 365-366 页。

③ 萧国亮、隋福民编著：《世界经济史》，北京：北京大学出版社，2007 年版，第 400 页。

④ “倾斜生产方式”由日本著名学者有泽广巳提出，这种生产方式就是在资金、原料严重不足的情况下，集中力量恢复和发展煤炭的生产，同时发展钢铁产业，进而带动整个日本工矿业和农业生产的恢复，从而产生良性的连锁反应。参见周启乾著：《日本近代经济简史》，北京：昆仑出版社，2006 年版，第 344-348 页。

⑤ 周启乾著：《日本近代经济简史》，北京：昆仑出版社，2006 年版，第 348 页。

⑥ 朱明编著：《日本经济的盛衰》，合肥：中国科学技术大学出版社，2004 年版，第 201-202 页。

与此对应的是，石油需求以年均18%的更高速率增长[①]。日本经济发展的主要能源开始由原来的煤炭转向廉价而高效的石油，石油消费占能源结构比重也很快攀升到70%。1956~1973年，日本实际国民生产总值每年平均增长10%以上[②]。日本的人均国民生产总值从20世纪50年代不及美国的10%增长到相当于美国的60%，其实际国民生产总值已达1946年的11倍[③]。1968年，日本的国民生产总值超过联邦德国；1978年，日本国民生产总值超过苏联，成为当时的世界第二经济大国[④]。

（三）德国

在20世纪30年代末，煤炭对德国来说提供了能源的90%，而石油仅占5%[⑤]。一方面，煤炭是当时德国的主导能源，但在“二战”爆发期间，德国本土的煤炭产量一直徘徊在4亿吨左右，甚至出现停滞的局面[⑥]。另一方面，德国在发动第二次世界大战时已开始向石油进行转型，战前5年国民生产总值年均增长率高达11%[⑦]。战争期间，合成燃料占德国石油总产量的一半[⑧]。在这期间，德国通过“双边贸易协定”实行不利于东南欧各国的“划拨清算制度”（即以货易货的非现金结算制度），系统地掠夺包括石油在内的各国战略原料和农产品，并扩大对各国的商品输出，对拉丁美洲国家的石油、冶金、电气、硝石开采、电信、银行、航运等行业进行广

---

① 周林薇：《论战后日本经济增长方式的转折及对我国的启迪》，载《日本问题研究》，1996年第1期，第10页；［美］丹尼尔·耶金著：《石油风云》，上海市政协翻译组译，上海：上海译文出版社，1992年版，第677-678页。

② 萧国亮、隋福民编著：《世界经济史》，北京：北京大学出版社，2007年版，第389-391页。

③ 陈薇薇：《冷战后日本政治右倾化及其对中日关系的影响》，湖南师范大学硕士学位论文，2014年，第30页。

④ 朱明编著：《日本经济的盛衰》，合肥：中国科学技术大学出版社，2004年版，第178-180页。

⑤ ［美］丹尼尔·耶金著：《石油风云》，上海市政协翻译组译，上海：上海译文出版社，1992年版，第395页。

⑥ 樊亢等编著：《主要资本主义国家经济简史》，北京：人民出版社，1973年版，第282页。

⑦ 萧国亮、隋福民编著：《世界经济史》，北京：北京大学出版社，2007年版，第321页。

⑧ ［美］丹尼尔·耶金著：《石油风云》，上海市政协翻译组译，上海：上海译文出版社，1992年版，第415页。

泛投资①。这些因素使得 1937 年的德国在工业上与其他有关国家相比，已快速崛起（见表 2-10）。1937 年和 1939 年其工业实力进一步增长（见表 2-11），这为德国不断积聚了发动“二战”的经济资源。

表 2-10　1937 年主要资本主义有关国家工业实力数据

单位：百万吨，十亿千瓦时

国家	美国	英国	法国	德国	日本	意大利
采煤量[a]	450.0	244.0	45.0	240.0	45.3	1.5
炼钢量	51.0	13.2	7.9	19.2	5.8	2.3
发电量	146.0	31.9	20.0	49.0	30.4	15.4

注：a 表示包括褐煤折算为烟煤。

资料来源：［苏］德波林主编：《第二次世界大战史》（第 2 卷），上海：上海译文出版社，1981 年版，第 707 页。

表 2-11　1937 年和 1939 年德国有关工业生产情况（在 1937 年国界内）

单位：百万吨，十亿千瓦时

年份	1937	1939
煤	184.5	189.9
褐煤	184.7	233.7
生铁	16.0	18.3
钢	19.2	22.3
电力	49.0	61.4

资料来源：［苏］德波林主编：《第二次世界大战史》（第 2 卷），上海：上海译文出版社，1981 年版，第 500 页。

然而第二次世界大战重创了德国。随着第二次世界大战的结束和雅尔塔体系的建立，德国被军事占领后只能沦落为次等地位的半主权国家。“二

① 樊亢等编著：《主要资本主义国家经济简史》，北京：人民出版社，1973 年版，第 277 页。

战”结束后，德国的石油主要依靠进口。由表 2-8 可知，20 世纪 50 年代，德国再次开启向石油的转型。无论是西德还是东德战后经济持续恢复活力。从最终代表德国的西德来看，在实现第二次能源转型时期的 20 世纪 50 年代前期，其投资年均增长率为 12.9%，超过了 GNP 年均 9.4%的增长率；1955~1965 年投资增长率为 6.9%①。欧洲“煤钢共同体”的成立则进一步为德国经济的发展提供了能源安全保障。20 世纪 60 年代，德国成为西方国家经济增长中的佼佼者，直至 1990 年重新实现国家统一后德国再次成为欧洲最强大的国家。

（四）法国

第二次世界大战爆发后不久，法国就被德国迅速占领，战时法国的工业生产在占领者的极度摧残下，已完全处于瘫痪和瓦解状态②。战争时期国家一半的支出都付给了德国③。两次世界大战的经历让法国清楚地知道能源对于大国地位的重要性。第二次世界大战结束后，法国在中东的伊拉克、西非的加蓬、北非的摩洛哥和阿尔及利亚等“势力范围”都主导开发了石油。到了 1961 年，那些主要属于或受制于法国的石油公司在世界各地生产的石油相当于法国需求量的 94%④。

20 世纪 60 年代，法国同其他西方大国一样也实现了能源的再转型（见表 2-8）。1950~1960 年煤炭在法国整个能源消耗中的比例从 74%下降至 54%，1959 年法国开始执行“让纳内计划”，通过逐步减产和关闭亏损太大的煤矿使法国煤炭具有“竞争性”，1959~1973 年法国煤产量总共减少了 57%。与此同时，1950 年在满足法国基本需要的能源中石油占 18%，

① Hans-Joachim Braun, *The German Economy in the Twentieth Century*, London and New York: Routledge, 1990, p. 208.

② 樊亢等编著：《主要资本主义国家经济简史》，北京：人民出版社，1973 年版，第 227-228 页。

③ ［法］弗朗索瓦·卡龙著：《现代法国经济史》，吴良健等译，北京：商务印书馆，1991 年版，第 237 页。

④ 丹尼尔·耶金著：《石油风云》，上海市政协翻译组译，上海：上海译文出版社，1992 年版，第 652-653 页。

1960 年占 30%，1973 年占 67%[①]。在向石油转型的背景下，从 1958 年到 1968 年的 10 年间，法国工业增长了 60%以上，其中 1959～1964 年的年平均增长率为 7%～8%，汽车、化学、炼油、飞机制造等工业都突飞猛进，到 1965 年时，法国已摘掉了债务国的帽子，再次成为债权国，在资本输出中，法国仅次于美英两国而居世界第 3 位[②]。从 20 世纪 50 年代到 1973 年，法国的经济面貌发生了根本的变化，出现了质的飞跃，法国经济真正实现了现代化[③]。这使法国又崛起为世界上主要的大国之一。

（五）意大利

与煤炭一样，意大利石油也主要依靠进口。1952 年后，在巴达拿平原、阿普鲁齐和巴西利卡塔两大区发现天然气和碳氢化合物，意大利开始用石油产品的新能源替代燃煤设备[④]。之后，其工业走出了战后恢复期。1951～1961 年，其石油生产从不到 1. 8 万吨增加到 700 万吨；天然气开采从 9. 66 亿立方米增加到 68. 6 亿立方米[⑤]。到 1962 年，意大利人均生产增长率为 5. 6%（1870～1913 年为 0. 7%），仅低于德国，超过任何西欧国家。此时，意大利已挤入了世界工业十强[⑥]。

综观两次国际能源转型，无论是能源转型引领国还是能源转型跟随国，它们的能源转型与崛起基本都遵循相同或相似的路径，这一路径可简要概括为：新能源形态—新工业形态—新经济形态—国家经济崛起。不同的是，能源转型引领国可以实现国际体系中的最高状态——世界霸权的崛起，而

---

① ［法］弗朗索瓦·卡龙著：《现代法国经济史》，吴良健、方廷钰译，北京：商务印书馆，1991 年版，第 197-198 页。

② 张芝联主编：《法国通史》，沈阳：辽宁大学出版社，2000 年版，第 681-682 页。

③ 这一时期，法国经济平均年增长率无论是从国内生产总值衡量还是从工业生产衡量，都高于自 1896 年至 1949 年的任何时期。对这一历史时期法国经济实现现代化的更多分析可参见沈坚著：《当代法国——欧洲的自尊与信心》，贵阳：贵州人民出版社，2000 年版，第 47-64 页。

④ ［意］瓦莱里奥·卡斯特罗诺沃著：《意大利经济史：从统一到今天》，沈珩译，北京：商务印书馆，2000 年版，第 432 页。

⑤ ［意］瓦莱里奥·卡斯特罗诺沃著：《意大利经济史：从统一到今天》，沈珩译，北京：商务印书馆，2000 年版，第 449-450 页。

⑥ ［意］瓦莱里奥·卡斯特罗诺沃著：《意大利经济史：从统一到今天》，沈珩译，北京：商务印书馆，2000 年版，第 428 页、第 467 页。

能源转型跟随国一般只能实现国际体系中的“次优”状态崛起即世界大国的崛起。能源转型推动大国崛起和霸权争霸与更替，而大国群体性崛起和霸权的争霸与更替，使国际格局与国际体系也随之不断发生变迁。总体来看，一次能源转型的主要周期内，国际格局主要体现的是“一超多强”，能源转型与能源转型变更之间则主要体现的是“多强凸显，一超弱化”的阶段，直至新的能源转型周期及新的“一超多强”局面的形成。与之对应的是，国际体系在两次国际能源转型中经历了从维也纳体系到凡尔赛—华盛顿体系再到雅尔塔体系的转变。

第三章　英美两国开启和引领国际能源转型的条件分析

第一节　英国开启和引领第一次国际能源转型的条件

一、英国的煤炭能源优势及生产能力

英国是世界上煤炭资源较丰富的国家。早在 1913 年第 12 届国际地质会议上，英国的煤炭资源就被估计为 1350 亿吨①。能源史学家阿尔弗雷德·克劳士比认为英国地底拥有大量的煤炭资源是英国工业革命得以兴起的关键因素②。而英国学者艾伦认为英国能从木材向煤的转型是以煤的量和价格优势为保障的。一方面英国的煤供应量非常充足，达到“取之不竭”的程度；另一方面由于煤炭在燃烧时会发散出刺鼻的气味，被视为

① 王国清、朱德祥编著：《世界煤炭地理》，北京：商务印书馆，1987 年版，第 262 页。

② ［美］阿尔弗雷德·克劳士比著：《人类能源史——危机与希望》，王正林等译，北京：中国青年出版社，2009 年，第 91 页。

"劣等燃料"，形成了对当时"清洁燃料"木材的价格优势①。

英国大量煤矿埋藏不深，极易开采。自1550年以来，英国煤炭产量持续增长。1690年，英国煤产量从1550年的20万吨增至300万吨②。到17世纪末时，英国煤炭产量和产值分别占欧洲煤炭总产量的80%和59%③。18世纪时英格兰是世界上唯一拥有大规模煤炭产业的国家，它因此得以享用世界上最便宜的能源④。1700年和1800年时英格兰的煤产量分别是世界其余地区的5倍和欧洲其余地区的5倍，就全世界煤炭产量而言，英国所占的比例高于所有其他国家的总和⑤。1815年，英国煤炭产量达2300万吨⑥。到1830年时，英国开采了70%的世界煤炭⑦。1840年，英国的煤炭产量是美国、法国和德国三国产量总和的4倍多，到了1860年，英国的煤炭产量仍占到全球总产量的50%⑧。保守估计，1861年时英国煤炭产量上升到了5700万吨⑨。此后英国的煤产量一直都处于世界领先地位，直到

---

① ［英］罗伯特·艾伦著：《近代英国工业革命揭秘：放眼全球的深度透视》，毛立坤译，杭州：浙江大学出版社，2012年版，第124-135页。

② Michael Reed, *The Age of Exuberance* 1550-1700, Routledge & Kagan Paul, 1986, pp. 79-80.

③ ［英］罗伯特·艾伦著：《近代英国工业革命揭秘：放眼全球的深度透视》，毛立坤译，杭州：浙江大学出版社，2012年版，第245-246页。

④ ［英］罗伯特·C. 艾伦著：《全球经济史》，陆赟译，南京：译林出版社，2015年版，第25页。

⑤ ［英］罗伯特·艾伦著：《近代英国工业革命揭秘：放眼全球的深度透视》，毛立坤译，杭州：浙江大学出版社，2012年版，第124-125页；波音著：《航海、财富与帝国：从经济学角度看世界历史》，北京：群言出版社，2017年版，第80页。

⑥ ［美］阿尔弗雷德·克劳士比著：《人类能源史——危机与希望》，王正林等译，北京：中国青年出版社，2009年版，第96页。

⑦ ［美］曼塞·G. 布莱克福德著：《西方现代企业的兴起》，锁箭译，北京：经济管理出版社，2001年版，第43页。

⑧ 潘荣成：《近代早期英国能源转型及其启示》，载《理论月刊》，2016年第2期，第179页。

⑨ ［美］斯塔夫里阿诺斯著：《全球通史：从史前到21世纪》，吴象婴等译，北京：北京大学出版社，2006年版，第493页。而克拉潘认为1856年时英国煤产量已达6500万吨。参见［英］克拉潘著：《现代英国经济史：早期铁路时代1820-1850年》（上卷），姚曾廙译，北京：商务印书馆，2011年版，第583-584页；波斯坦则认为1860年英国的煤产量为8000万吨。参见［英］波斯坦等主编：《剑桥欧洲经济史》（第七卷），王春法等译，北京：经济科学出版社，2004年版，第64-65页。

1900 年时才被美国超越[①]。

值得强调的是，除英国本土丰富的煤炭资源外，在崛起的过程中，英国通过与葡萄牙、西班牙、荷兰、法国的殖民争夺，把北美、印度、西印度等地囊括进了自己的版图并通过殖民掠夺和奴隶贸易，积累了工业革命所需的资源、资本和市场。在这个过程中，自然也离不了对包括能源资源在内的攫取，例如印度第一家英资采煤公司于 1843 年成立，1860 年和 1913 年时印度殖民地煤产量分别为 290 万吨和 1600 万吨[②]。可以说，英国及其海外殖民地丰富的煤炭资源禀赋及不断增长的生产能力为工业革命提供了源源不断的动力来源，保障了第一次国际能源转型的进行。

二、市场与技术的互动驱动了英国引领的能源转型

对人类而言，煤炭实际上并不是一种陌生的燃料，但为什么是英国引领了世界范围内的第一次国际能源转型？对此，本书认为，近代以来英国引领的技术进步起到了决定性的作用，这里不仅指采煤技术，而且还包括其他工业技术。而英国能在近代技术上领先与其市场繁荣和需求有关。

第一，煤炭的广泛采用得益于反映经济需求的欧洲采矿业的发展和柴薪危机的推动。正如前述，在英国发现了大量易开采的煤。丰富而便宜的煤炭资源使英国煤炭消费市场不断形成。煤炭成了一种具有“止痛片”功效的新能源[③]，并逐渐形成了以伦敦为核心的双轨制燃料价格体系，这种价格体系使英国国内不同区域出现了“核心—边缘”式的经济布局，处于核心位置的伦敦借助繁荣的国际贸易不断扩张，而英国北部、西部等边陲

---

① ［法］米歇尔·波德著：《资本主义的历史：从 1500 年至 2010 年》，郑方磊等译，上海：上海辞书出版社，2011 年版，第 160-161 页。

② 高德步、王珏编著：《世界经济史》，北京：中国人民大学出版社，2001 年版，第 277 页。英国崛起为世界霸权后通过殖民地进行海外能源扩张已超出本书论述范围，对此本书不做深入探讨。

③ ［英］罗伯特·艾伦著：《近代英国工业革命揭秘：放眼全球的深度透视》，毛立坤译，杭州：浙江大学出版社，2012 年版，第 134-137 页。

地区和东北部沿海地区通过对伦敦煤炭市场的供应也趁势发展起来①。1850年，英国人均消费煤炭2.29吨，这个消耗量领先德国30年②。19世纪中期，英国对能源消费是美国或德国的5倍，法国的6倍，俄国的155倍③。

第二，英国用煤市场的不断形成为英国引领技术创新创造了良好的环境，而技术持续进步推动了能源转型和工业革命的爆发。技术创新离不开人才，一方面英国的商业发展促进了工业化的扩张，有利于相关专业人才的成长；另一方面欧洲大陆长期陷入战争，而英国作为一个岛国则远离战火，这促使欧洲大陆的工匠、冶金学家等技术人员纷纷来到英国，英国变成了人才聚集之地。以至于16世纪时英国用煤取暖和熔炼铁矿石促进了利用煤技术的进步④。到17世纪末，伦敦人甚至已经将煤炭作为初级的水泵发动机燃料，对煤矿开发的资本运作和企业管理也处于逐渐提升的过程，这使英国在工业革命前就经历了对煤炭使用技术的长期积累过程⑤。另外，英国工人的高工资水平和各种为减少雇工量的新发明、新技术也与充足而廉价的能源供应有关⑥。在这样的情况下，以煤为依托的技术积累在18~19世纪得以持续爆发并引发以技术创新和发明为特征的工业革命。其中最重要的当数詹姆斯·瓦特（James Watt）发明的蒸汽机。这使得人类第一次通过“人造能量转换器”实现能源生产、消费的巨大升级⑦，也拉开了第

---

① ［英］罗伯特·艾伦著：《近代英国工业革命揭秘：放眼全球的深度透视》，毛立坤译，杭州：浙江大学出版社，2012年版，第156-157页。

② B. R. Mitchell, *Abstract of European Historical Statistics*, London: Macmillan, 1975. Cited from N. F. R. Crafts, *British Economic Growth during the Industrial Revolution*, Oxford: Clarendon Press, 1985, p. 69.

③ ［美］保罗·肯尼迪著：《大国的兴衰》，陈景彪等译，北京：国际文化出版公司，2006年版，第147页。

④ ［意］卡洛·M. 奇波拉主编：《欧洲经济史》（第三卷），吴良健等译，北京：商务印书馆，1989年版，第4页。

⑤ 波音著：《航海、财富与帝国：从经济学角度看世界历史》，北京群言出版社，2017年版，第80-81页。

⑥ ［英］罗伯特·艾伦著：《近代英国工业革命揭秘：放眼全球的深度透视》，毛立坤译，杭州：浙江大学出版社，2012年版，第158页、第205页。

⑦ Peter A. O'Connor, *Energy Transitions*, Boston: Boston University Press, 2010, p. 2.

一次工业革命的序幕。人类从此从“低能量社会”跨入了“高能量社会”。而在蒸汽机发明前后，达比父子焦炭炼铁法、铁路的铺设、钮科门（Thomas Newcomen）蒸汽机、科特（Cort）“搅拌”工艺、贝西默炼钢法（Bessemer Process）等技术创新和突破都对扩大煤炭的消费，推动煤炭的能源转型起到了巨大的作用。

第三，能源转型和工业革命的进行又推动了煤炭工业的崛起，并为英国的煤炭及与煤炭密切关联的商品出口打开了巨大的市场空间，从而又推动了国际能源转型进程。工业革命后，得益于技术进步，英国煤炭生产能力和与煤炭关联的产品生产能力急剧提高，出口能力不断增长，推动了英国贸易地位的上升（更多分析见本书第四章）。得益于在世界贸易中的地位，英国拥有世界上最大的市场。加之英国庞大的殖民领地，英国的市场规模更是在第一次国际能源转型期间达到了“无人能及”的地步。

三、制度及有利的社会环境保障了英国向煤炭的转型

有效率的制度和良好的社会环境也被罗斯托认为是经济起飞的条件。而近代英国就具备这样的条件，1688 年“光荣革命”后，随着“君主立宪制”的建立①，英国走上了资产阶级民主化的道路。在此政治制度下，英国的专利制度、股份公司制等制度得以建立，解放了生产力。在具体的能源制度上，随着采煤业的发展，近代英国形成了矿场管理制度，形成了矿主—视察员—学徒和助手—矿工完整的管理链条，“桑德兰学会”、“南希尔兹委员会”、煤矿生产安全的立法和教育培训制度等其他制度的建立则保障并推进了煤矿开采工作的有序运行②。而英国皇家地理学会（Royal Geographical Society，RGS）和英国地质调查局（British Geological Survey，BGS）、英国“百科全书式的自然地理文库网络”和“全球航海信息公共产品网络”等“资源知识帝国”的成立为各种战略性矿产尤其是煤炭资源

① 由于英国资产阶级革命后经历了克伦威尔独裁和斯图亚特王朝复辟时期，一般也认为直到 1689 年通过《权利法案》才标志着英国君主立宪制的建立。

② 吴云霞：《论近代英国采煤技术的发展》，陕西师范大学硕士学位论文，2011 年，第 32-35 页、第 56-61 页。

的开发和使用提供了重要保障[①]。除支撑本国能源转型保障外，更为重要的是，这些制度及资源知识在国际能源转型推进中还起着塑造国际能源规范和机制的重要作用。

虽然制度重要，但长期以来我们只关注制度因素，而忽略了制度背后的社会环境。制度是社会环境下的产物，好的制度离不开好的社会环境。从当时英国启动能源转型的社会环境来看，除之前提到的它在地理位置上能远离欧洲大陆战火外，英国所经历的宗教改革、文艺复兴、科学革命和大众文化兴起也为英国引领能源转型和工业革命奠定了“制度的基础”[②]。19 世纪上半期，英国兴起了创办机械学校和工学院的热潮，极大地推动了科学技术的发展和传播。与此同时，各种科学文化团体相继建立，1780~1850 年英国的各种科学团体由 14 个增至 139 个[③]。全世界第一个科学协会是 1660 年创立的伦敦皇家学会。当时的英国不仅有月光社等“高端”的科学社团，也有各种其他科学社团，这些社团不断孕育出了英国很多杰出的科学家[④]。这代表英国结社文化与公民社会的繁荣。伴随结社文化而流行的，是英国对知识产权、专利的重视和保护[⑤]。而在英国问世的多数发明成果以及技术都与采用煤炭作为燃料有关[⑥]。至此，组织变革和技术进步、能源转型和市场扩张交织在一起，成为英国社会发展的特征。

---

① 于宏源：《霸权国的支撑机制：一种资源知识视角的分析》，载《欧洲研究》，2018 年第 1 期，第 45-48 页。

② 唐世平教授就认为对国家经济增长的制度分析还应分析“制度的基础”。参见杨露：《理解经济增长的制度基础——对话复旦大学教授唐世平》，载《南风窗》，2017 年第 14 期，第 70-73 页。

③ 萧国亮、隋福民编著：《世界经济史》，北京：北京大学出版社，2007 年版，第 215-216 页。

④ 据统计，1700 年到 1800 年间的 100 位或 100 多位英国杰出科学家中，将近半数都应归入“爱好者”范畴。参见波音著：《航海、财富与帝国：从经济学角度看世界历史》，北京：群言出版社，2017 年版，第 87 页。

⑤ 从 1766 年到 1825 年的 60 年里，英国专利数目增长了 2000%。参见［美］金德尔伯格著：《世界经济霸权：1500~1990》，高祖贵译，北京：商务印书馆，2003 年版，第 210 页。

⑥ ［英］罗伯特·艾伦著：《近代英国工业革命揭秘：放眼全球的深度透视》，毛立坤译，杭州：浙江大学出版社，2012 年版，第 424 页。

第二节　美国开启和引领第二次国际能源转型的条件

虽然美国在第一次国际能源转型期间已实现经济能力对英国的超越，然而从能源的角度来看，美国的霸权崛起主要得益于美国引领的第二次国际能源转型时期，即历史地理学家所称的“矿物资源主导型经济”时代①。在这期间，国际政治秩序也跟着经历了所谓“美国统治下的和平”（Pax Americana）②。与英国一样，美国再次开启引领国际能源转型进程是“完美风暴”条件组合的结果。

一、美国的石油资源禀赋优势及生产能力

美国自然资源丰富，是资源大国。在各种资源中，可以说具有改变“历史进程”的资源是石油。美国能源信息署（EIA）数据显示，1899 年美国探明原油储量为 25 亿桶，此后探明储量不断上升到 1955 年的 300 亿桶以上（见图 3-1）。

美国优越的石油资源禀赋，使它具备大规模开采石油的条件。1860 年，美国石油年产量为 50 万桶，占世界总产量的 98.4%③。此后的 10 年内，美国的原油开采企业从 64 个猛增到 2300 多个，产值从 200 万美元跃至 1800 万美元，19 世纪 60 年代末期，炼油业产量达 520 万桶，其中出口

① Harvey S. Perloff and Lowdon Wingo Jr., "Natural Resource Endowment and Regional Economic Growth", in Joseph J. Spengler, ed., *Natural Resources and Economic Growth*. Washington: Resources for the Future, 1961, pp. 193-197.

② 除 Pax Americana 这一表述外，卡尔甚至用“盎格鲁—撒克逊下的和平”（Pax Anglo-Saxonica）来描述这一时代的到来。参见 Edward Hallett Carr, *The Twenty Years' Crisis*, 1919-1939. *An Introduction to the Study of International Relations*, New York: Palgrave Macmillan, 2001, pp. 214-216.

③ 朱彤、王蕾著：《国家能源转型：德、美实践与中国选择》，杭州：浙江大学出版社，2015 年版，第 37 页。

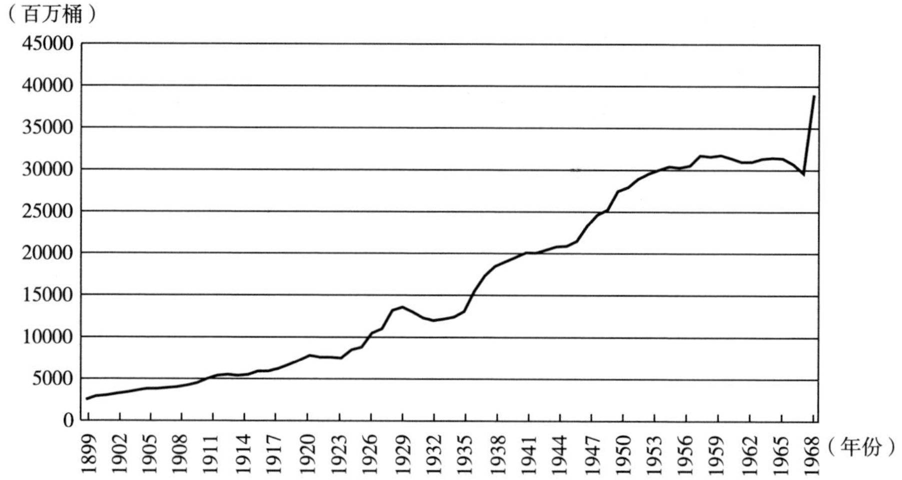

图 3-1　国际能源体系向石油转型期间美国原油探明储量

资料来源：美国能源信息署网，https：//www.eia.gov/dnav/pet/hist/LeafHandler.ashx? n = PET&s = RCRR01NUS_1&f = A。

27 万桶，居当时美国出口价值的第 4 位，继而到 1900 年时美国原油产量已近 1 亿桶，其中 300 万桶以上供出口①。到 1913 年时，美国生产了 65%的世界石油产量，39%的世界煤产量，美国成为当时众多自然资源生产的“领头羊”或领导者之一（见图 3-2）。

第一次世界大战爆发后，美国石油产量从 1914 年的 2.66 亿桶增加到 1917 年的 3.35 亿桶（占世界产量的 67%），而美国要满足协约国战时石油需要的 80%②。1920～1929 年，美国石油年产量从 4.43 亿桶增至 10 亿桶③。1930 年，在世界原油几乎每天 400 万桶的产量中，美国的产量为 250

① 丁则民主编：《美国通史》（第三卷），北京：人民出版社，2002 年版，第 85 页。另见 1900 年时美国石油业已达到每年 6362 万桶的稳定高产这一数据，参见余志森主编：《美国通史》（第四卷），北京：人民出版社，2002 年版，第 10-11 页；几乎同样的数据参见［美］吉尔伯特·C. 菲特、吉姆·E. 里斯著：《美国经济史》，司徒淳等译，辽宁人民出版社，1981 年版，第 458 页。

② ［美］丹尼尔·耶金著：《石油风云》，上海市政协翻译组译，上海：上海译文出版社，1992 年版，第 209 页。

③ ［美］吉尔伯特·C. 菲特、吉姆·E. 里斯著：《美国经济史》，司徒淳等译，辽宁人民出版社，1981 年版，第 680 页。

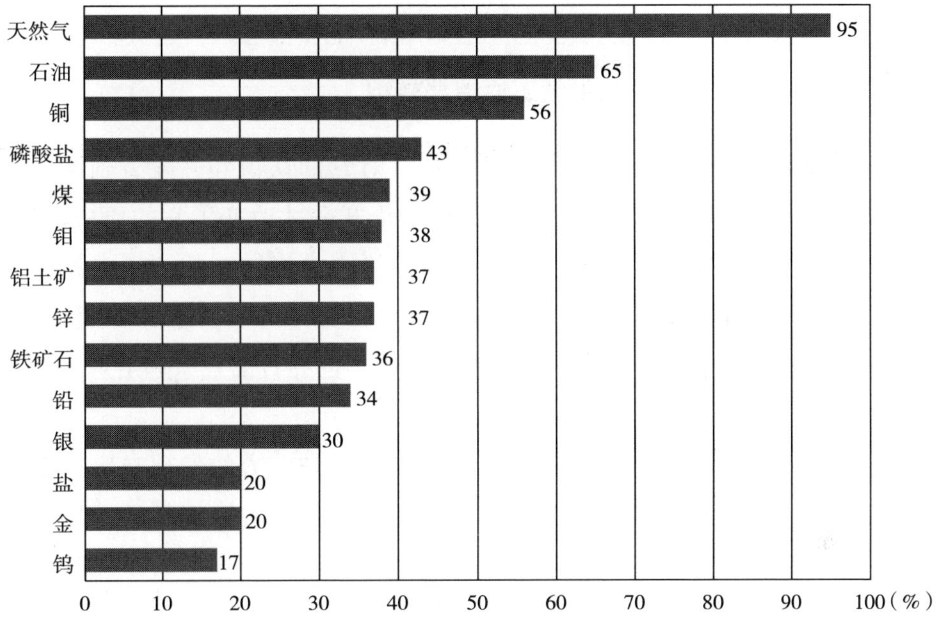

图 3-2　1913 年美国矿产资源产量占世界产量百分比

资料来源：U. S. Geological Survey，Mineral Resources of the United States，Washington：1913. Cited from Gavin Wright，"The Origins of American Industrial Success，1879-1940"，p. 661.

万桶，占到世界产量的 64%①。第二次世界大战爆发后，在战争期间的 3 年 9 个月的时间里（1941 年 12 月至 1945 年 8 月），美国为同盟国提供了 60 亿桶石油，占盟军总消费量 70 亿桶的 85.7%②。在"二战"结束的 1945 年，美国生产了全世界一半的煤、2/3 的石油、超过一半的电力③。到 1954 年时，它的石油开采量大于所有其他资本主义国家的总和，而在 1970 年的历史产量高峰时，其资本控制了近 350 亿吨的石油储量，其中开采量为 12.8 亿吨，分别占整个资本主义世界石油储量和开采量的 50%

① 波音著：《航海、财富与帝国：从经济学角度看世界历史》，北京：群言出版社，2017 年版，第 162 页。

② 李秀：《雅尔塔会议与美国石油》，载《史学集刊》，1995 年第 3 期，第 21 页。

③ ［法］米歇尔·波德著：《资本主义的历史：从 1500 年至 2010 年》，郑方磊等译，上海：上海辞书出版社，2011 年版，第 240 页。

和 66%[①]。

二、技术革命引发美国引领石油消费转型

如同煤炭一样，石油长久以来就存在，对它的认识和开发直到第二次工业革命的爆发和美国首先对其进行商业化开采才改变了它的历史面貌，这也使美国率先迎来能源消费革命和工业经济再升级转型的“历史先机”。而第二次国际能源转型正是由第二次工业革命驱动的。19 世纪末 20 世纪初，美国引领了油田开发和提炼技术的进步并促成了世界石油开采和冶炼工业的增长和扩散。

另外，第二次工业革命中最重要的技术革命是电力的发现与应用及内燃机的发明和应用。这两项技术都巨大地促进了美国石油消费的爆发式增长。对于电力技术来说，它使美国的一次能源发电从以煤炭为主逐渐转变到了以石油为主[②]，并且还促发了美国引领的通信与信息技术革命。电的专业应用和发电机技术（自动发电机）成功地大规模发电和输电是在 19 世纪 60~70 年代电枢、交流发电机、转子等一系列发明和创新发展后才实现的[③]。在这个过程中，爱迪生（Thomas Alva Edison）对电机的发明和完善则标志着对电力的使用达到了一个里程碑。

就最重要的内燃机来看，其经历了渐进式的发明过程。1820 年，英国人塞西尔（W. Cecil）首次制造出煤气内燃机[④]。1859 年就在德雷克（Edwin Drake）在宾夕法尼亚钻出第一口油井后，里诺（Etienne Lenoir）在同年示范了第一台真正的两冲程汽油机[⑤]。1861 年，奥托（Nikolaus Otto）制

---

① ［苏］勃·弗·拉奇科夫著：《石油与世界政治》，上海师范大学外语系俄语组、上海《国际问题资料》编辑组合译，上海：上海人民出版社，1977 年版，第 59-60 页。

② 参见 Jonathan Hughes，*American Economic History*（3rd edition），Scott，Foresman and Company，1990，p. 325.

③ ［英］克里斯·弗里曼，弗朗西斯科·卢桑著：《光阴似箭：从工业革命到信息革命》，沈宏亮主译，北京：中国人民大学出版社，2007 年版，第 229 页。

④ 清华大学自然辩证教研组编：《科学技术史讲义》，北京：清华大学出版社，1982 年版，第 170 页。

⑤ 萧国亮、隋福民编著：《世界经济史》，北京：北京大学出版社，2007 年版，表 9-1，第 200 页。

造出第一台汽油发动机，但是第一个四冲程发动机的专利被法国工程师奥·德·罗克斯（Beau de Rochas）在1862年获得①。1876年，首台四冲程内燃机被研制成功②。1883年，德国工程师戴姆勒（Gottlieb Daimler）制成了首部汽油内燃机③。德国人卡尔·本茨（Karl Benz）于1885年制造了第一台实用车辆，戴姆勒和迈巴赫（Wihelm Maybach）紧随其后④。1892年，德国人狄赛尔（Rudolf Diesel）发明了柴油机⑤。

内燃机改进了能源的利用及效果。它促进了以汽车、飞机、内燃机车和轮船等为代表的新一轮“运输革命”的爆发。美国凭借优势，率先实现了内燃机的大规模利用。除内燃机技术外，同样重要的还有石油裂化工艺和催化裂化等炼油技术的突破，这使石油作为燃料不断地扩大使用于交通用途上。1910~1939年，油罐车、集装箱、货车和炼油厂等技术和设备也不断发展起来。1938~1942年，流化催化裂化工艺还为飞机提供了高品质的优质燃料⑥。技术的进步不断刺激和满足了市场需求，而美国在强大的市场需求下——特别是汽车普及所导致的汽油需求使得石油加工业也实现了庞大的规模经济。

三、美国巨大的经济和市场规模优势

技术革命为经济发展提供了新能源，给美国的能源转型和经济发展带来了强劲的动力，打开了巨大的市场和发展空间。第一次世界大战爆发前，美国已确立绝对经济优势。美国技术的进步、人口和经济持续的增长、城市化的推进、消费力的提升、生产方式和制度的变革与创新等，使美国的

① ［英］克里斯·弗里曼、弗朗西斯科·卢桑著：《光阴似箭：从工业革命到信息革命》，沈宏亮主译，北京：中国人民大学出版社，2007年版，第282页。

② 清华大学自然辩证教研组编：《科学技术史讲义》，北京：清华大学出版社，1982年版，第170-172页。

③⑤ 姜振寰著：《科学技术史》，济南：山东教育出版社，2010年版，第192页。

④ ［英］罗伯特·C. 艾伦著：《全球经济史》，陆赟译，南京：译林出版社，2015年版，第47页。

⑥ 第一个引入裂化工艺并在商业上取得成功的人是威廉·伯顿，而1925年法国工程师、发明家尤金·胡德利则把人们的目光引向了催化裂化技术上。参见［英］克里斯·弗里曼、弗朗西斯科·卢桑著：《光阴似箭：从工业革命到信息革命》，沈宏亮主译，第292-295页。

市场规模在经济崛起的过程中是其他国家所无法相比的。这样的市场规模是促进新能源利用和能源转型的重要因素。

第一次世界大战爆发后，石油作为战略性资源登上历史舞台并开始作为国际政治权力要素体现出来。1914~1920 年，美国石油需求增加 1 倍多，原油价格自 1913 年以来上涨 3 倍多①。此时，美国不仅在石油生产和供给上居于主导地位，而且其发电量相当于整个欧洲的总和②。1929 年，英国在资本主义世界工业生产中所占的比重由 1913 年的 14%下降为 9%，而美国已占一半③。1920~1929 年，美国劳动生产率年均增幅高达 5.2%④。美国的国民生产总值也从 1920 年的 862 亿美元增至 1929 年的 1044 亿美元⑤。纵向比较，1929 年美国的 GDP 已经是 1870 年的 8 倍，人均 GDP 是 1870 年的 3.5 倍，这一水平要明显高于当时世界上其他任何地方⑥。

得益于“石油工业经济”，美国经济实力迅速增加。美国制造业占世界份额在 1900 年以 23.6%的比例超过了英国的 18.5%，继而到 1913 年以 32%的比例远远甩开了排在第二位的德国（14.8%）和排在第三位的英国（13.6%）⑦。与此相关，包含石油产品在内的美国的制造业产品出口占全部产品出口的比例从 19 世纪下半叶以来不断上升到 20 世纪 20 年代末的 50%以上（见表 3-1）。

① ［英］J. F. 佩克著：《国际经济关系——1850 年以来国际经济体系的演变》，卢明华等译，贵阳：贵州人民出版社，1990 年版，第 212 页。

② 1920 年（有相关统计数据的第一年）美国的发电量是 570 亿千瓦时，超过整个西欧的 440 亿千瓦时。参见 Jonathan Hughes, *American Economic History* (3rd edition), Scott, Foresman and Company, 1990, p. 137.

③ 樊亢等编著：《主要资本主义国家经济简史》，北京：人民出版社，1973 年版，第 37 页、第 91 页。

④ 高世宪等著：《推动能源生产和消费革命研究》，北京：中国经济出版社，2014 年版，第 77 页。

⑤ 余志森主编：《美国通史》（第四卷），北京：人民出版社，2002 年版，第 461 页。

⑥ ［美］杰夫·马德里克著：《经济为什么增长》，乔江涛译，北京：中信出版社，2003 年版，第 42 页。

⑦ ［英］克里斯·弗里曼、弗朗西斯科·卢桑著：《光阴似箭：从工业革命到信息革命》，沈宏亮主译，北京：中国人民大学出版社，2007 年版，第 254-255 页。

表 3-1 1879～1929 年美国制造业产品出口百分比 单位：%

年份	钢铁产品（不含机器和车船等交通工具）	机器制造业	汽车和配件	前三项总和	石油产品	各项总和
1879	2.1	3.4	—	5.5	12.1	17.6
1889	2.4	6.1	—	8.5	13.3	21.8
1899	7.6	10.7	—	18.3	9.2	27.5
1913	10.9	14.5	2.3	27.7	10.1	37.8
1923	8.8	12.4	6.4	27.6	13.1	40.7
1926	5.6	12.9	11.5	30.0	16.8	46.8
1927	5.1	13.9	13.3	32.3	14.7	47.0
1928	5.3	16.4	15.7	37.5	13.9	51.4
1929	5.4	16.4	15.7	37.5	13.9	51.4

资料来源：Gavin Wright, "The Origins of American Industrial Success, 1879-1940", *American Economic Review* 80, September 1990, p. 662.

在这个过程中，美国规模化企业的出现和扩展推动了市场规模的扩张。与此同时，1928 年后煤炭价格尤其是英国的煤炭价格相对于商品价格有了上涨，而内燃机的普及和石油生产的增长满足了石油普遍可得与低价格双重标准，这些因素促进了石油用能的转变和需求量的迅速增加，以至于到了 20 世纪 30 年代末，石油国际贸易迅速扩大，国际石油市场开始形成①。美国拥有动力设备的制造业比重已高达 97.5%②。作为石油转型的引领国，美国得以借此不断成为具有最大市场规模和经济规模的国家，美国的石油消费量也长期高于其他国家。此后，以汽车、能源、金融、机器制造、化工、信息科技等为代表的跨国公司的投资则推动了世界能源的转型，世界变得美国化。

① 这期间，美国开始通过插手东亚、中东和拉美等地，进行海外能源扩张，如美国和英国在中东通过维持现状协议和红线协议进行石油产地争夺。20 世纪 70 年代以来，美国更是长期依赖海外能源特别是中东地区的能源，然而此时已属于"霸权后时代"，这超出了本书的论述范围，在此不赘述。

② Richard B. Du Boff, "The Introduction of Electric Power in American Manufacturing", *The Economic History Review*, Vol. 20, No. 3, 1967, pp. 515-516.

四、美国对英国制度的继承及发展和有利的社会环境

“有效率的经济组织是经济增长的关键。”① 可以说，除国王这个职业外，美国继承了英国的政治体制以及几乎所有的经济和政治创新②。当然英国的崛起与相对衰落也说明了制度优势并不会一直保持下去，需要不断调整和“与时俱进”。

美国政府对推动美国经济增长起到了重要的作用，例如保护私人土地产权，投资建设运河、铁路、邮政系统、教育系统等，广泛发放新公司成立许可证并立法鼓励竞争，促进资本投资增长，维护金融系统稳定，制定保护劳动者的法律法规及有关税收制度等③。美国政府赞助的研究在农业和采矿业方面比英国发挥了更为重要的作用④。美国经济崛起的初期，美国的社会环境还特别有利于一系列技术创新和发明。19 世纪末 20 世纪初的美国堪称“发明时代”。之后，这一势头仍得以保持，可以说美国企业在这一过程中居功至伟⑤。

除此之外，第一次工业革命为美国带来了技术、人才、资金。进入 20 世纪后，欧洲大国博弈加剧，战争阴霾笼罩欧洲，地缘政治发生深刻变化，这也加剧了欧洲人才、技术和资金流入美国。第一次世界大战至第二次世界大战后，由于远离战火和强大国力的吸引，美国更是成为吸引人才、资金、技术的“沃土”。在此情况下，美国得以充分引领向新能源经济形态的转型发展，建立起围绕石油这种新能源形态下的经济结构和权力结构，

① ［美］道格拉斯·诺斯著：《西方世界的兴起》，张炳九译，北京：学苑出版社，1988 年版，第 1 页。

② 波音著：《航海、财富与帝国：从经济学角度看世界历史》，北京：群言出版社 2017 年版，第 251 页。

③ ［美］杰夫·马德里克著：《经济为什么增长》，中信出版社 2003 年版，第 89-90 页。

④ ［英］麦迪森著：《世界经济两百年回顾》，李德伟、盖建玲译，北京：改革出版社 1997 年版，第 44 页。

⑤ 1913 年左右，美国制造业大约 370 个研究单位雇用了 3500 名左右人员；到 1946 年，有 2303 个研究单位几乎雇用了 118000 人。1946 年美国制造业每 1000 个工资收入者中有 4 个科技工作者，是英国这一比例的 5 倍。参见［英］麦迪森著：《世界经济两百年回顾》，李德伟、盖建玲译，北京：改革出版社 1997 年版，第 43-44 页。

不断拉开与欧洲大国经济发展水平的距离。

以上这些因素使美国在 20 世纪比 19 世纪的英国更具领导力。1913~1973 年，它的进步率（以劳动和全要素生产率实绩来测量）比英国曾经达到过的要快得多，技术的前沿被推进得比以前更快①。1953~1973 年短短 20 年，在全球 492 项重大科技发明中，美国就占 65%，而位居第二的英国仅为 17%②。科技的发展与人才密不可分。1971 年，美国每 1 万个工人中就有 61.9 个科学家和工程师，在其他西方国家中，排在第二位的日本的相应数字为 38.4，联邦德国为 32，法国为 26.2③。

几乎与英国一样，美国在引领国际能源转型的过程中，有关能源机制和制度既是保障本国引领国际能源转型的重要条件，也是打造国际能源机制和规范的重要来源。美国是典型的“小政府，大社会”。美国实行政监分离的能源管理体制，长期以来，政府不直接干预能源企业事务，市场是驱动美国能源发展的最主要因素。在能源转型进程中，美国发展起了诸如德州铁路委员会、石油学会、各州公用事业监管委员会、内政部矿产管理局、能源部、联邦环保署、劳工部及运输部等各个层次，联邦与地方、官方与民间互为补充又相对分工的能源管理机制。特别是自从美国地质调查局（USGS）和美国能源信息署（EIA）成立以来，它们成为了世界上最权威的资源知识机构，在美国地缘政治博弈、海外利益扩张和全球领导事务领导等方面发挥了重要作用④。美国的能源管理机制变迁与能源转型、技术和市场变化等交织在一起，影响了世界范围内的能源再转型。

从两次国际能源转型的历史来看，它们的启动和成功推进是一系列条件“完美风暴”组合的产物，这具有历史的偶然性。然而从技术进步变迁

---

① ［英］麦迪森著：《世界经济两百年回顾》，李德伟等译，北京：改革出版社，1997 年版，第 12 页。

② Bruce L. R. Smith and Joseph J. Karlesky, *The State of Academic Science*, Vol. 1. New Rochelle, N. Y. Change Magazine Press, 1977, p. 4.

③ ［美］肯尼思·华尔兹著：《国际政治理论》，信强译，上海：上海人民出版社，2008 年版，第 192 页。

④ 于宏源：《霸权国的支撑机制：一种资源知识视角的分析》，载《欧洲研究》，2018 年第 1 期，第 49 页。

和大国为了不断获取国际权力的历史现实逻辑来看，有的国家就具备这样的历史条件，能源转型的发生是历史推动作用的结果，它又具有历史的必然性。英美两国特定的历史条件不仅使它们具备开启能源转型的资格和能力，而且随着它们的崛起，使它们不断具有为别国或世界其他地区提供大部分主导能源、技术和关联产品的能力，从而保障了国际能源转型的进行。

第四章　英美通过能源转型引领获取经济实力优势及经济权力

能源不仅是一种生产资源，而且还是一项重要的消费品。能源转型不仅是主导能源在能源体系中地位变换的过程，更是一种不同工业经济形态建立和变换的过程。通过不同历史阶段不同工业经济形态的引领和塑造，英国和美国获取了全面经济优势、超强国家实力和国际经济权力，从而推动了它们的霸权崛起进程。

第一节　英国引领建立“煤工业经济”形态并获取结构性权力和权威

在英国引领的国际能源转型进程中，作为能源转型主导国的英国打开和最大化占有了广泛的“煤工业经济”世界市场，形成了“能源链”的经济竞争优势和与世界其他国家的“不对称依赖”关系，这种“联系性权力”与“结构性权力”成为英国霸权权威和国际权力的来源。

一、英国引领的生产生活方式变革

以英国为代表的生产方式变革最大的成就即在工业革命时代诞生了

“工厂”这种新的生产方式。它直接和间接地推动和影响了包括产业结构和城乡结构在内的英国经济结构的变化。产业结构关乎生产变化，城乡结构则关乎生活方式变化。前一项提升了英国的硬实力，后一项提升了英国的软实力。

（一）制造业

英国引领的第一次工业革命主要是围绕棉纺织业、采矿业、冶炼业、机器制造业、交通运输业等产业进行的。这些行业的发展都离不开以煤这种能源为中心的投入。对此，经济史学家威廉斯坦莱·杰文斯（William Stanley Jevons）认为单单煤炭就可以充分支配无论是铁或者蒸汽，所以支配这个时代的是煤①。因此，英国能源转型引领所确立的是“煤工业经济”优势。以煤为核心投入和紧密联系的产业的发展使得英国成为名副其实的制造业大国，在其向世界性霸权崛起的过程中，在英国产业结构中，很多围绕这些制造业的产量或产值都在当时处于世界第一或前列的位置。

1. 棉纺织业

棉纺工业是机器发明的摇篮，也是近代很多国家工业化所走的第一步。正如前述，蒸汽动力的出现和在棉纺织业中的应用，使英国在该产业的发展上“如虎添翼”。1834 年，英国成为世界上最大的棉纺织品出口国②。1840 年，英国纺织的棉花达 19. 2 万吨、而法国为 5. 4 万吨、美国为 4. 7 万吨、德国为 1. 1 万吨；到 19 世纪 50 年代，英国每年消耗的原棉重量达 29 万吨、美国为 11. 1 万吨、法国为 6. 5 万吨③。此时，在英国大约 8 千家棉纺织厂之间，大约有 7. 1 万匹马力的蒸汽和 1. 1 万匹马力的水可资利用④。在棉纺织业的带动和刺激下，其他轻工业部门、重工业和交通运输业等逐

① ［英］克拉潘著：《现代英国经济史：自由贸易和钢 1850－1886 年》（中卷），姚曾廙译，北京：商务印书馆，2011 年版，第 140 页。

② 高德步、王珏编著：《世界经济史》，北京：中国人民大学出版社，2001 年版，第 234 页。

③ ［英］罗伯特·C. 艾伦著：《全球经济史》，陆赟译，南京：译林出版社，2015 年版，第 45 页、第 81 页。

④ ［英］克拉潘著：《现代英国经济史：早期铁路时代 1820－1850 年》（上卷），姚曾廙译，北京：商务印书馆，2011 年版，第 599 页。

渐向机器工业过渡①。

2. 炼铁业

以炼铁业为代表的冶金工业的发展是近代英国工业发展的又一项重要代表。而冶金工业能够发展却得益于能源工业，具体来说，没有煤的大量使用就不会有冶金工业的进步。1709 年，亚伯拉罕·达比通过实验证实了把煤转化成焦炭冶炼铁矿石，可以炼出铸铁②。1735 年，亚伯拉罕·达比之子 A. 达比改进了技术方法，结果用焦炭炼出了熟铁③。这使煤炭工业与冶铁工业形成了一种更为紧密的“共生”关系。1760 年以后，采用焦炉冶铁技术生产已具有明显的成本优势，采用该技术生产铁锭的新式炼铁厂如雨后春笋般出现在英国各地。而欧洲大陆和北美地区在使用焦炭冶炼生铁方面比英国晚了 70~100 年④。继英国达比父子后，1783 年，科特“搅拌”工艺出现，可提高产量 20 倍⑤。煤的充足供应使得冶炼业摆脱了燃料供应的限制，使这些技术创新不断涌现。技术创新后，英国生铁年产量大幅度增加。而科特发明的搅拌和碾压创新直到拿破仑战争结束后，才扩散到欧洲大陆，所以在整个战争期间，英国的生产者在铁的成本和产量上拥有决定性优势，其用途从钉子到发动机等有成千上万种并占领了木材主宰的传统领域，如桥梁、轮船、建筑等，以至于其被看作是 18 世纪和 19 世纪工业革命典型的核心投入⑥。19 世纪中期前，英国在煤、铁、棉（纱）产量上遥遥领先于其他大国（见表 4-1）。

---

① 李广一、刘维楚：《略论英国工业的发展速度》，载《湘潭大学学报（哲学社会科学版）》，1978 年第 1 期，第 93 页。

② 萧国亮、隋福民编著：《世界经济史》，北京：北京大学出版社，2007 年版，第 196-197 页。

③⑤ 高德步、王珏编著：《世界经济史》，北京：中国人民大学出版社，2001 年版，第 234 页。

④ ［英］罗伯特·艾伦著：《近代英国工业革命揭秘：放眼全球的深度透视》，毛立坤译，杭州：浙江大学出版社，2012 年版，第 355-337 页。

⑥ ［英］克里斯·弗里曼、弗朗西斯科·卢桑著：《光阴似箭：从工业革命到信息革命》，沈宏亮主译，北京：中国人民大学出版社，2007 年版，第 164-165 页。

表 4-1　19 世纪中期前 4 个主要大国纺织业、冶铁业与煤炭产能情况

行业	年份	英国	法国	德国	美国
棉纱（以百万吨计）	1830	250	68	16	77
	1850	588	140	46	288
	1870	1101	220	147	400
煤（以百万吨计）	1800	10	1	1	—
	1830	16	2	1.7	—
	1850	49	5	6.7	7
	1870	110	13	26	30
生铁（以千吨计）	1800	200	60	40	—
	1820	400	140	90	20
	1840	1400	350	170	180
	1860	3800	900	500	900

资源来源：[法] 米歇尔·波德著：《资本主义的历史：从 1500 年至 2010 年》，郑方磊等译，上海：上海辞书出版社，2011 年版，第 104-105 页。

3. 炼钢业

与冶铁业密切相关的炼钢业也得到了快速发展。1750~1790 年，焦炭生铁取代木炭生铁，同时由于使用贝西默炼钢法，使英国在该领域超过欧洲大陆国家，居于领先地位①。19 世纪 50~80 年代，由于贝西默炼钢工艺使钢材得以大规模生产，铁路网用钢轨取代铁轨，造船业也用钢板取代了铁板②。到 1870 年，欧洲大陆已建立起现代钢铁业。此时钢轨成为经济发展中的核心投入要素。由于冶铁与炼钢的发展，以“制造机器的机器”的专业机床厂开始出现和发展。总体来说，这一时期，基于纺织业和冶炼业的推动，工业生产的核心投入煤、铁、钢地位已确立，它们的投入反映了国家实力地位与变化的情况。英国由于拥有丰富且廉价的煤炭资源和开启

① [联邦德国] 卡尔·艾利希·博恩等著：《德意志史》（第三卷），张载扬等译，北京：商务印书馆，1991 年版，第 604 页。

② [英] 克里斯·弗里曼、弗朗西斯科·卢桑著：《光阴似箭：从工业革命到信息革命》，沈宏亮主译，北京：中国人民大学出版社，2007 年版，第 226 页。

能源转型的“先发优势”而确立了它在20世纪前基本保持了煤、铁、钢几种生产要素的领先优势（见表4-2）。

表4-2　19世纪中晚期英国、德国、美国的煤、铁、钢产出

单位：百万吨

生产要素	年份	英国		德国		美国	
煤	1871	117		29		42	
	1880	147		47		65	
	1890	182		70		143	
铁和钢	1880	铁	钢	铁[a]	钢[a]	铁	钢
		7.9	3.7	2.7	1.5	4.8[b]	1.9[b]
	1890	8	5.3	4.7	3.2	10.1	4.7

注：a表示包括卢森堡；b表示1881~1885年的平均值。

资料来源：［法］米歇尔·波德著：《资本主义的历史：从1500年至2010年》，郑方磊等译，上海：上海辞书出版社，2011年版，第160-161页。

4. 煤化工产业

煤除作为蒸汽动力的能源形式外，还推动了煤化工产业的发展，包括煤气灯、煤气工业、煤焦油等。工厂里的油灯或蜡烛被煤气灯取代，而煤焦油被用来制造数百种燃料、药物、化学制品及烈性炸药等①。至此，人类进入了一个不需要仅仅依赖于太阳和季节的节奏进行生产的时代，一个不仅仅依赖于自己的体能进行生产的时代，一个突破了人畜体力极限的时代②。

（二）产业结构变革

受惠于工业革命对生产的促进，从农业和工业两大部门来看，从19世纪20年代起，英国工业的产值就开始超过农业。从1850年起，英国第二产业

① ［美］斯塔夫里阿诺斯著：《全球通史：从史前到21世纪》，吴象婴等译，北京：北京大学出版社，2006年版，第495页。

② 萧国亮、隋福民编著：《世界经济史》，北京：北京大学出版社，2007年版，第210-211页。

（工业）基本上完成了从轻工业（以棉纺织为主）向重工业、从劳动密集型产业向技术密集型产业的转变。到了19世纪60年代，工业部门的收入是农业部门的两倍多，商业和运输业也超过了农业①。英国工业份额则从1801年的42%增长到了1831年的60%，并在1871年达到了73%；与之相邻的法国的份额从1781~1790年的43%增长到了1835~1844年的55%，但直到1865~1874年都停滞在这个水平②。到19世纪末，英国农业部门的生产总值占经济总产值的比例和劳动人数占英国全国总人口的比例都下降至不到10%③。

英国依靠煤这种能源形式在工业上的不断大量投入，其结果不仅是产业结构不断发生变革，而且还引发了一系列生产工艺、技术的创新和扩散。以至于在18世纪晚期至19世纪时，纺织业、采矿业、冶炼业、交通运输业几个方面的技术发展互相影响，形成了当时工业中技术“创新蜂聚”的现象。这使“技术革命”成为可能并最终引发由化石能源驱动的“机械力”为主要动力来源的工业革命。这不仅大大地提高了生产效率和生产力水平，把人类的生产方式从家庭作坊生产推向工厂生产方式转变（生产和销售的大规模化促进了规模经济），现代企业及其管理方式（专业分工）开始出现，而企业这种组织的出现使得现代经济增长成为可能，社会资源配置方式得以改变。换言之，新的生产方式对能源的需求使原有动力方式无法满足，从而推动了能源供给的变革及资源配置方式的改变。因此，工业革命的特征既从经济视角上表现为资本的集中和企业组织的形成，又从社会视角上体现为社会的革新④。英国是19世纪工业生产的“引领者”，其他“追随者”国家相当规模的技术活动是致力于模仿和应用，而发明程

---

① 萧国亮、隋福民编著：《世界经济史》，北京：北京大学出版社，2007年版，第212-213页。

② ［法］米歇尔·波德著：《资本主义的历史：从1500年至2010年》，郑方磊等译，上海：上海辞书出版社，2011年版，第106页。

③ ［英］彼得·杰伊著：《财富的历程》，杨建民译，北京：国际文化出版公司，2005年版，第210页。

④ 萧国亮、隋福民编著：《世界经济史》，北京：北京大学出版社，2007年版，第204-205页。

度较少[①]。英国引领的工业革命成就了一种新的阶级，也成就了一种新的生产方式，这种生产方式就是工业资本主义。而这样的生产方式为其他国家和地区的经济发展探索出了一条现代型经济增长的“英国模式”道路。

（三）生活方式变革（消费模式变化与城乡变革）

由煤带来的工业生产方式的变革也带来了英国引领的大众生活方式的变化。17 世纪 20 年代，煤炭进入了富人家体面的住宅，就像进入平民家一样[②]。1700 年时煤已成为英国城市家庭中必不可少的燃料[③]。作为首次工业革命发源地和取得过全球性霸权的英国，不管是使用狭义的“所得”还是比较广义的“生活水准”指标，英国当时的生活品质都要优于欧洲其他国家[④]。近代以来英国带来的生活方式上的影响主要表现在城市生活上。伴随资本主义工业化进程，英国的城市化较早地成熟起来。

1. 大众生活水平的提高和中产阶级的出现

由于拥有世界上最廉价的能源，在英国能源相对于劳动力要便宜许多。“低成本能源+新技术创新”→大量产品→工资水平与消费水平提升。借此，英国经济得以持续增长。而英国持续的经济增长保障了英国人的收入和生活水平的不断提高。在 17～18 世纪，英国老百姓可以吃上面包、肉类、奶酪、啤酒等食物，有的甚至可以买得起当时被视为奢侈品的图书、镜子、糖和茶叶等[⑤]。继而到 19 世纪 20 年代，伦敦的真实工资水平已经是

---

① 麦迪森：《世界经济两百年回顾》，李德伟等译，北京：改革出版社，1997 年版，第 12 页。

② ［美］巴巴拉·弗里兹著：《煤的历史》，时娜译，北京：中信出版社，2005 年版，第 30-31 页。

③ ［美］巴巴拉·弗里兹著：《煤的历史》，时娜译，北京：中信出版社，2005 年版，第 50 页。

④ ［英］彼得·杰伊著：《财富的历程》，杨建民译，北京：国际文化出版公司，2005 年版，第 204 页。

⑤ 波音著：《航海、财富与帝国：从经济学角度看世界历史》，北京：群言出版社，2017 年版，第 72-73 页；［英］罗伯特·C. 艾伦著：《全球经济史》，陆赟译，南京：译林出版社，2015 年版，第 11 页。

最低生活开支的4倍，此时全世界只有荷兰人均国内生产总值略高于英国①。除廉价能源与新技术的结合提升了英国的工资水平和消费水平外，海外贸易和海外投资也对英国家庭消费水平做出了贡献。这样，英国较为庞大的中产阶级得以出现。18世纪的英国，全国人口近700万，中等类型的人或称为资产阶级的人多达100万②。19世纪末时，英国已有80%的从业人口是领取工资的雇佣劳动者，美国1880年的比例是63%，德国1902年为66%，法国1911年为58%③。英国中产阶级的出现改变了中产收入大众的生活方式。而这种生活方式则离不开“煤工业经济”的特征或烙印。

首先，由于铁在这一时期的核心作用，人们的生活用品用具如餐具、烹饪器具、钟表仪器、壁炉火炉、水管水箱、家具、装饰物品等都有铁的身影。制造业的繁荣使英国不仅是当时的“世界的生产车间”，还是“商店店主之国”，到1900年，以茶室、餐厅、俱乐部、活动室和美发沙龙为特征的百货店将魅力带进了中产阶级的生活之中④。

其次，城市里开始用上煤气。1805年，煤气灯已经将工厂照得非常明亮；1812年，世界首家煤气公司在伦敦成立，到1816年，全城有26英里的煤气管道⑤。1822年伦敦煤气灯灶公司输送煤气的总煤气管共计126.5英里，伦敦老城公司约有总管50英里。城市里面也开始出现负责铺路、照明、沟渠、警务、市政改良等的委员和委员会，而铺路也使城镇卫生

---

① 如果以最低生活开支是每天1美元算，一年的最低生活开支是365美元。参见［英］罗伯特·C. 艾伦著：《全球经济史》，陆赟译，南京：译林出版社，2015年版，第4－5页、第11－12页。

② 张卫良著：《英国社会的商业化历史进程：1500－1750》，北京：人民出版社，2004年版，第215页。

③ ［法］米歇尔·波德著：《资本主义的历史：从1500年至2010年》，郑方磊等译，上海：上海辞书出版社，2011年版，第164页。

④ 惠特利·威廉于1863年开设了经常被人们称为“英国第一百货”的商店。参见［美］曼塞·G. 布莱克福德著：《西方现代企业的兴起》，锁箭译，北京：经济管理出版社，2001年版，第75页。

⑤ 注：1英里＝1.609344公里。［美］巴巴拉·弗里兹著：《煤的历史》，时娜译，北京：中信出版社，2005年版，第67页；朱彤、王蕾著：《国家能源转型：德、美实践与中国选择》，杭州：浙江大学出版社，2015年版，第60页；［意］卡洛·M. 奇波拉主编：《欧洲经济史》（第三卷），吴良健等译，北京：商务印书馆，1989年版，第127页。

得以改善[①]。1859 年，英国的城市中心有将近 1000 家煤气厂，煤气以这种方式为后来兴起的电力树立了榜样[②]。19 世纪 80 年代以前，煤气灯一直是城市室内外照明的主要工具[③]。1885 年韦耳斯巴赫炽热灯头发明，煤气在烹调和取暖方面的用途被迅速推广，供内燃机之用的更低廉煤气的需求也接踵而来[④]。

最后，英国时代的许多消费方式对于当代而言同样重要。几次技术变革使新消费品层出不穷，如便宜的棉质内衣和外套、来自工业革命中那些铁器铸造车间和陶器厂的厨房用具与铁架床、优惠的铁路交通和旅游、新式家庭供暖和照明、邮政服务、电信和样式各异数量众多的进口商品和食品等[⑤]。至此，英国赢得了欧洲闲适阶层的狂热喜爱，英伦格调就是男性优雅的标志；英国游客占据了地中海沿岸最舒适的度假胜地并探索了最遥远的地区；英国的运动越来越得到仿效和采纳：棒球、篮球、足球、草地网球、橄榄球，比赛和公平竞赛的时代开始了[⑥]。

需要强调的是，尽管以英国为代表的西方国家把人类生活带入到一个新的水平，但由于资本主义发展的不平衡性和资产阶级的剥削性存在的固有逻辑。仍然有大量穷困的产业工人住得很挤，工资低微，营养不良，身体很差[⑦]。而由燃煤带来的烟雾污染和引起的各种疾病或造成的伤害则是不胜枚举和触目惊心。

---

① ［英］克拉潘著：《现代英国经济史：早期铁路时代 1820－1850 年》（上卷），姚曾廙译，北京：商务印书馆，2011 年版，第 265 页、第 726－736 页。

② ［意］卡洛·M. 奇波拉主编：《欧洲经济史》（第三卷），吴良健等译，北京：商务印书馆，1989 年版，第 144 页。

③ 朱彤、王蕾著：《国家能源转型：德、美实践与中国选择》，杭州：浙江大学出版社，2015 年版，第 60 页。

④ ［英］克拉潘著：《现代英国经济史：自由贸易和钢 1850－1886 年》（中卷），姚曾廙译，北京：商务印书馆，2011 年版，第 151－152 页。

⑤ ［英］克里斯·弗里曼、弗朗西斯科·卢桑著：《光阴似箭：从工业革命到信息革命》，沈宏亮主译，北京：中国人民大学出版社，2007 年版，第 301－302 页。

⑥ ［法］米歇尔·波德著：《资本主义的历史：从 1500 年至 2010 年》，郑方磊等译，上海：上海辞书出版社，2011 年版，第 159 页。

⑦ ［意］卡洛·M. 奇波拉主编：《欧洲经济史》（第三卷），吴良健等译，北京：商务印书馆，1989 年版，第 148 页。

2. 大众教育和文化的传播

机器生产需要工人提高知识水平，这使得生产生活的方式改变影响了文化，特别是大众文化。19 世纪，在先进的资本主义国家，初等教育成为义务，而到 20 世纪接受中等教育和高等教育的比例稳步提高①。工业革命后，对科学持续不断地学习追求及把科学知识应用在工业中通过德比哲学学会（Derby Philosophical Society）的研讨会得以进行，探讨领域不仅关注运河建造、工厂建造及生产秘密保护等工业生产问题，还关注市镇改善的内容如市镇照明、集中供暖、室内卫生间等有关生活改进的问题②。另外，女性就业情况的增加改变了家庭权力结构并促进了女权运动。煤气照明的出现，使工厂延长工作时间和实行轮班制成为可能。在这样的情况下，工业革命绝不是一场没有冲突的和谐转变，“人民宪章”运动和一些罢工、起义几乎将英国带到社会革命的边缘③。而 1832 年的英国工人阶级形成的“集体的自我意识”是“工业革命的伟大精神成就”，也许是英国有史以来最为杰出的大众文化④。大众文化既为 17~18 世纪的科学革命做出了贡献，同时也反映了后者的影响⑤。

3. 城市化水平的领先

正如法国历史学家芒图（Paul Mantoux）所说的，工业化的种子一经播下，收获的便是城市⑥。1760 年，除伦敦外，只有布里斯托尔的人口在 5 万人以上，但到 1831 年时，格拉斯哥已是 20 多万人的大工业都市了；

---

① ［英］麦迪森著：《世界经济两百年回顾》，李德伟等译，北京：改革出版社，1997 年版，第 15 页。

② Margaret Jacob, *The Cultural Meaning of the Scientific Revolution*, New York: McGraw - Hill, 1988, p. 167.

③ ［英］克里斯·弗里曼、弗朗西斯科·卢桑著：《光阴似箭：从工业革命到信息革命》，沈宏亮主译，北京：中国人民大学出版社，2007 年版，第 175-176 页。

④ E. P. Thompson, *The Making of the English Working Class*, New York: Alfred A. Knope, Inc., 1966, pp. 830-831.

⑤ ［英］克里斯·弗里曼、弗朗西斯科·卢桑著：《光阴似箭：从工业革命到信息革命》，沈宏亮主译，北京：中国人民大学出版社，2007 年版，第 182 页。

⑥ Jonathan Hughes, *American Economic History* (3rd edition), Scott, Foresman and Company, 1990, p. 178.

1841年，全英国10万人以上的城市有9个，5万人以上的有24个，伦敦人口接近224万[①]。1851年，英国5000人以上的城镇从1801年的106座增加到265座，城镇人口比例由26%增至45%[②]。此时，当英格兰和威尔士有一半的人口居住在城镇时，法国和德国的这一人口比例大约只有1/4；同时在这一时期，英国只有1/4的男性劳动力（20岁以上）从事农业，而在欧洲大陆工业化程度最高的国家比利时，这个数字大约为50%，德国再过25年才能达到这个标准，直到1895年，那里从事农业的人比从事工业的人还多[③]。由伦敦、加的夫、爱丁堡和格拉斯哥所围成的包括大约1000万人口的所谓金四角地区，是19世纪全世界最繁荣的消费市场[④]。1900年，英国城镇人口比例已达75%，成为世界上第一个实现城市化的国家[⑤]。

二、英国引领的运输革命

交通运输在能源转型和工业革命中的地位同样重要，甚至是起到一种关键的作用。在开始第一次工业革命前，英国已经大量地修建了以“关道”和运河为代表的“交通基础”设施。这使得在庞大的欧洲经济中，英国拥有一个独一无二的相对统一的市场，与欧洲大陆相比，英国拥有出色的国内交通系统，由海港、运河和公路构成的交通网让任何欧洲大陆国家都难以匹敌[⑥]。工业革命爆发后，英国得以引领世界范围内的“运输革命”。

（一）汽船航运时代

工业革命后，海上和内河运输迎来了革命性的变化，这就是汽船的出

① 萧国亮、隋福民编著：《世界经济史》，北京：北京大学出版社，2007年版，第213页。

②⑤ 萧国亮、隋福民编著：《世界经济史》，北京：北京大学出版社，2007年版，第219页。

③ D. Landes, *The Unbound Prometheus: Technological and Industrial Development in Western Europe from* 1750 *to the Present*, Cambridge: At the University Press, 1969, pp. 187-188.

④ ［美］杰夫·马德里克著：《经济为什么增长》，乔江涛译，北京：中信出版社，2003年版，第71页。

⑥ ［美］杰夫·马德里克著：《经济为什么增长》，乔江涛译，北京：中信出版社，2003年版，第183-184页。

现，它是以蒸汽机作为动力装置，以煤炭作为燃料。1812 年，第一艘欧洲商用汽船——英国“贝尔的彗星号”（Comet）开始运行①。到 19 世纪 40~50 年代，英国掀起了建设海运运输网的热潮②。此后，在英国等国家的引领下，由汽船、运河、海运为特征的运输体系在全球扩散开来。

1814 年，英国只拥有两艘载重量为 456 吨的汽船；1827 年便增加到了 232 艘，共 2.3 万吨；1835 年增加到 315 艘，共 3.3444 万吨；1837 年为 531 艘，共 5.1 万吨；1847 年为 924 艘，共 11.6 万吨③。与此相对应的是在欧洲大陆，德国不来梅于 1816 年建成了第一艘蒸汽动力船④。1824 年，莱茵河上出现了第一艘汽船⑤。在跨洋航行上，1838 年后英国的“天狼星号”（Sirius）和“大西方号”（Great Western）汽船分别朝相反方向越过大西洋⑥。1845 年，布鲁内尔（I. K. Brunel）的“大不列颠号”（Great Britain）首次以螺旋桨驱动横越大西洋，1854 年随着高效率的“复合式”蒸汽机和 19 世纪 60 年代用钢铁结构制造船身的技术的普遍采用，才宣告了海洋蒸汽运输时代的到来⑦。

从发展时间来看，汽船取代帆船的跨海运输在 19 世纪 50 年代规模性的世界加煤站系统建立后才不断确立起来。这一时期，也是英国作为世界船舶制造中心的时期⑧。到了 19 世纪后半叶，蒸汽轮船已经成为英国和其他欧洲航海大国的主要运输工具，开始运载从印度加尔各答到英国的 90%

---

① ［英］克里斯·弗里曼、弗朗西斯科·卢桑著：《光阴似箭：从工业革命到信息革命》，沈宏亮主译，北京：中国人民大学出版社，2007 年版，第 39-40 页、第 196 页。

② 高德步、王珏编著：《世界经济史》，北京：中国人民大学出版社，2001 年版，第 236 页。

③ 萧国亮、隋福民编著：《世界经济史》，北京：北京大学出版社，2007 年版，第 201 页；［英］克拉潘著：《现代英国经济史：早期铁路时代 1820—1850 年》（上卷），姚曾廙译，北京：商务印书馆，2011 年版，第 594 页。

④ 唐晋主编：《大国崛起》，北京：人民出版社，2006 年版，第 254 页。

⑤ 樊亢等编著：《主要资本主义国家经济简史》，北京：人民出版社，1973 年版，第 241 页。

⑥ ［美］斯塔夫里阿诺斯著：《全球通史：从史前到 21 世纪》，吴象婴等译，北京大学出版社，2006 年版，第 493 页。

⑦ ［英］彼得·杰伊著：《财富的历程》，杨建民译，北京：国际文化出版公司，2005 年版，第 215 页。

⑧ ［英］罗伯特·C. 艾伦著：《全球经济史》，陆赟译，南京：译林出版社，2015 年版，第 40 页。

的棉花、生姜、靛青、油菜籽和茶叶，99%的牛皮，100%的芝麻籽，以及约33%的大米①。

1840年，蒸汽机船仅占世界船队的4%，1860年其占世界船队的比例已达32%，1870年达49%②。此后10多年时间，在大西洋两岸间、欧亚之间汽船运输逐渐取代了帆船运输。1883年，在多达138艘排水量超过4000吨的下水汽船中，128艘由英国制造③。1885年，英国的汽船吨位增加近400万吨，约占全世界远洋船舶的1/3，全世界远洋汽船的约5/8是英国注册的，最上等最精良的快船也是英国注册的④。到1890年，英国轮船的注册吨位超过了世界所有其他国家轮船注册吨位之和；1892~1896年，近80%的商船从英国的船坞下水⑤。汽船运输的世界货运总量从1870年的2700万吨增加到1898年的6300万吨，而汽船在世界船只总吨位中所占比重从1870年的略多于12%猛增到1900年的约67%⑥。

无论是在数量上还是技术上，英国的造船业和航运业影响是巨大的，它既是英国崛起的秘诀之一，也是其崛起的标志之一。19世纪80~90年代，当英国其他产业遭到来自世界各国的竞争时，英国仍然在造船业和航运业上保持了绝对优势。这一优势使它对与之密切关联的贸易、金融和商业等领域也不可避免地具有重要的影响力，从而维持了英国的霸权地位。如果说铁路是国内经济发展的“助力器”，那么铁壳汽船和航运则是英国保持国际贸易优势地位的神器。1910年，英国仍占世界贸易新增和报废吨位的40%，而且到第一次世界大战造成运力严重损失为止，英国一直是世

---

① 波音著：《航海、财富与帝国：从经济学角度看世界历史》，北京：群言出版社，2017年版，第91页。

② ［英］波斯坦等主编：《剑桥欧洲经济史》（第八卷），王春法等译，北京：经济科学出版社，2004年版，第23页。

③⑤ ［英］克里斯·弗里曼、弗朗西斯科·卢桑著：《光阴似箭：从工业革命到信息革命》，沈宏亮主译，北京：中国人民大学出版社，2007年版，第211页。

④ ［英］克拉潘著：《现代英国经济史：自由贸易和钢1850-1886年》（中卷），姚曾廙译，商务印书馆2011年版，第704页。

⑥ ［澳］A. G. 肯伍德、A. G. 洛赫德著：《国际经济的成长：1820~1990》，王春法译，北京：经济科学出版社，1997年版，第8页。

界航运业领袖[①]。

（二）铁路运输时代

除运河与汽船外，更重要的是，随着铁路和蒸汽机车的出现，英国成了陆地第一次运输革命的引领者。一方面，与运河的大规模修筑是为了煤矿的开采类似，煤的开采和运输是引发铁路和蒸汽机车出现的重要因素。正如列宁所说，铁路是资本主义工业最主要的部门即煤炭工业和钢铁工业的结果[②]。作为矿坑的附属品而开始敷设的铁路，在1790年以后随着采矿业和冶金术的发展而很好地发展起来[③]。另一方面，当蒸汽机用于铁路运输以后，煤开始得以被大规模运输、大规模使用。铁路从而刺激了以煤、铁和钢为核心要素投入的工业的飞速发展。对此，意大利学者奇波拉认为，只有在铁路时代，主要是受到铁路影响的结果，现代工业才成为整个经济中的支配力量[④]。

1801年，特里维西克（Richard Trevithick）成功制造出世界第一辆蒸汽“道路车”，取名“吹气的家伙”（Puffing Devil），随后几年里他又首次把其改进的蒸汽机车试验运行于轨道上[⑤]。1814年，“铁路之父”乔治·史蒂芬森（George Stephenson）研制出了他的第一台蒸汽机车，取名“布吕歇尔号”（Blücher）[⑥]。1821年，世界上第一条单轨地方铁路：斯托克顿—达灵顿铁路（Stockton & Darlington Railway）被英国议会批准修建[⑦]。1830年，世界第一条以交通运输为目的的现代化双轨铁路——曼彻斯特（Man-

---

① ［英］克里斯·弗里曼、弗朗西斯科·卢桑著：《光阴似箭：从工业革命到信息革命》，沈宏亮主译，北京：中国人民大学出版社，2007年版，第212页。

② ［苏］列宁著：《列宁全集》（第27卷），中共中央马克思恩格斯列宁斯大林著作编译局编译，北京：人民出版社，2017年版，第326页。

③ ［英］克拉潘著：《现代英国经济史：早期铁路时代1820－1850年》（上卷），姚曾廙译，北京：商务印书馆，2011年版，第121－122页。

④ ［意］卡洛·M. 奇波拉主编：《欧洲经济史》（第三卷），吴良健等译，北京：商务印书馆，1989年版，第184页。

⑤ 参见王麟著：《铁路传奇》，太原：山西教育出版社，2015年版，第10－13页。

⑥ ［英］克里斯蒂安·沃尔玛尔著：《铁路改变世界》，刘媺译，上海：上海人民出版社，2014年版，第5－6页。

⑦ 参见高铁见闻著：《高铁风云录》，长沙：湖南文艺出版社，2015年版，第23－25页。

chester）到利物浦（Liverpool）铁路开通运营，运行满1年后，这条铁路的客流量就达约50万人①。

铁路的诞生对英国社会的变革是革命性的，凭借着这些“输血大动脉”，英国的工业革命才得以持续顺利地进行。随着铁路这种新交通运输方式技术的日趋完善，它的速度和运行规律性所体现出的优势，是运河所不能比拟的。1850年由铁路运进伦敦的煤炭仅为5.5万吨，1860年达150万吨，1870年为350万吨，1880年为620万吨，1886年为725万吨；与此对应的海运煤1850年为350万吨，1860年为360万吨，1872年降到250万吨的最低额，1886年又上升到474万吨②。正如前文所述，铁路的贡献使煤、铁、钢成为廉价投入品，几乎随处可用煤和铁的事实意味着机器制造业能够在例如伦敦、柏林和巴黎这样的中心地区发展，而随着配送网络的发展，煤和煤气也成为人们优先选择的室内供暖燃料。这意味着铁路不仅在生产上而且在生活上发挥着重要的影响。

1850年，英国的铁路为6084英里，铁路网形成；1860年为9070英里，占欧洲各国的首位③。从其他有关紧跟英国能源转型和工业革命的国家来看，1850年德国铁路里程达到了6044公里，远超法国的3083公里④。到普法战争爆发时的1870年，法国铁路长度仍远未赶上德国，铁路成为德国得以迅速调兵战胜法国的重要保障。1860年意大利铁路从2000多公里增加到1880年的8700多公里⑤。1836年，俄国第一条铁路建成，1891～1895年，俄国新修铁路6257俄里⑥。美国从1828年开始修建铁路，1840

---

① ［英］克里斯蒂安·沃尔玛尔著：《铁路改变世界》，刘媺译，上海：上海人民出版社，2014年版，第1页、第7页。

② ［英］克拉潘著：《现代英国经济史：自由贸易和钢1850－1886年》（中卷），姚曾廙译，北京：商务印书馆，2011年版，第414页。

③ 高德步、王珏编著：《世界经济史》，北京：中国人民大学出版社，2001年版，第237页。注：1英里＝1.6093公里。

④ 肖仁源著：《德国铁道调查记》，协会书局，1932年版，第290页。

⑤ ［意］瓦莱里奥·卡斯特罗诺沃著：《意大利经济史：从统一到今天》，沈珩译，商务印书馆，2000年版，第25页。

⑥ 高德步、王珏编著：《世界经济史》，中国人民大学出版社，2001年版，第270页。注：1俄里＝1.06公里。

年铁路里程增加到2800英里（相当于4500公里），1850年又增加到9021英里（相当于14500公里）①。

第一次国际能源转型期间，铁路不仅对有关国家的经济腾飞起到了重要的作用，而且使以煤、铁和蒸汽机为基础的技术类型在那个时代的扩散成为可能。其意义不仅对交通运输产生了影响，还对经济、技术、军事和政治产生了深远影响。

三、英国贸易与金融权力影响力的形成

从区域经济发展角度来看，近代以来大国崛起就首先需要城市的崛起。而贸易是近代以来城市崛起的重要动力和积极因素。贸易的发生则是由包括不同国家自然资源的天赋条件的差别所引起的生产成本比较优势推动的。而化石能源的高能量密度和便于运输的特点，极大地降低了对能源生产规模扩张的限制，同时也降低了对能源规模化消费的限制。这就使得煤炭和石油的大规模工业化开发利用，不仅加速了大企业的出现和大城市的扩张，还促进了贸易规模扩大和距离延伸②。另外，19世纪银行兴起的全部过程和工业的兴起过程同时并进③。国际金融的成长与国际贸易的扩展紧密相连。金融、贸易、能源在大国崛起的进程中都是不可或缺的重要因素，它们之间互相影响、互相关联。

（一）贸易

如果说法国的对外贸易在18世纪中“美洲化”了，那么英国的对外贸易却“全球化”了④。18世纪，英国商业交易值增加了4.5倍，国民收入

① 萧国亮、隋福民编著：《世界经济史》，北京大学出版社，2007年版，第267页。

② 朱彤、王蕾著：《国家能源转型：德、美实践与中国选择》，杭州：浙江大学出版社，2015年版，第84页。

③ ［意］卡洛·M. 奇波拉主编：《欧洲经济史》（第三卷），吴良健等译，北京：商务印书馆，1989年版，第206页。

④ Pierre M. Vilar, *Or et monnaie dans l' histoire*, 1450 – 1920, Paris: Flammarion, 1974, p. 323. ［美］伊曼纽尔·沃勒斯坦著：《现代世界体系》（第二卷），郭方等译，北京：社会科学文献出版社，2013年版，第319页。

翻了两番，英国贸易在各方面居世界首位[①]。一般认为，贸易是互惠互利的，与小国只得到经济利益所不同的是，大国特别是贸易引领大国还可通过这样的经济关系获取了相应的国际影响力，从而确立了不平衡的国际经济关系。英国是通过自由贸易政策引领世界贸易的。

1768 年，《艾登条约》免除了英、法之间的一些贸易关税，是自由贸易的初步成功。此后，自 1823~1825 年英国海关税则改革以来，关税在此后的 20 年里不断降低或废除，而《谷物法》的废除和《航海法令》的彻底废止则标志着英国的自由贸易政策到达了一个新的高度[②]。继英国之后，其他国家也随之效仿英国相继降低关税[③]。在这期间，英国自由贸易外交在欧洲的最大成功是与其最重要的政治贸易伙伴法国签署了所谓的“谢瓦利埃—科布登条约”（The Chevalier-Cobden Treaty），即 1860 年英法商业条约（the Anglo-French Treaty of Commerce），该条约代表了 19 世纪在贸易自由化方面最重要的协定，为欧洲各国设定了一种新的贸易关系机制蓝图[④]。该条约影响了全部最重要的工业，并体现了关税减免、关税互惠、最惠国待遇等现代自由贸易有关原则，其中就包括不禁止煤炭出口或课征关税的诺言[⑤]。该条约取消了 400 多项产品的关税，有效地废除了原有的商品保护体系[⑥]。这不仅防止了贸易歧视，而且还推动了多边贸易的发展。这一段时期，英国在世界贸易总额中所占的比重遥遥领先，成为世界贸易的引领者（见表 4-3）。在英国的引领下，自由贸易政策不断成为欧洲国家的选

---

① ［法］米歇尔·波德著：《资本主义的历史：从 1500 年至 2010 年》，郑方磊等译，上海：上海辞书出版社，2011 年版，第 74 页。

② 高德步、王珏编著：《世界经济史》，北京：中国人民大学出版社，2001 年版，第 297-298 页。

③ ［美］金德尔伯格著：《世界经济霸权：1500~1990》，高祖贵译，北京：商务印书馆，2003 年版，第 217 页。

④ Patrick O' Brien and Geoffrey Allen Pigman, "Free Trade, British Hegemony and the International Economic Order in the Nineteenth Century", *Review of International Studies*, Vol. 18, No. 2, 1992, pp. 97-103.

⑤ ［英］克拉潘著：《现代英国经济史：自由贸易和钢 1850-1886 年》（中卷），姚曾廙译，北京：商务印书馆，2011 年版，第 336-337 页。

⑥ ［英］彼得·杰伊著：《财富的历程》，杨建民译，北京：国际文化出版公司，2005 年版，第 211 页。

择，欧洲不断走向实现自由贸易。英国在贸易权力上的影响力不断形成。

表 4-3　18~19 世纪中期有关大国在世界贸易额中的占比　　单位：%

年份	英国	法国	德国	美国	欧洲其他国家	世界其他国家
1780	12	12	11	2	39	24
1800	33	9	10	5	25	17
1820	27	9	11	6	29	19
1840	25	11	8	7	30	20
1860	25	11	9	9	24	21

资料来源：［法］米歇尔·波德著：《资本主义的历史：从 1500 年至 2010 年》，郑方磊等译，上海：上海辞书出版社，2011 年版，第 121 页。

自由贸易秩序为英国商品的出口扫除了障碍，通过出口贸易使英国国家实力得以提升。英国的出口贸易先是依靠纺织品，后来依靠煤、铁、机器等，都很成功。蒸汽机发明后，纺织业开始大规模使用蒸汽动力。在蒸汽机采用前的 1780 年，英国棉花输入量为 680 万磅，棉织品输出额为 670 万英镑；在蒸汽机采用后的 1790 年，棉花输入量为 3140 万磅，棉织品输出额为 2540 万英镑①。1835 年，英国工厂用于纺织业的蒸汽机动力为 30151 马力，约占当时总动力的 75%②。除棉纺织品外，英国产品出口的重点还转向了煤炭及其关联产品。至“一战”前，它们的出口一直不断增长。1837 年英国煤炭出口超过 100 万吨，其中法国和德国分别购买了 1/5~1/4，其他重要的买主还包括荷兰、丹麦、俄国和意大利等国③。《航海条例》废止后，外国船载出口的煤炭关税也被取消④，英国煤炭出口迅

① 李广一、刘维楚：《略论英国工业的发展速度》，载《湘潭大学学报》（哲学社会科学版），1978 年第 1 期，第 93 页。

② 参见杨松：《近代英国棉纺织业发展研究（1760-1860）》，陕西师范大学硕士学位论文，2016 年，第 33-34 页。

③ ［英］克拉潘著：《现代英国经济史：早期铁路时代 1820-1850 年》（上卷），姚曾廙译，北京：商务印书馆，2011 年版，第 655 页。

④ ［英］克拉潘著：《现代英国经济史：自由贸易和钢 1850-1886 年》（中卷），姚曾廙译，北京：商务印书馆，2011 年版，第 8 页。

速增长。1851 年，煤炭出口占英国出口量的 64.6%[①]。1855 年以后，英国煤炭出口仍然按 22%~34%不等的速率在上升，1880~1884 年和 1884~1886 年的出口数量分别达 2012 万吨和 2350 万吨[②]。1870 年英国出口了所产煤的 13%，1890 年为 21%，1913 年达到 33%；与煤炭密切相关的产品——钢铁的所产出口比例也在 19 世纪下半叶达 35%~40%，1905~1907 年达 50%[③]。不仅如此，1815~1870 年，在工业革命传播期间，英国成为欧洲地区发展工业的重要机器来源，蒸汽机和纺织厂设备在英国出口机器中居首位[④]。1881~1890 年 10 年间其机器出口平均值为 1220 万镑，1909~1913 年平均为 3230 万镑，1913 年为 3700 万镑[⑤]。通过煤炭、钢铁、机器、纺织品这些“大宗物资”的出口，英国占领了世界大部分市场，获取了大量的世界财富。

（二）金融

金融即资金融通。自近代以来，英国的经济发展离不开能源主要指煤炭作为核心要素的投入，经济的发展必然走上贸易扩张的道路，贸易的扩张必然推动金融业的发展，金融业的发展又为能源和贸易提供了保障。在这个过程中，英国通过能源转型下经济能力的领先优势确立了以金本位制为基础的国际金融体系和秩序。

1. 金本位制与国际货币体系第一次确立

1694 年，英格兰股份银行在伦敦成立[⑥]。成立英格兰银行的同时英镑

---

① N. F. R. Crafts, *British Economic Growth during the Industrial Revolution*, Oxford: Clarendon Press, 1985, p. 161.

② ［英］克拉潘著：《现代英国经济史：自由贸易和钢 1850－1886 年》（中卷），姚曾廙译，北京：商务印书馆，2011 年版，第 312 页。

③ ［法］米歇尔·波德著：《资本主义的历史：从 1500 年至 2010 年》，郑方磊等译，上海：上海辞书出版社，2011 年版，第 179 页。

④ ［意］卡洛·M. 奇波拉主编：《欧洲经济史》（第三卷），吴良健等译，北京：商务印书馆，1989 年版，第 140 页。

⑤ ［英］克拉潘著：《现代英国经济史：机器和国与国的竞争 1887－1914 年：附结论：1914－1929 年》（下卷），姚曾廙译，北京：商务印书馆，2011 年版，第 83 页。

⑥ P. G. M. Dickson, *The Financial Revolution in England: A Study in the Development of Public Credit, 1688－1756*, Routledge, 2016, p. 7.

的价值也被固定，以略高于 1/4 盎司黄金的隐含黄金价值被人接受为英镑价值的主要基准①。1774 年，黄金作为一种记账单位的至高无上的地位得到了保证，这使英国在 1774 年实质上成了金本位制的国家②。此后，随着英国不断在全球经济中居于主导地位，其金本位制不断引起了其他国家的跟随。在 1867 年举行的一次国际货币会议上，所有派代表出席的国家，除荷兰外，都赞成金本位制。1871 年后，德国改行金本位制，美国在 1873 年宣布金元为唯一的“价值单位”③。到 1878 年，英国、比利时、荷兰、法国、德国、瑞士和斯堪的纳维亚国家都实行了金本位制，俄国和日本在 1897 年、美国在 1900 年也实行了金本位制④。在推行金本位制的过程中，世界上最早的能源交易所——煤炭交易所于 1886 年在威尔士的卡迪夫出现了，这标志着能源金融市场开始形成⑤。之后，能源便开始与金融密不可分。

2. 英国金融中心地位的确立

英国金融业的快速发展及以其为中心的金本位制国际货币体系的建立⑥，英镑作为“世界货币”的功能逐步建立了起来。与之相伴的是，英国的贸易也不断发展壮大，金融与贸易互相促进。使英国不断演变成为世界的金融中心。在 19 世纪 50~70 年代，在波罗的海所有各重要城市都有英国银行，在地中海的每一个港口也都有英国银行；而澳洲、西印度群岛

① ［英］彼得·杰伊著：《财富的历程》，杨建民译，北京：国际文化出版公司，2005 年版，第 171-172 页。

② ［澳］A. G. 肯伍德、A. G. 洛赫德著：《国际经济的成长：1820~1990》，王春法译，北京：经济科学出版社，1997 年版，第 98 页；［英］彼得·杰伊著：《财富的历程》著，杨建民译，北京：国际文化出版公司，2005 年版，第 223 页。

③ ［英］克拉潘著：《现代英国经济史：自由贸易和钢 1850-1886 年》（中卷），姚曾廙译，北京：商务印书馆，2011 年版，第 462 页。

④ 高德步、王珏编著：《世界经济史》，北京：中国人民大学出版社，2001 年版，第 302 页；［澳］A. G. 肯伍德，A. G. 洛赫德著：《国际经济的成长：1820~1990》，王春法译，北京：经济科学出版社，1997 年版，第 101-102 页。

⑤ 中国银行国际金融研究所课题组：《全球能源格局下我国的能源金融化策略》，载《国际金融研究》，2012 年第 4 期，第 32 页。

⑥ 1725 年伦敦有 24 家银行，1770 年有 42 家，1786 年有 52 家；而地方银行的数量，从 1755 年的 12 家发展到 1776 年的 150 家，1793 年更达到 400 家。参见［法］米歇尔·波德著：《资本主义的历史：从 1500 年至 2010 年》，郑方磊等译，上海：上海辞书出版社，2011 年版，第 73-74 页。

和加拿大的大多数银行都是由英国资本经营的[①]。直到 1853 年，参加清算的伦敦银行家一直还是使用英格兰银行纸币结账，海关也要求用纸币支付，到 1855 年，伦敦的清算业务和海关业务都用支票了[②]。当时，全世界的商业生活在很大程度上被伦敦汇票这种国际通货所左右[③]。总而言之，19 世纪形成了主要（尽管不是完全）以伦敦为中心的货币体系[④]。伦敦股市是世界第一，英镑是国际货币，英国的统治直达五大洲[⑤]。由于其遍及全球的资本活动，英国获得了可观的权力。

第二节　美国引领建立“石油工业经济”形态并获取结构性权力和权威

正如煤炭是比泥炭和木材更高效的能源形式，石油也是比煤炭更高效的能源形式[⑥]。美国通过更高效能源形态转型主导的实现，引领了国际社会建立“石油工业经济”形态并借此获取了结构性权力和权威，推动了其霸权崛起。与英国一样，美国引领建立“石油工业经济”形态可从生产方式、生活方式、运输革命、贸易与金融几个方面看待，这一经济形态实质

---

① ［英］克拉潘著：《现代英国经济史：自由贸易和钢 1850－1886 年》（中卷），姚曾廙译，北京：商务印书馆，2011 年版，第 20 页。

② ［英］克拉潘著：《现代英国经济史：自由贸易和钢 1850－1886 年》（中卷），姚曾廙译，北京：商务印书馆，2011 年版，第 458－459 页。

③ ［英］克拉潘著：《现代英国经济史：自由贸易和钢 1850－1886 年》（中卷），姚曾廙译，北京：商务印书馆，2011 年版，第 21 页。

④ 参见［美］金德尔伯格著：《世界经济霸权：1500～1990》，高祖贵译，北京：商务印书馆，2003 年版，第 221-222 页。

⑤ ［法］米歇尔·波德著：《资本主义的历史：从 1500 年至 2010 年》，郑方磊等译，上海：上海辞书出版社，2011 年版，第 159 页。

⑥ 石油是比煤炭更高效的能源形态。论单位质量及体积所含的能量，石油大约是煤炭的 2 倍，考虑到液态石油在开采、运输等方面比固体的煤炭更容易，石油的能量效率就更高了。参见波音著：《航海、财富与帝国：从经济学角度看世界历史》，北京：群言出版社，2017 年版，第 162 页。

上是在“煤工业经济”形态上的升级和转型。

一、美国引领的生产与管理方式变革

如果说小企业创造了第一次工业革命[①]。主导英国工业进步的是中小企业（个人业主制或合伙制）而不是大企业。那么，与英国不同的是，在19世纪中期时，以美国为代表的企业开始显现出两个特点：一是大型垄断化（规模与集中），二是在分工基础上的标准化生产模式。而美国现代企业（股份公司）和企业中的“泰勒制”科学管理则是美国带给世界的企业管理方式的变革和创新。

（一）企业的垄断化与生产的标准化

美国企业的垄断化和生产的标准化都源于与石油有关或关联的企业。其中，基于“托拉斯”这种高级垄断组织形式的生产首先是由美孚石油公司（也叫标准石油公司）创立。而基于“流水线”标准的生产则由福特汽车公司创立。1905年，大型企业已经是美国制造行业所具有的典型特征[②]。1909年，美孚石油公司控制了全美国66%的石油；福特汽车公司在1913年生产了全美国50%的汽车总量[③]。1918~1929年，美国公司兼并的数目增加了几乎20倍以上，在50个最大的兼并案中，几乎一半是在电力公司之间进行的，铁路和石油公司则稳居第二位[④]。20世纪20年代末期，美国5个最大的工业企业分别是美国钢业公司、新泽西州美孚石油公司、通用汽车公司、国际纸张和能源公司、印第安纳美孚石油公司[⑤]。企业的垄断和规模化推动了市场的扩大。因此，除“大规模生产”外，美国经济又形成“大规模市场”这一典型特征。理论上说，市场越大，分工程度越强，

---

① 18世纪英国也有一些大企业，但是它们主要分布在贸易领域，如东印度公司。

② ［美］加里·M. 沃尔顿、休·罗考夫著：《美国经济史》（第十版），王珏等译，北京：中国人民大学出版社，2013年版，第469页。

③ 余志森主编：《美国通史》（第四卷），北京：人民出版社，2002年版，第55-56页。

④ ［美］查理斯·R. 吉斯特著：《美国垄断史：帝国的缔造者和他们的敌人》，傅浩等译，北京：经济科学出版社，2004年版，第69页。

⑤ ［美］斯坦利·L. 恩格尔曼、罗伯特·E. 高尔曼主编：《剑桥美国经济史：20世纪》（第三卷），高德步等译，北京：中国人民大学出版社，2008年版，第683页。

新的能源就越能被充分开发[①]。

就在美国企业出现垄断化、规模化特征的同时，新工艺和新管理体系也开始出现。电力设备、石油和化学制品等新兴产业需要专业合格的多层次的管理人员和工人。在这样的情况下，“泰勒制”（科学管理）企业管理开始出现，推动了西方国家企业组织、管理和制度的变化。这种职业化和专业化的管理推动了企业管理方式的创新，在企业所有权与经营权分离状况下，企业生产效率得到大幅提高。就美国汽车制造业带动的企业标准化生产来看，在福特引入大规模生产技术后，汽车生产形态开始从之前的小企业“手工”形式向大规模“流水线”方式改变。这样的生产方式使福特工厂生产汽车的速度大为加快，而成本却不断下降。1914 年，平均装配一辆 T 型车的速度从一年前的 14 小时缩短为 93 分钟[②]。1920 年，T 型车的价格几乎降了一半，从 850 美元降为 440 美元[③]。福特企业的高效与规模化生产使得其他企业纷纷仿效，以至于这样的生产方式成为企业的一种标准化生产方式并开始影响世界。

（二）电气化浪潮

流水线生产的方式离不开电力和机器的运用，而电讯通信系统的进步改变了办公方式，开启了企业进而引发全美和全球的信息化进程。第一次世界大战爆发的时候，美国全国工业动力的 1/3 由电力来提供，远高于其他国家[④]。1936 年，在美国农村电气化管理局（REA）的推动下，美国数百万农场第一次和中央电力系统相连，美国农业农村开始进入电力化时代[⑤]。而在 1933 年时还只有 10%的美国农场有常规电力服务，比当时西欧

---

① ［美］杰夫·马德里克著：《经济为什么增长》，乔江涛译，北京：中信出版社，2003 年版，第 86-87 页。

② 参见余志森主编：《美国通史》（第四卷），北京：人民出版社，2002 年版，第 457-460 页。

③ ［美］吉尔伯特·C. 菲特、吉姆·E. 里斯著：《美国经济史》，司徒淳等译，沈阳：辽宁人民出版社，1981 年版，第 427 页。

④ ［美］加里·M. 沃尔顿、休·罗考夫著：《美国经济史》（第十版），王珏等译，北京：中国人民大学出版社，2013 年版，第 465 页。

⑤ Jonathan Hughes, *American Economic History* (3rd edition), Scott, Foresman and Company, 1990, p. 478.

发达国家水平要低①。

随着电气化浪潮的推进，创新集群不断涌现、互为条件，将新能源、新原料和钢铁等生产要素结合在一起。工厂也用新能源驱动的机器和工具对原来的机器和工具进行了升级替代。在电力的使用下，工厂生产效率和产品质量都大幅提高，企业家也更容易对企业进行扩张。简而言之，新能源促进了新的生产方式从而促进了生产力的提高。另外，企业家开发出的新型廉价消费品，如洗衣机、电话、收音机等，也反过来刺激了美国家庭对电的需求②。

（三）通信信息革命

1836 年美国开始采用电报技术，到 19 世纪 50 年代被广泛使用；19 世纪 70 年代美国开始采用电话，从 19 世纪 80 年代开始，美国贝尔电话公司开始建设美国第一个全国电话网络③。1890 年，美国有 22.8 万部电话，到了 1900 年几乎达到 1500 万部④。1895 年，无线电报发明，1900 年美国的电报线路已经超过了 30 万英里，其中大多是商用的；1901 年，无线信号横越大西洋传输获得成功；1906 年，李·德·福雷斯特（Lee De Forest）和费森登（R. A. Fessenden）证明声波和摩尔斯信号一样，均可通过无线电传送，这是迈向语音电信的重要步骤⑤。1910 年，美国出现了无线电广播，无线电发展到电子管时代⑥。1920 年，西屋电气成为第一家获得正式许可

---

① Jonathan Hughes, *American Economic History* (3rd edition), Scott, Foresman and Company, 1990, p. 509.

② ［美］杰夫·马德里克著：《经济为什么增长》，乔江涛译，北京：中信出版社，2003 年版，第 93 页。

③ ［美］H. N. 沙伊贝、H. G. 瓦特、H. U. 福克纳等著：《近百年美国经济史》，彭松建等译，北京：中国社会科学出版社，1983 年版，第 201 页；［美］钱德勒等编：《信息改变了美国：驱动国家转型的力量》，万岩、邱艳娟译，上海：上海远东出版社，2008 年版，第 14 页。

④ ［英］克里斯·弗里曼、弗朗西斯科·卢桑著：《光阴似箭：从工业革命到信息革命》，沈宏亮主译，北京：中国人民大学出版社，2007 年版，第 233 页。

⑤ ［英］彼得·杰伊著：《财富的历程》，杨建民译，北京：国际文化出版公司，2005 年版，第 218 页；［美］杰夫·马德里克著：《经济为什么增长》，乔江涛译，北京：中信出版社，2003 年版，第 85 页。

⑥ 余志森主编：《美国通史》（第四卷），北京：人民出版社，2002 年版，第 10 页。

的公司，开始经营无线广播电台[①]。1946 年，贝尔实验室发明了晶体管，它是全世界范围内计算机技术的力量之源[②]。从电报、电话到无线广播、电视、计算机、互联网，人类社会开始迈向信息化时代。与之对应的是，能源利用形式也从矿物燃料到电力。通信技术的发展使大企业、中央和地方政府“官僚机构”的出现成为可能，其中电话成为重要的工具。同时，对信息需求的持续增加导致了负责处理信息的办公室文员数量的快速增长。1870~1930 年，每 10 年办公室文员数量上一个台阶：从 1870 年的 7.42 万人，发展到 1880 年的 15.04 万人、1890 年的 38.08 万人、1900 年的 70.82 万人、1910 年的 152.39 万人、1920 年的 283.77 万人、1930 年的 373.88 万人，其中女性的占比也从 2.46%一路上升到 52.54%[③]。

（四）与石油关联的有关制造业的发展

石油不仅是作为一种能源，它还是一种重要的化工原料。美国石油业的发展推动了石化产业的发展。除标准石油公司外，美国杜邦公司、联合碳化物公司、陶氏化学公司等都是重要的石化化工企业。随着高分子化学的发展，出现了化学工业从煤合成材料向石油合成材料的过渡并出现了一系列新的合成材料（如合成橡胶），这些材料被广泛用于耐用消费品、建筑工程和纺织等。除合成橡胶外，TNT 炸药、塑料、合成纤维、染料涂料、农药药品等产品的出现都来自化工产业。自石油大规模商业化开采以来，美国不仅在石油开采与炼制上领先全球，在石化产业上也领先全球。

在制钢与有色金属工业上，美国不仅在钢铁的大规模生产中领先，而且在特种钢发展中处于领先地位。在其他有色金属方面，到 19 世纪末，美国铜产量达世界总产量的一半以上。美国在这一领域的领先地位一方面是

① ［美］钱德勒等编：《信息改变了美国：驱动国家转型的力量》，万岩等译，上海：上海远东出版社，2008 年版，第 21 页。

② ［美］钱德勒等编：《信息改变了美国：驱动国家转型的力量》，万岩等译，上海：上海远东出版社，2008 年版，第 285 页。

③ Angel Kwolek-Folland, *Engendering Business: Men and Women in the Corporate Office*, 1870-1930, Baltimore and London: Johns Hopkins University Press, 1994, p. 4.

因为其丰富的资源和机械化能力，另一方面是因为电力工业的迅速成长[①]。值得说明的是美国的垄断企业往往并不只关注本业，它们还会向关联产业扩张。如洛克菲勒既是石油大亨，也是钢铁大亨，更是金融大亨。

在汽车工业方面，从一定程度上讲，美国的汽车制造业是20世纪经济的核心[②]。除汽车制造外，它拉动或波及的产业链包含石油开采与提炼、公路基础设施建设、钢铁、玻璃、橡胶、棉花以及餐饮、住宿和休闲娱乐行业等。据统计，1928年全美生产的80%的橡胶、50%的平板玻璃、8%的铜、11%的钢材和65%的皮革装潢材料被用在了汽车工业上，而全美汽车每年共要消耗70多亿加仑的石油[③]。20世纪20~30年代，美国汽车工业的领先可从产量和出口量上反映出来。1929年，美国汽车出口量几乎是英国汽车制造量的2倍[④]。1935年美国汽车的生产数量在400万辆以上，远超出英国的10倍以上，是德国的16倍，法国的23倍[⑤]。

除汽车工业外，飞机制造业无疑也是20世纪最重要的工业。美国在该领域也处于领先位置。“一战”期间，美国航空工业和波音、道格拉斯等大公司开始发展。其中发展到后来最著名的是1916年组建的波音飞机公司[⑥]。1935年，道格拉斯开发出第一架21座的商用客机——DC-3，这种飞机在20世纪30年代后期承担了95%的民用空中交通运输[⑦]。在第二次世界大战期间，由于战争需求和远离战场困扰，美国飞机制造业得到迅速发展。1939年，飞机工业在美国仅居于第41位，雇用了6.4万名员工，总

① ［英］克里斯·弗里曼、弗朗西斯科·卢桑著：《光阴似箭：从工业革命到信息革命》，沈宏亮主译，北京：中国人民大学出版社，2007年版，第245页。

② ［美］托马斯·K. 麦格劳著：《现代资本主义：三次工业革命中的成功者》，赵文书等译，南京：江苏人民出版社，1999年版，第293页。

③ Richard E. Marshall and John Edward Wiltz, *From Progressive Era to Normalcy*, J. B. Lippincott Company, 1973, p. 96. 转引自余志森主编：《美国通史》（第四卷），北京：人民出版社，2002年版，第462页。

④ ［美］布鲁斯·卡明思著：《海洋上的美国霸权：全球化背景下太平洋支配地位的形成》，胡敏杰等译，北京：新世界出版社，2018年版，第419页。

⑤ 麦迪森著：《世界经济两百年回顾》，李德伟等译，北京：改革出版社，1997年版，第44页。

⑥ 余志森主编：《美国通史》（第四卷），北京：人民出版社，2002年版，第33页。

⑦ ［美］布鲁斯·卡明思著：《海洋上的美国霸权：全球化背景下太平洋支配地位的形成》，胡敏杰等译，北京：新世界出版社，2018年版，第483页。

值2.8亿美元，“二战”期间战时订单让南加州成为美国领先的飞机制造中心，加州理工成为航空研究的中心，著名的六大飞机公司（道格拉斯、洛克希德、沃尔提、北美、维加、诺思罗普）都位于此[①]。“二战”后一段时期内，随着民用航空的发展，美国的飞机制造业在世界上进入到几乎“一家独大”的局面。

总体来看，石油工业不仅对美国汽车、飞机、机械、船舶制造等行业至关重要，对建筑业、化工材料业、服务业、旅游业、不动产业等行业也有巨大的影响。石油对美国的重要性，美国前内政部长曾说过，毫无疑问，我们绝对会完全依赖石油。我们走过了石器时代、青铜时代、铁器时代和工业时代，现在进入了石油时代。没有石油，美国文化将不复存在[②]。可以说，通过“石油工业经济”产业的建立、升级和转型，美国获取了在经济领域里对其他国家的“不对称结构性权力”和领导力。从技术集群创新、能源利用、制度变革来说，美国在这一阶段的生产方式的特征是有科技含量（技术和管理）的“大规模生产”工业和“大众服务业”的兴起，与之相伴的是“大规模消费”“大规模市场”“大众文化”的出现，即生产方式的变化引起了生活方式的变化。

二、美国引领大众生活方式的变化

与英国一样，作为能源再转型的引领国，美国在其崛起过程中也发展了具有引领性的大众生活方式，并成为美国“软实力”的来源。而这样的生活方式离不开两个重要的物质基础——石油（内燃机）和电力。

（一）城市化的扩展与中产阶级的壮大

随着美国工业化的推进及交通网络的延伸，美国的城市不断建立、规模不断扩展。1860年，美国城市人口占总人口的19.8%；1900年占总人口

① ［美］布鲁斯·卡明思著：《海洋上的美国霸权：全球化背景下太平洋支配地位的形成》，胡敏杰等译，北京：新世界出版社，2018年版，第487-488页。

② Daniel Yergin, *The Prize: The Epic Quest for Oil, Money and Power*, New York: Simon & Schuster, 1991, p. 254.

的39.6%；到了1920年，城市人口占全国人口的51.9%[①]。像中世纪的欧洲一样，城市市场成为美国生产和消费的主要市场及美国需求与创新的生命中心，为美国经济发展提供了新的平台。工业化促进了城市化，城市化也促进了工业化。

美国的大企业不仅造就了富豪，还造就了一个庞大的中产阶级。扣除通货膨胀的影响，1900年美国人的平均收入大约是1800年的3倍，在20世纪，实际工资以大约每年2%的速度增长[②]。1919年，美国大型公司雇用的生产工人比例已高达87%，美国已变成一个“工资挣得者的市民社会”[③]。收入水平的提高直接反映在生活水平的提高上。美国和其他西方国家的饮食从谷物转向肉类和奶制品，糖、茶叶、烟草和咖啡、可可等食品。这些被前一代人视为奢侈品的贸易商品在19世纪则被当作生活必需品，而热带水果的消费在19世纪末也变得重要起来[④]。

享受着当时世界上最高生活水准的美国人是世界各地的羡慕对象，远离第一次世界大战，没有受到战争实质性损伤的美国成为新的物质与流行文化的象征[⑤]。

（二）电力、电气化耐用消费品和汽车成为生活中的一部分

电力的发明不仅点亮了美国工厂，也点亮了美国家庭，从而使人们的生活进入到“光明时代”和“电子信息化时代”，开启了现代生活方式。自20世纪以来，电力迅速在美国的工厂和家庭中扩展。在美国简直没有一

① 中国美国史研究会编：《美国现代化历史经验》，北京：东方出版社，1994年版，第232页。

② ［美］杰夫·马德里克著：《经济为什么增长》，乔江涛译，北京：中信出版社，2003年版，第47页。

③ ［美］H. N. 沙伊贝、H. G. 瓦特、H. U. 福克纳等著：《近百年美国经济史》，彭松建等译，北京：中国社会科学出版社，1983年版，第92页。

④ ［澳］A. G. 肯伍德、A. G. 洛赫德著：《国际经济的成长：1820~1990》，王春法译，北京：经济科学出版社，1997年版，第16页。

⑤ ［美］孔华润（沃伦·I. 科恩）主编：《剑桥美国对外关系史》（下），王琛等译，北京：新华出版社，2004年版，第104页。

个 2 万人口的城市没有弧光或白热电灯的发电厂[①]。1885 年，美国只有 25 万只电灯投入使用，1902 年猛增到 1800 万只[②]。1910~1930 年，美国工厂和家庭普遍得到了电力供应，它不仅点亮了家庭、商店、餐厅以及全国各地的城市街道，还使千家万户可以购买大规模生产和销售的新型产品，包括洗衣机、电冰箱、电唱机、电熨斗、收音机、电话等。到 20 世纪 30 年代早期，几乎所有的美国城市家庭都已通电[③]。

在电气化耐用消费品进入家庭消费方面，电话是较早的产品。到第一次世界大战时，美国许多中产阶级以及富裕阶级家庭已把电话看作是生活必需品[④]。在其他产品和服务方面，在 20 世纪 20 年代，无线电设备就已经成为一种广泛零售的“耐用消费品”[⑤]。1920 年，全美国有 3 家广播站，1923 年时增加到 500 家[⑥]。1930 年时有 1400 万家庭拥有收音机，有一半美国人完全是通过收音机获得新闻[⑦]。每周有 8000 万人次观看“有声电影”，有近一半的家庭拥有了电冰箱[⑧]。到 1970 年，99.7%的用电户都有了收音机，黑白电视机和彩色电视机已成了家庭娱乐和收听消息报道的一般用具[⑨]。

以汽车通过“自主化”的交通出行方式的改变也是“美国时代”带给我们当今社会生活方式变化中最重要的内容之一。随着汽车消费需求的增长，汽车消费信贷开始出现。1919 年，通用汽车成立了第一家汽车金融服

① ［英］克拉潘著：《现代英国经济史：自由贸易和钢 1850-1886 年》（中卷），姚曾廙译，北京：商务印书馆，2011 年版，第 154 页。

② 刘波著：《石油与 20 世纪的变迁》，开封：河南大学出版社，2005 年版，第 14 页。

③⑥⑧ ［美］杰夫·马德里克著：《经济为什么增长》，乔江涛译，北京：中信出版社，2003 年版，第 92 页。

④ ［美］钱德勒等编：《信息改变了美国：驱动国家转型的力量》，万岩等译，上海：上海远东出版社，2008 年版，第 102 页。

⑤ ［英］克里斯·弗里曼、弗朗西斯科·卢桑著：《光阴似箭：从工业革命到信息革命》，沈宏亮主译，北京：中国人民大学出版社，2007 年版，第 302 页。

⑦ ［美］钱德勒等编：《信息改变了美国：驱动国家转型的力量》，万岩等译，上海：上海远东出版社，2008 年版，第 149 页；［美］杰夫·马德里克著：《经济为什么增长》，乔江涛译，北京：中信出版社，2003 年版，第 92 页。

⑨ ［美］吉尔伯特·C. 菲特、吉姆·E. 里斯著：《美国经济史》，司徒淳等译，沈阳：辽宁人民出版社，1981 年版，第 652 页。

务机构——票据承兑公司（Acceptance Corporation），此后几年，70%以上的机动车销售采用分期付款的购买方式进行①。如表 4-4 所示，1920 年，只有 26%的美国家庭拥有汽车；1930 年，已经有 60%的美国家庭拥有了汽车。

表 4-4　1920 年、1930 年美国家庭拥有有关设备的比例　　单位：%

年份	1920 年	1930 年
室内抽水马桶	20	51
集中供暖设备	1	42
用电照明的家庭	35	68
冰箱	<1	8
洗衣机	8	24
吸尘器	9	30
收音机	<1	40
汽车	26	60

资料来源：Stanley Lebergott, *The American Economy: Income, Wealth and Want*, Princeton, N. J.: Princeton University Press, 1962, pp. 248-299；［美］加里·M. 沃尔顿、休·罗考夫著：《美国经济史》（第十版），王珏等译，北京：中国人民大学出版社，2013 年版，第 599 页。

随着汽车的普及，人们居住在逐渐被称为郊区的地方，居民住宅也因此兴旺起来。1920 年，新建居民住宅 24.7 万栋，1925 年达到了 1946 年前未被达到的 93.7 万栋的顶峰②。而汽车将娱乐与旅游相结合，使农村出现了汽车旅馆、热狗摊、道路标志和加油站③。与此同时，美国政府于 20 世纪初开始修建的城市卫生设施、排水系统、新公路、电报通信等公共系统

① Peter Fearon, *War, Prosperity and Depression: The American Economy 1917-1945*, University Press of Kansas, 1987, p. 56.

② ［美］杰里米·阿塔克、彼得·帕塞尔著：《新美国经济史：从殖民地时期到 1940 年》，罗涛等译，北京：中国社会科学出版社，2000 年版，第 568 页。

③ ［美］加里·M. 沃尔顿、休·罗考夫著：《美国经济史》（第十版），王珏等译，北京：中国人民大学出版社，2013 年版，第 599 页。

已经大量完工，医疗、教育、化工农业也不断取得进步[①]。1922～1929 年，美国耐用消费品的采购以年均 8.3%的速度增长，这一速度几乎超过了 GNP 增长的 2 倍[②]。随着汽车和洗衣机、收音机、电唱机等新型电子产品的普及，现代消费经济诞生了[③]。从此之后，消费信贷成为美国民众的一种生活方式并开始影响全球。

（三）大众服务业和大众文化兴起

除由大规模生产引起的大规模耐用品消费外，美国确立的“大众服务业”也改变了人们的生活方式。根据 1929 年由美国国家经济研究局的经济学家撰写的《胡佛报告》（关于当前经济变化的委员会报告），美国旅游、娱乐、教育、保险、通信、旅馆设备、餐馆、熟食店、蒸汽洗衣店和公共图书馆行业不断“加速增长”并成为“一种持续几个世纪的演化”[④]。“大众服务业”在美国确立了一种新的舒适生活标准，并为数百万人提供了就业，他们从农业、采掘业及制造业中游离出来[⑤]。“二战”后，在美国的引领下，以大众娱乐和大众旅游为代表的“大众服务业”也分别在欧洲国家和日本迅速增长。

与“大规模生产”“大规模消费”和“大众服务”相伴的则是美国“大众文化”的出现。对此，广播、电影和电视成了重要媒介。从 20 世纪 30 年代到 50 年代，相对于其他文化媒体，电影这一真正的大众娱乐业，

---

①③［美］杰夫·马德里克著：《经济为什么增长》，乔江涛译，北京：中信出版社，2003 年版，第 23 页。

② Jonathan Hughes, *American Economic History* (3rd edition), Scott, Foresman and Company, 1990, p. 446.

④ Hoover Report, *Report of the Committee on Recent Economic Change* (Hoover Report), Washington: National Bureau of Economic Research, 1929, xvi. 转引自［英］克里斯·弗里曼、弗朗西斯科·卢桑著：《光阴似箭：从工业革命到信息革命》，沈宏亮主译，北京：中国人民大学出版社，2007 年版，第 302-303 页。

⑤ Hoover Report, *Report of the Committee on Recent Economic Change* (Hoover Report), Washington: National Bureau of Economic Research, 1929. 转引自［英］克里斯·弗里曼、弗朗西斯科·卢桑著：《光阴似箭：从工业革命到信息革命》，沈宏亮主译，北京：中国人民大学出版社，2007 年版，第 303 页。

在世界范围内更为广泛地传播了大规模生产和大规模消费理念[①]。电视发明后，也开始率先走入美国家庭。美国《国家商业》（*Nation' s Business*）杂志在 1947 年夏天提到，电视是“普通美国家庭认为不可或缺的东西”[②]。这一切，用法兰克福社会学派主要成员阿多诺（T. W. Adorno）的创造的词来讲，就是“文化工业”[③]。这种“文化工业”在“二战”后已经向世界扩散开来。美国发展出了一种全球性的文化秩序[④]。

总体来看，美国在能源转型和第二次工业革命中，实现了生产生活的动力化、电气化、信息化、标准化、大众化、高效化，这些是现代化构成的核心要素。这一时期的美国，成为全球各国争相学习模仿的“典范”。

三、美国引领的运输革命

内燃机和石油出现后不仅取代蒸汽机和煤炭成为铁路机车的新动力来源，更重要的是它们引发了由美国引领的以汽车、飞机为代表的又一次运输革命。

（一）汽车及陆地运输

1820~1913 年，美国在基础设施方面投入大量资本[⑤]。随着石油业的发展，沥青、碎石于 19 世纪末 20 世纪初开始逐渐被用于铺设公路[⑥]。这一时期在交通领域石油消费也开始逐渐替代煤炭。

1916 年，随着《联邦援助公路法》的通过，全美国的公路系统开始建

---

① ［英］克里斯·弗里曼、弗朗西斯科·卢桑著：《光阴似箭：从工业革命到信息革命》，沈宏亮主译，北京：中国人民大学出版社，2007 年版，第 303-304 页。

② 转引自［美］钱德勒等编：《信息改变了美国：驱动国家转型的力量》，万岩等译，上海：上海远东出版社 2008 年版，第 164 页。

③ ［英］克里斯·弗里曼、弗朗西斯科·卢桑著：《光阴似箭：从工业革命到信息革命》，沈宏亮主译，北京：中国人民大学出版社，2007 年版，第 305 页。

④ ［美］孔华润（沃伦·I. 科恩）主编：《剑桥美国对外关系史》（下），王琛等译，北京：新华出版社，2004 年版，第 106 页。

⑤ 麦迪森著：《世界经济两百年回顾》，李德伟等译，北京：改革出版社，1997 年版，第 43 页。

⑥ 高德步、王珏编著：《世界经济史》，北京：中国人民大学出版社，2001 年版，第 249 页。

设[①]。通过联邦政府分配的公路建设基金，州和县政府承担了公路网的建设工作，而汽车的许可证和汽油的税收为所有州政府提供了20%左右的收入，发展汽车运输成为政府财政收入的一个新的重要来源[②]。在这样的情况下，乡村和市政道路以及连接主要人口中心的公路快速增长。1929年时前者里程达66.2万英里，后者里程达19万英里[③]。

“二战”结束12年后，一个串联起全国公路网的高速公路系统将全美90%的家庭连在了一起，美国的运输系统也达到了空前的效率[④]。与道路系统发展紧密相关的是美国的汽车客运也快速发展起来（见表4-5）。到1968年时，小汽车客运已占美国全部客运的87%，成为主要的客运方式[⑤]。

表4-5　1913年、1950年、1973年有关大国投入营运的客车量 单位：辆

国家 \ 年份	1913	1950	1973
美国	1190	40339	101986
英国	106	2258	13497
法国	91	1500	14500
德国	61	516	17023
日本	—	48	14473
意大利	22	342	13424

资料来源：［英］麦迪森著：《世界经济两百年回顾》，李德伟等译，北京：改革出版社，1997年版，第43页。

① ［美］加里·M. 沃尔顿、休·罗考夫著：《美国经济史》（第十版），王珏等译，北京：中国人民大学出版社，2013年版，第599页。

② ［美］H. N. 沙伊贝、H. G. 瓦特、H. U. 福克纳等著：《近百年美国经济史》，彭松建等译，北京：中国社会科学出版社，1983年版，第198-199页。

③ ［美］杰里米·阿塔克、彼得·帕塞尔著：《新美国经济史：从殖民地时期到1940年》，罗涛等译，北京：中国社会科学出版社，2000年版，第566页。

④ ［美］杰夫·马德里克著：《经济为什么增长》，乔江涛译，北京：中信出版社，2003年版，第23-24页、第96-97页。

⑤ ［美］吉尔伯特·C. 菲特、吉姆·E. 里斯著：《美国经济史》，司徒淳等译，沈阳：辽宁人民出版社，1981年版，第652页、第790页。

（二）飞机及航空运输

1900 年 8 月 17 日，石油界人士的第一次世界论坛在巴黎召开，来自世界 20 个国家的 59 名代表出席了会议，大会代表代奇的报告《石油在航空学的运用》被称为即将到来的 20 世纪预言的序幕①。

在 1903 年飞机首次试飞成功后，1909 年接着首次飞越英吉利海峡，1912 年首次飞越地中海，而第一次世界大战的爆发则强力地推动了航空工业的发展。20 世纪 20 年代，空运业务仍处于起步阶段。1927 年民航事业因查尔斯·A. 林德伯格（Charles Augustus Lindbergh）上校从纽约直飞巴黎而引起了公众注意，但该年民航机实际上也只载运了 5782 名旅客②。也是在 1927 年，美国开辟了第一条从波士顿到纽约的商业运输航线；同年 7 月，泛美航空公司获得了第一份邮件运送合同；到 1930 年全美共有 122 家航空公司，航线总长度达 5 万英里③。1940 年，美国商用客机飞行了 9400 多万英里，载运了 300 万名以上的乘客，全国修建了 2600 个航空港和飞机场④。

“二战”结束后，美国航空业在世界上遥遥领先，其拥有的 15000 架远程飞机使它几乎完全垄断了洲际空中运输⑤。1965 年，英国政府的一份报告显示，美国对民用飞机的需求在价值上已占世界总产值的 80%，英国和法国分别占 8%和 5%；与此同时，美国市场吸收了世界民用飞机总产量的一半，位居第二的英国仅占有 8%，整个西欧国家对飞机产品的购买力之和

① ［俄］B. Ю. 阿列克佩罗夫著：《俄罗斯石油：过去、现在与未来》，石泽译审、何小平副译审，北京：人民出版社，2012 年版，第 132 页。

② ［美］吉尔伯特·C. 菲特、吉姆·E. 里斯著：《美国经济史》，司徒淳等译，沈阳：辽宁人民出版社，1981 年版，第 692 页。

③ 余志森主编：《美国通史》（第四卷），北京：人民出版社，2002 年版，第 465 页。

④ ［美］H. N. 沙伊贝、H. G. 瓦特、H. U. 福克纳等著：《近百年美国经济史》，彭松建等译，北京：中国社会科学出版社，1983 年版，第 339 页。

⑤ 刘绪贻主编：《美国通史》（第六卷），北京：人民出版社，2002 年版，第 12 页。

只有美国的1/4[①]。到20世纪60年代末，横渡大洋的客运几乎都靠飞机[②]。20世纪60~70年代，美国航空客运约占全部客运的9%，居客运方式第二位[③]。

需要强调的是，交通运输不只是经济增长的组成部门，更为重要的是它是推动经济增长的部门和现代生活的重要组成部分。英国和美国都有强大的两代以上的交通基础设施和运输手段，并能引领至少一次世界范围内的运输革命。这样的运输革命与它们引领的能源转型、工业革命和生产生活方式变革基本同步进行。强大的制造业和强大的运输手段是英美两国崛起的关键因素，它们使基于大宗商品的全球贸易和金融成为可能。

四、美国贸易与金融领导权的建立

（一）20世纪早期美国贸易与金融地位对英国的赶超

进入20世纪，在世界对外贸易总额排名中，美国仅居第二位。然而，在第一次世界大战爆发前的10年里，美国年年都有顺差，顺差额为4.5亿~5.0亿美元[④]。1914~1917年，顺差额从4.3亿美元猛增到35.6亿美元[⑤]。当战争总体上在削减世界贸易额时，却在推动着美国对外贸易的发展。1915~1920年，美国出口不断攀升，从27.69亿美元上升到82.28亿美元（见图4-1）。1920年，美国的出口比1860年增长了24倍，进口增长了16倍[⑥]。

---

① ［美］托马斯·K. 麦格劳著：《现代资本主义：三次工业革命中的成功者》，赵文书等译，南京：江苏人民出版社，1999年版，第138页。

② ［美］吉尔伯特·C. 菲特、吉姆·E. 里斯著：《美国经济史》，司徒淳等译，沈阳：辽宁人民出版社，1981年版，第791页。

③ ［美］吉尔伯特·C. 菲特、吉姆·E. 里斯著：《美国经济史》，司徒淳等译，沈阳：辽宁人民出版社，1981年版，第652页。

④ ［美］H. N. 沙伊贝、H. G. 瓦特、H. U. 福克纳等著：《近百年美国经济史》，彭松建等译，北京：中国社会科学出版社，1983年版，第294页。

⑤ 萧国亮、隋福民编著：《世界经济史》，北京：北京大学出版社，2007年版，第314页；高德步、王珏编著：《世界经济史》，北京：中国人民大学出版社，2001年版，第355页。

⑥ ［美］H. N. 沙伊贝、H. G. 瓦特、H. U. 福克纳等著：《近百年美国经济史》，彭松建等译，中国社会科学出版社，1983年版，第213页。

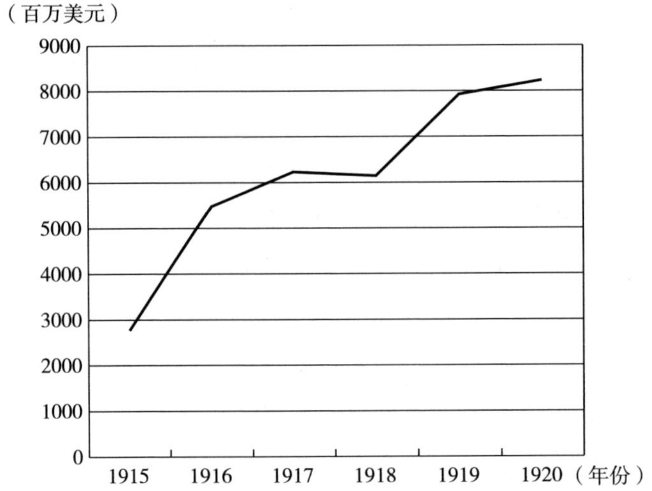

图 4-1　1915~1920 年美国产品出口总额

资料来源：Susan B. Carter，et al. *The Historical Statistics of the United States：Early Times to the Present*，Volume V，New York：Cambridge University Press，2006，p. 536.

在金融领域，第一次世界大战爆发后，英国和欧洲被削弱，美国被“喂饱”。就在英国国际金融地位减弱的同时，美国有两个“金融帝国”组建了起来，一是由摩根的第一国民银行、通用电气、美国橡胶企业联盟、美国钢铁公司、范德比特铁路公司和一些电气公司联合组建的；二是由洛克菲勒的花旗银行、标准石油、美国烟草公司、Ice 信托公司、古尔德铁路公司和一些电话企业所组建的[①]。除摩根和洛克菲勒两大财团外，20 世纪初美国还有库恩—罗比财团等六大财团[②]。它们与摩根、洛克菲勒两大财团一道构成了掌控美国经济命脉的八大财团。当第一次世界大战开始时，美国是债务国，一个发展中国家的正常状态；战争结束后，美国是持有世界

① ［法］米歇尔·波德著：《资本主义的历史：从 1500 年至 2010 年》，郑方磊等译，上海：上海辞书出版社，2011 年版，第 178 页。

② 另外几大财团为杜邦财团、芝加哥财团、克利夫兰财团、波士顿财团，参见余志森主编：《美国通史》（第四卷），北京：人民出版社，2002 年版，第 58-59 页。

大部分货币黄金储备的债权国[①]。世界金融中心也从伦敦变成了纽约，国际金融霸权开始从英国向美国转移。1929 年，美国把全世界黄金储备（90 亿美元）的一半以上（50 亿美元）掌握在手中，对外投资达 172 亿美元，稍逊于英国而居世界第二位，这一时期，美国在世界贸易中所占的份额由 11.1%上升到 14.0%，英国则由 15.1%减少到 13.2%，美国第一次夺得了资本主义世界贸易中的首位[②]。这是在开启和引领第二次国际能源转型下，继制造业超越英国后美国又在经济能力的另外重要领域实现对英国的超越。

（二）1929 年至第二次世界大战结束美国金融与贸易地位的波动

1929 年 10 月，世界经济危机从美国开始爆发。危机爆发后四年中美国倒闭的银行数超过 9000 家，占美国银行总数的 1/3[③]。次年 6 月，美国的《斯穆特—霍利关税法案》又引发了一场世界性的关税大战[④]，并对美国的对外贸易造成了冲击。同年，美国出口仅占 GNP 的 6%，进口仅占 4.9%[⑤]。纵然如此，美国仍然在接下来的两年里颁布了有关征收关税的法令，对一些产品征收 10%~100%不等的关税，使世界自由贸易形势进一步恶化起来[⑥]。

1933 年 4 月 20 日，美国脱离了金本位制，美元不断贬值。此时的美国仍然没有扛起领导重建国际金融、贸易秩序的责任，但形势越来越需要它这样做。1938 年，美国占世界工业总产量的比重由 1929 年的 48.5%下降到 32.2%，进口贸易占世界的比重由 12.2%降至 8.8%，出口的比重由

① ［美］加里·M. 沃尔顿、休·罗考夫著：《美国经济史》（第十版），王珏等译，北京：中国人民大学出版社，2013 年版，第 579 页。

② 樊亢等编著：《主要资本主义国家经济简史》，北京：人民出版社，1973 年版，第 160-161 页。

③ ［美］杰里米·阿塔克、彼得·帕塞尔著：《新美国经济史：从殖民地时期到 1940 年》，罗涛等译，北京：中国社会科学出版社，2000 年版，第 613 页。

④ 高德步、王珏编著：《世界经济史》，北京：中国人民大学出版社，2001 年版，第 342-343 页。

⑤ ［美］加里·M. 沃尔顿、休·罗考夫著：《美国经济史》（第十版），王珏等译，北京：中国人民大学出版社，2013 年版，第 633 页。

⑥ 高德步、王珏编著：《世界经济史》，北京：中国人民大学出版社，2001 年版，第 343 页。

15.6%降至13.4%[1]，美国的进出口贸易再次退回到了第一次世界大战前的地位。在这样的情况下，从某种意义上可以说，第二次世界大战再次成就了美国。为了应对经济危机和战争，美国采取了“罗斯福新政”，实施战时经济，加强了政府对经济的管控。“罗斯福新政”是从整顿银行业开始的，其措施包括禁止黄金兑换和出口，颁布对金融业、农业、工业等领域的相关法令，通过一系列金融改革，建立强有力的中央银行体系，把货币、信贷的管理权集中到联邦政府手里并对工人最低工资和最高工时进行立法，建立保险制度，对失业人员实施救济，发起相关工程项目等措施[2]。自“罗斯福新政”实施以来，如同在“一战”期间实施的能源配给制一样，美国再次对汽油、天然气、燃料油等能源实施定量配给[3]。“罗斯福新政”提振了国家生产，促进了电力及有关能源的广泛使用，电力需求的提升则促进了如大古力水坝（Grand Coulee Dam）等重大基建项目的建设[4]。而罗斯福推动建立的田纳西河流域管理局，很快就成为全国最大的电力生产者[5]。

1934年1月31日，美国再次承诺实行通过固定黄金价格每盎司为35美元的形式的金本位制（萧条之前的价格是每盎司20美元）[6]。同年，国务卿赫尔（Cordell Hull）通过国会提出了《互惠贸易协定法》并创办了进出口银行，该法案授权总统在根据最惠国原则同其他国家订立协定后可减少关税达60%。美国通过实行黄金与美元固定价格的“金本位制”和“双边贸易协定”这两项措施减缓了世界贸易的恶化，促进了美国贸易的扩张。

---

① 樊亢等编著：《主要资本主义国家经济简史》，北京：人民出版社，1973年版，第172页。

② 萧国亮、隋福民编著：《世界经济史》，北京：北京大学出版社，2007年版，第324页。

③ ［美］H. N. 沙伊贝、H. G. 瓦特、H. U. 福克纳等著：《近百年美国经济史》，彭松建等译，北京：中国社会科学出版社，1983年版，第302页、第471页。

④ Jonathan Hughes, *American Economic History* (3rd edition), Scott, Foresman and Company, 1990, pp. 509-511.

⑤ 1933~1978年，它的发电量从15亿千瓦时增长为1180亿千瓦时，增加了近79倍。参见张爽著：《美国崛起之政治经济学分析》，北京：时事出版社，2012年版，第419页。

⑥ ［美］加里·M. 沃尔顿、休·罗考夫著：《美国经济史》（第十版），王珏等译，北京：中国人民大学出版社，2013年版，第645页。

到 1939 年，美国的对外出口已经基本回升到 1929 年的水平①。从 1940 年开始，美国经济开始全面复兴。1945 年，美国拥有资本主义世界 60%的工业产量，对外贸易总额的近 1/3（32.5%），黄金储备量的 3/4，重新在资本主义世界的工业生产、对外贸易和资本输出上拔得头筹②。

（三）英美金融、贸易领导权的转移

从前述分析可见，第二次国际能源转型引领和第二次世界大战成为推动美国崛起的重要推手。如果说第二次国际能源转型引领和主导确立了美国经济能力的绝对优势，那么第二次世界大战则从客观上创造了英美国际政治经济权力和平转移的条件。1941 年，随着《英美互助条约》（Mutual Aid Agreement）的签订，美英两国约定在战后国际经济事务中进行合作。两国随后又在华盛顿和伦敦多次进行会谈，目的在于指定一套指导国际货币事务的规则和法典以便战后实施③。次年，两国又达成了一些协定和计划。因此，战后国际经济秩序是英美商讨下权力协调的产物。在商讨与协调中，英美实现了权力的和平转移。

1944 年，布雷顿森林体系得以建立，美元成为这一支付体系的关键支撑④。该体系进一步表现在以美国为中心的国际货币基金组织、国际复兴开发银行（世界银行）、关贸总协定（后来的世界贸易组织）等全球经济秩序和治理机制中。基于这一套国际经济制度连同旧金山会议界定的战后世界秩序的基本框架，美国此时终于承担起了“领导者”的责任，通过贷款、援助等方式，美国把美元撒向全球。国际货币基金组织成立初期便实行以美元为中心的固定汇率制，基于此，美元霸权地位开始确立。

总体来看，以美国为中心的世界经济治理机制的建立促进了“二战”

---

① 张爽著：《美国崛起之政治经济学分析》，北京：时事出版社，2012 年版，第 448-449 页。

② 樊亢等编著：《主要资本主义国家经济简史》，北京：人民出版社，1973 年版，第 177-178 页。

③ ［澳］A.G. 肯伍德、A.G. 洛赫德著：《国际经济的成长：1820～1990》，王春法译，北京：经济科学出版社，1997 年版，第 233 页。

④ ［法］米歇尔·波德著：《资本主义的历史：从 1500 年至 2010 年》，郑方磊等译，上海：上海辞书出版社，2011 年版，第 241 页。

后世界贸易的快速增长，世界经济很快出现了比“一战”前还要繁荣的景象①。在这一过程中，英国与美国实现了贸易和金融领导权的转移。“二战”后美国及有关大国贸易占世界比重如表 4-6 所示。

表 4-6　1880~1958 年世界各国贸易占比　　单位：%

年份	英国	法国	德国	美国	欧洲其他国家	世界其他国家
1880	23	11	10	10	27	19
1913	16	7	12	11	29	25
1928	14	6	9	14	22	35
1938	14	4	9	10	20	43
1948	12	5	2	16	22	43
1958	9	5	8	14	26	38

注：1948 年、1958 年德国数据为民主德国数据。

资料来源：[法] 米歇尔·波德著：《资本主义的历史：从 1500 年至 2010 年》，郑方磊等译，上海：上海辞书出版社，2011 年版，第 163 页。

由于经济崛起在整个霸权崛起中处于基础性和关键性的地位，本章主要分析的是英美通过能源转型引领获取经济实力优势以及国际经济权力，即经济霸权这一面。从英国和美国崛起的历史过程来看，它们都是通过能源转型与市场的相互结合形成了新的能源主导型工业和经济，在此基础上两国经济快速发展和全面崛起，并获取经济霸权的结构性权力和权威。这一崛起路径可表述为：独特的能源转型启动条件—能源转型引领—经济实力崛起—军事力量崛起—超强国家实力优势—对外政策调整—霸权崛起，这意味着英美依次经历了能源霸主—制造业霸主—军事霸主—金融与贸易霸主—国际政治体系霸主等几个重要身份的转换。需要强调的是，如果说煤炭时代的英国对欧洲大陆及其有关殖民地充当了“离岸平衡手”，作为世界“煤炭充足供应”平衡者的话，那么美国在石油时代的特定历史时

① 波音著：《航海、财富与帝国：从经济学角度看世界历史》，北京：群言出版社，2017 年版，第 235 页。

期，也充当了世界“石油充足供应”的平衡者。与英国稍显不同的是，在美国霸权崛起的过程中，美国通过石油这种主导能源及向石油转型的引领，它不仅获取了石油经济权力影响力和结构性权力，而且两次世界大战的爆发使它对这种权力要素的掌握更趋稳固和突出。“二战”后随着霸权国身份的转换，美国开始进行海外能源扩张，国际社会也开始进入霸权后的时代。然而，从能源供应角度来说，英国和美国在向霸权崛起进程至霸权获取后一段时间内在一定程度上都分别主要提供了当时两个世界能源体系所需的“主导能源”。能源的供给安全在一定程度上开始成为一项“国际公共产品”，而霸权国获取国际权力的一个重要手段就是提供国际公共产品[①]。霸权国不仅通过提供这样的“公共产品”，保障了国际能源转型的进行，而且还可以对这种“公共产品”或“大宗经济商品”进行诸如石油禁运之类的限制或制裁，以此对有关霸权挑战国进行惩罚和遏制。

① 卢凌宇、鲍家政：《从制造者到索取者：霸权衰落的逻辑》，载《世界经济与政治》，2019年第9期，第76页。

第五章　能源转型中“能源依赖困境”的历史经验回顾与分析

两次国际能源转型中，除能源转型引领国和主导国外，其他大国都只是能源转型的跟随国。这些大国在能源转型跟随进程中也基本通过与能源转型引领国相同的路径逻辑实现了国家的“次优”崛起，从而成为具有影响力的区域强国或世界性大国。其中一些国家还企图争夺世界霸权，但它们争夺世界霸权的挑战均以失败告终。为什么这些国家虽然通过能源转型也可实现一定的崛起，然而只能崛起到从属于霸权的状态？从能源转型视角来看，这些能源转型跟随国在崛起的过程中，大部分遭遇了“能源依赖困境”。其中有的遭遇的是“能源供应依赖困境”，有的遭遇的是“能源需求依赖困境”，有的两种困境都遭遇了，实现霸权转移的国家则未遭遇任何一种困境。“能源依赖困境”成为限制能源转型跟随国向世界霸权崛起的重要因素。

第一节　遭受能源供应依赖困境的国家

两次国际能源转型期间，只遭受能源供应依赖困境的国家主要有法国、日本和意大利。这样的国家是既缺煤又缺油的国家即资源禀赋不好的国家。

有的困境是处于理论上的潜在状态，有的是处于霍布斯文化状态下的激化状态。

一、法国

法国曾是欧洲大陆霸主。即使英国在走向崛起后，仍然还有学者认为法国是17世纪和18世纪的世界第一工业强国①。然而，法国历史学家布罗代尔（Fernand Braudel）认为，法国虽然一直在争夺世界经济霸权，但从未得到过②。事实上，历史上的法国能源资源禀赋不好，不具备能源转型引领的条件，能源转型只能处于“跟随”状态，法国能源转型中的能源供应依赖困境主要表现为煤炭与石油资源的高度进口依赖，在一定程度上还表现为与德国对能源基地阿尔萨斯和洛林的反复争夺上。

（一）法国与英国之间的能源依赖困境

在维也纳体系前，法国曾试图与英国争夺霸权。1701~1714年的西班牙王位继承战争被视为英法争霸的公开角逐，而1756~1763年的7年战争为英法争雄决定性一战。7年战争后，英国开始向世界霸权崛起，而法国落了下风。即使如此，在1795~1815年拿破仑专政时期，法国再次试图与英国争霸。在此期间，英法的斗争以英国组织7次反法同盟和拿破仑对英国实行“大陆封锁政策”为标志。拿破仑战争失败后，由英国、俄国、普鲁士和奥地利组成的反法的“四国同盟”成立，其反法取得的主要外交成果是恢复大国优先并具有均势思想的国家体系。1818年召开的亚琛会议又重建了“五国统治”，法国再次回到大国体系中。但之后的历史表明，法国再也不具备争夺世界霸权的能力了。

从能源转型的角度来看，在英法争霸的过程中，当能源转型推进的经

① Timohir J. Markovitch, *Histoire des industries francaises, I: Les industries lainières de Colbertàla Révolution*, Travaux de Droit, d' Economie, de Sociologie et de Sciences Politiques, No. 104. Genève: Lib. Droz, 1976, p. 475. 转引自［美］伊曼纽尔·沃勒斯坦著：《现代世界体系》（第三卷），郭方等译，北京：社会科学文献出版社，2013年版，第18页。

② ［美］金德尔伯格著：《世界经济霸权：1500~1990》，高祖贵译，北京：商务印书馆，2003年版，第77页。

济崛起和工业化进程在英国不断实现时，法国仍处于封建农业时代。这样的状况一直持续到1789年法国大革命的爆发。法国大革命的核心地位是法英争夺世界经济霸权的结果，是由于法国意识到在这一斗争中面临的失败从而觉醒的结果[①]。大革命后的法国封建土地制度虽然被推翻，但小农经济却依旧广泛地长久存在。这就阻碍了农村劳动力的转移、大机器生产的发展和国内市场的发展，而工业发展迟缓又反过来强化了小农经济的存在，使法国难以有与英国一样的经济发展势头和争夺霸权的经济实力。

法国的煤矿少、煤层深、开采成本高。1789年以前，法国的煤炭年产量约为70万吨，而同期英国约为1000万吨[②]。法国在能源转型进程中面临着煤炭供应不足的“能源依赖困境”，然而拿破仑发动争霸欧洲的战争却使这一困境激化了，并使得法国的崛起进程远远落后于英国甚至是德国等国家。直到19世纪40年代末，法国才进入工业革命时期，纺织工业在出口贸易中居第一位，成为英国的主要竞争对手；冶金和采矿业也迅速增长，生铁产量由1818年的11万吨增加到1848年的400万吨，煤产量由1815年的88万吨增加到1848年的400万吨，但法国的煤不能自给，每年有1/3的消费量需要从国外输入[③]。

法国主要从英国、比利时和德国进口煤炭。1800~1835年，比利时的波瑞雷基省是法国煤炭的主要供应地，法国煤炭消费量的75%来自比利时的佛兰德尔地区[④]。法国对进口煤炭一直坚持征收复式关税。在靠近钢铁业的港口，关税比其他地方都高[⑤]。一开始，法国对英国煤炭征收的关税比对比利时征收的重[⑥]，在歧视性的关税被取消后，对英国煤炭的进口是

---

① ［美］伊曼纽尔·沃勒斯坦著：《现代世界体系》（第三卷），郭方等译，北京：社会科学文献出版社，2013年版，第92页。

② 萧国亮、隋福民编著：《世界经济史》，北京：北京大学出版社，2007年版，第234页、第186页。

③ 樊亢等编著：《主要资本主义国家经济简史》，北京：人民出版社，1973年版，第197页。

④ 李世安著：《欧美资本主义发展史》，北京：中国人民大学出版社，2004年版，第185页。

⑤ ［美］金德尔伯格著：《世界经济霸权：1500~1990》，高祖贵译，北京：商务印书馆，2003年版，第185页。

⑥ ［英］克拉潘著：《现代英国经济史：自由贸易和钢1850-1886年》（中卷），姚曾廙译，北京：商务印书馆，2011年版，第15页。

从 1834 年真正开始的。煤炭资源的缺乏，以及进口煤炭较高的价格，使法国冶金业发展受到局限，法国长期使用木材作为冶金业的燃料，又使法国冶金业相对落后[①]。在这样的情况下，曾比英国领先的法国冶铁业也很快被英国超过[②]。

到 1850 年，法国只生产了 500 万吨煤炭，而此时的德国已经达 670 万吨，英国则达 4900 万吨[③]。随着工业化进程的推进，法国煤炭进口的比例越来越高，特别是进口英国煤炭的比例越来越高。1841～1845 年，法国进口英国煤炭 47.6 万吨，1861～1865 年达 139.2 万吨，1876～1880 年进一步跃升为 300 万吨；英国煤炭占法国进口煤炭总量的比例在 1841～1845 年为 25%，1861～1865 年为 21%，1876～1880 年为 35%；1834～1864 年，法国“工业需要的原料”进口百分比达到最高水平，为 67.5%～71.6%[④]。从进口量占消费量的比例来看，1820 年为 20%，1829～1833 年的平均比例为 24%，1839～1843 年为 35%，1849～1868 年为 40%，1894～1898 年为 29%，1909～1913 年为 37%[⑤]。用今天的观点来看，法国当时是一个高度依赖煤炭能源进口的国家，能源安全问题凸显，而能源进口的主要依赖方又是国际体系的霸主和制约自己争霸的一个“重要对手”。

在整个 19 世纪法国工业发展“关键时期”，法国工业发展的困境就是能源转型所面对的“能源供应依赖困境”。法国工业化所需能源主要依靠进口煤炭，煤炭的进口是“塞纳河下游和卢瓦尔河下游地区工业发展的‘必要条件’”，在所有生产部门中，法国技术的主要目标之一就是找出节

① 李世安著：《欧美资本主义发展史》，北京：中国人民大学出版社，2004 年版，第 123－124 页。

② 1780 年时英国的铁产量只达法国的 1/3，到 1840 年则超越了法国，为法国产量的 3 倍以上。参见萧国亮、隋福民编著：《世界经济史》，北京：北京大学出版社，2007 年版，第 186 页。

③ ［英］波斯坦等主编：《剑桥欧洲经济史》（第七卷），王春法等译，北京：经济科学出版社，2004 年版，第 433 页。

④ ［法］弗朗索瓦·卡龙著：《现代法国经济史》，吴良健等译，北京：商务印书馆，1991 年版，第 88 页。

⑤ ［法］弗朗索瓦·卡龙著：《现代法国经济史》，吴良健等译，北京：商务印书馆，1991 年版，第 141 页。

约燃料的门路[①]。这一时期，法国煤炭能源需求的特征是“双依赖”结构，消费依赖进口，进口依赖英国。然而由于这一困境的限制及它与英国争霸的失败和后期与德国关系的恶化，使它与英国的关系得以不断从霍布斯文化到洛克文化再到康德文化转型。它与英国之间基于煤炭供应的能源依赖困境在后期也就未激化出来。

除此之外，英法也存在潜在的基于石油资源争夺的能源依赖困境。“一战”期间，从出租汽车队在战争初期拯救了巴黎开始，全部的战时经验使法国人像英国人一样相信石油是有关重大战略的问题[②]。1924 年，法国石油公司创建，它掌握着伊拉克石油公司中 23.75%的法国股权，到 1936 年法国的 40%的石油供应来自伊拉克[③]。而对伊拉克等中东地区的石油开发则来自 1920 年的“圣利莫协定”。它是英法为瓜分美索不达米亚石油达成的谅解。法国从美索不达米亚得到 25%的石油，而美索不达米亚则成为国联委托下的英国托管地[④]。因此，在第二次国际能源转型初期，英法之间在一定程度上存在着争夺中东石油资源的能源依赖困境，只不过这一困境如英法间的煤炭供应困境一样，处于潜在状态而没被进一步激化出来。“二战”前法国依赖进口煤（30%）、铜（100%）、石油（99%）、橡胶（100%）和其他重要原材料，其中大部分原料来自大英帝国，并且靠英国商船队运输[⑤]。这使法国严重依赖能源进口发展的原型又被还原出来。第二次世界大战爆发后，法国很快被德国占领，直至同盟国战胜德国。

---

① ［法］弗朗索瓦·卡龙著：《现代法国经济史》，吴良健等译，北京：商务印书馆，1991 年版，第 141 页。

② 在第一次世界大战玛恩河战役中，法军统帅部第一次将汽车运输用于调动兵力，调用了 1200 辆出租汽车。这拯救了巴黎，扭转了 1914 年反击德国的形势，粉碎了德国在三四个月内结束战争并吞并法国的计划。参见［苏］И. И. 罗斯图诺夫主编：《第一次世界大战史：1914-1918》（上册），钟石译，上海：上海译文出版社，1982 年版，第 324-325 页；萨那等编：《第一次世界大战史》，北京：人民出版社，1979 年版，第 37 页。

③ ［法］弗朗索瓦·卡龙著：《现代法国经济史》，吴良健等译，北京：商务印书馆，1991 年版，第 196 页。

④ ［美］丹尼尔·耶金著：《石油风云》，上海市政协翻译组译，上海：上海译文出版社，1992 年版，第 222 页、第 229 页。

⑤ ［美］保罗·肯尼迪著：《大国的兴衰》，陈景彪等译，北京：国际文化出版公司，2006 年版，第 307 页。

（二）法国与德国之间的能源依赖困境

与法英之间主要存在着未激化的能源依赖困境所不同的是，历史上法国与德国的能源依赖困境因对特定煤炭来源——煤炭能源基地阿尔萨斯和洛林的争夺而不断被激化。

历史上，阿尔萨斯和洛林本属于法国领土。为了争霸欧洲，法国于1870年挑起普法战争，但法国惨败。普奥战争和普法战争后，德国获得法国巨额赔款并从法国手中夺取了煤矿资源丰富的阿尔萨斯和洛林。这为德国工业化的加速发展创造了良好的条件，也空前提高了德国在欧洲的地位，但也使法国在“复仇意愿”的驱使下主导了1871～1914年的对德政策①。这使法国与德国存在就能源基地进行反复争夺的能源依赖困境。

1913年，法国的煤产量增长到了4000万吨，但德国和英国则分别增长到了1.9亿吨和2.9亿吨②。1913年法国的国民生产总值相当于德国的55%，制造业占世界比重只有同期德国的40%左右，1914年其国民收入只为德国的一半（分别为60亿美元与120亿美元）；到第一次世界大战前夕，它的工业总潜力只相当于德国的40%左右，钢产量则刚超过德国的17%，煤产量几乎不足德国的14%③。第一次世界大战爆发后，法国被德军占领的地区都是工矿中心，它们的产品在法国工业总生产中占有很大的比重，如铜占94%、生铁占81%、钢占63%、煤占74%、毛织品占81%、砂糖占76%，这些损失使得法国工业元气大伤④。第一次世界大战后，法国是战胜国，德国是战败国。德国被迫签订《凡尔赛和约》，它夺取了德国1/8多的领土、650万的人口、1/4的煤产量、3/4的矿产和将近一半的钢铁生产

① 徐弃郁著：《脆弱的崛起：大战略与德意志帝国的命运》，北京：新华出版社，2011年版，第12页。

② ［英］波斯坦等主编：《剑桥欧洲经济史》（第七卷），王春法等译，北京：经济科学出版社，2004年版，第433页。

③ ［美］保罗·肯尼迪著：《大国的兴衰》，陈景彪等译，北京：国际文化出版公司，2006年版，第216页。

④ 樊亢等编著：《主要资本主义国家经济简史》，北京：人民出版社，1973年版，第216页。

能力[①]。其中最关键的是法国又重新夺回产煤区阿尔萨斯和洛林并取得了对萨尔煤矿区的代管权。同时，法国从德国手里夺取了对多哥、喀麦隆、叙利亚、黎巴嫩等殖民地的统治权，增加了对外掠夺的来源[②]。第二次世界大战爆发后不久，法国就被德国迅速占领，经济几乎处于瘫痪和瓦解状态。战争时期国家一半的支出都付给了德国[③]。

（三）法国与美国、苏联等国之间的能源依赖困境

法国缺乏煤炭资源，作为战争重要战略物资的石油短缺更是法国面临的棘手问题。根据有关统计，法国的原油产量直至第二次世界大战爆发被德国占领后都只徘徊在“万吨级”水平上（见表 5-1）。因石油产量不足而只能高度依赖进口。法国的石油进口主要来自美国、俄国（苏联）及中东地区等地。第二次国际能源转型期间法国也碰到了如第一次国际能源转型期间所遭遇的能源供应依赖困境。法国在两次国际能源转型中所表现出来的能源资源的“双缺乏”与能源进口的“双依赖”成为其早期经济发展和国家安全中的能源之踵。然而法国与这些大国的石油依赖困境也并未激化出来。

表 5-1　1921~1940 年法国原油产量　　单位：千吨

年份	产量	年份	产量
1921	56	1931	74
1922	70	1932	75
1923	70	1933	79
1924	74	1934	78
1925	65	1935	76
1926	67	1936	70

① ［德］迪特尔·拉甫著：《德意志史：从古老帝国到第二共和国》，波恩 Inter Nationes 出版社，1987 年版，第 247 页。

② 樊亢等编著：《主要资本主义国家经济简史》，北京：人民出版社，1973 年版，第 219 页。

③ ［法］弗朗索瓦·卡龙著：《现代法国经济史》，吴良健等译，北京：商务印书馆，1991 年版，第 237 页。

续表

年份	产量	年份	产量
1927	73	1937	70
1928	74	1938	72
1929	75	1939	70
1930	76	1940	—

资料来源：中国社会科学院世界经济与政治研究所综合统计研究室编：《苏联和主要资本主义国家经济历史统计集》，北京：人民出版社，1989年版，第714页。

两次世界大战的经历让法国清楚地知道能源对于大国地位的重要性。第二次世界大战结束几个月之内，戴高乐下令要以最大的干劲在法国开发石油。其目标是使世界各地的法国石油生产量至少要相当于法国自己的消耗量，从而有助于国际收支和增强国家安全①。在这样的情况下，法国在中东的伊拉克、西非的加蓬、北非的摩洛哥和阿尔及利亚等“势力范围”都主导开发了石油②。这样的能源资源扩张行为恰好就是法国能源依赖困境的体现。

20世纪60年代，法国如同其他西方大国一样也实现了向石油的能源转型。1950~1960年煤在法国整个能源消耗中的比例从74%下降至54%，1959年法国开始执行“让纳内计划”，通过逐步减产和关闭亏损太大的煤矿使法国煤炭具有“竞争性”，1959~1973年法国煤产量总共减少了57%。与此同时，法国的炼油能力也从1950年的1150万吨提高至1973年的1.5亿吨，石油消费占比也从18%提升至67%，可是法国能源进口依赖的状况仍未改变，1963年法国基本能源的进口占比为49.6%，1970年为66.5%，1973年为76.3%③。除中东和非洲地区外，法国的石油和天然气进口还

① ［美］丹尼尔·耶金著：《石油风云》，上海市政协翻译组译，上海：上海译文出版社，1992年版，第652页。

② ［美］丹尼尔·耶金著：《石油风云》，上海市政协翻译组译，上海：上海译文出版社，1992年版，第653页。

③ ［法］弗朗索瓦·卡龙著：《现代法国经济史》，吴良健、方廷钰译，北京：商务印书馆，1991年版，第197-199页。

主要来自美国、苏联等大国。特别是在冷战期间，尽管分属不同阵营，法国依然离不开苏联的石油和天然气供应。而石油危机的爆发使法国最终走上了向水能和核能等清洁能源转型的道路。1975 年，水电和核电一共占了法国能源消费结构的 10.7%（见表 5-2）。然而法国以石油为主和高比例依赖石油进口状况的地位仍未获得实质性的改变。以石油为代表的战略物资高度依赖进口，使法国在发展经济中和国家安全中依然面临着能源保障的"不确定性"。由于受能源依赖困境因素的限制，两次国际能源转型周期内，法国的崛起状态只可能达到从属能源主导国即霸权国的"次优状态"。

表 5-2　1950~1975 年法国各种能源消耗的百分比　　单位：%

<table>
<tr><th>年份
能源种类</th><th>1950</th><th>1960</th><th>1968</th><th>1972</th><th>1975</th></tr>
<tr><td>固体燃料</td><td>74.0</td><td>54.0</td><td>32.0</td><td>19.1</td><td>16.6</td></tr>
<tr><td>石油产品</td><td>18.0</td><td>30.0</td><td>51.0</td><td>65.0</td><td>62.1</td></tr>
<tr><td>基本气体燃料</td><td>0.5</td><td>3.5</td><td>6.0</td><td>8.3</td><td>10.6</td></tr>
<tr><td>水电</td><td>7.5</td><td>12.5</td><td>10.5</td><td>6.6</td><td rowspan="2">10.7</td></tr>
<tr><td>核电</td><td>—</td><td>—</td><td>0.5</td><td>1.9</td></tr>
</table>

资料来源：[法] 弗朗索瓦·卡龙著：《现代法国经济史》，吴良健等译，商务印书馆，1991 年版，第 199 页。

二、日本

在近代以来崛起的国家中，日本也是典型的能源禀赋不好的国家，既缺煤又缺油。这为其之后的对外扩张埋下了一粒种子。根据西方有关学者的横向压力理论（The Theory of Lateral Pressure），当国内资源不能满足国家经济增长对资源的需求时，国家崛起的"横向压力"便会产生，进而导致崛起国产生扩张倾向[①]。这一理论符合历史上日本崛起的情况。两次国际能源转型期间，对于煤炭资源，日本主要是通过对外扩张特别是对华侵略获取；对于石油资源，日本既依赖进口又通过推动扩张予以保障。

（一）日本与其他西方大国在东亚存在能源资源基地争夺的能源依赖困境

正如前文所述，日本跟随第一次国际能源转型而崛起。在这个过程中，日本的煤产量也从1896年的506万吨上升到1905年的1164万吨进而上升到1911年的1568万吨[②]。这个产量远远落后于英、美等国。资源不足使其争霸野心日盛，日本走上了对外扩张的道路。1895年的中日甲午战争和1900年参与八国联军侵华后，日本分别获取约3.3亿两白银（相当于日本当时8年的财政收入及当时年国民收入的3~4倍）和3479.31万两白银的赔款[③]。得益于此，日本近代工业的主要部门在甲午战争后10年内建立了起来，工业革命也进入了新的阶段，出口贸易也通过对朝鲜市场的霸占及中国市场的扩张在1895~1905年扩大了1.5倍[④]。然而日本对外扩张的行为，实际上与俄国、德国、英国等西方大国产生了对东亚尤其是中国势力范围内有关资源基地争夺的能源依赖困境。其中，日俄战争爆发，日本战胜；德国和英国忙于欧洲战场，无暇东顾。

日俄战争胜利后，日本侵占了朝鲜和中国东北，朝鲜的铁、煤、云母、钨、锌等主要矿源的90%以上被控制在日本人手里；在中国东北，日本通过南满铁道股份公司（南满洲铁道株式会社）垄断了交通、煤炭、电气、航运、仓库以及铁路的全部附属企业，后来发展成为无所不包的“满铁王

① Nazli Choucri and Robert C. North, “Lateral Pressure in International Relations: Concept and Theory”, in Manus I. Mindlarsky ed., *Handbook of War Studies*, Boston: Unwin Hyman, 1989, pp. 289-326.

② 萧国亮、隋福民编著：《世界经济史》，北京：北京大学出版社，2007年版，第297页；朱明编著：《日本经济的盛衰》，合肥：中国科学技术大学出版社，2004年版，第12页。

③ 萧国亮、隋福民编著：《世界经济史》，北京：北京大学出版社，2007年版，第297页。

④ 汤重南：《浅谈近代日本的国体——军事封建帝国主义》，载《日本研究》，1999年第4期，第63页。

国”[①]。满铁对铁路两侧各15公里范围内的煤矿拥有“勘察与采掘权”，对于15公里范围以外的煤矿，也有“优先采掘权”[②]。1905年，日本凭借强权占领中国东北辽宁地区估计藏量达10亿吨的抚顺煤矿，并以中日合办的名义控制了博东公司、本溪湖煤铁公司等。抚顺出产的优质煤矿被大量运至日本及其统治下的其他亚太地区。本溪湖煤矿位于辽宁省内，储量丰富（据1909年时的估计，约达1.6亿吨），煤质优良，可以炼焦，1913年时产量达27万吨[③]。从当年该煤矿售出的22万吨去向看，满铁占52%，八幡制铁所、海军德山炼炭所及日本国内各地占31%[④]。位于辽宁西部的阜新煤矿于1914年也由日本迫使清政府“出让该矿开采权”[⑤]。第一次世界大战爆发后，日本正是靠着对外军事侵略不断推动其工业化进程。日本借对德宣战之机，进一步对华侵略。中国山东省境内胶济铁路沿线原被德国强占的煤矿，也多以中日“合办”的名义，被日本控制[⑥]。1904~1917年，日本掠夺中国的煤矿有烟台（辽宁辽阳）、本溪湖、抚顺、宽城子、瓦房店、牛心台、新丘大兴（辽宁阜新）、鲁大（山东潍县、淄川）等多处[⑦]。正是由于中国的多处煤矿被直接或间接控制在日本资本手中，以致中国工业所需煤炭反倒有相当部分要从日本输入。例如，1918年上海用煤97万吨，其中由日本输入的竟达48万吨[⑧]。煤矿权利的丧失不仅影响中国民营煤矿的发展，更阻碍了整个民族工业的发展。日本不仅控制中国的煤矿，对其他矿业也千方百计进行蚕食和吞并。如1915年初，日本资本染指的中国铁矿，已遍及7省，达27处[⑨]。

由于第一次世界大战对西方大国的牵制和重创，而日本由于远离欧洲战场从而在很大程度上避免了与有关大国基于煤炭依赖困境的激化。甚至可以说，第一次世界大战还助推了日本的崛起，从中国以及亚洲其他国家

① 樊亢等编著：《主要资本主义国家经济简史》，北京：人民出版社，1973年版，第315页。
② 周启乾著：《日本近代经济简史》，北京：昆仑出版社，2006年版，第271页。
③ 周启乾著：《日本近代经济简史》，北京：昆仑出版社，2006年版，第261-263页。
④⑤⑥⑦ 周启乾著：《日本近代经济简史》，北京：昆仑出版社，2006年版，第263页。
⑧ 周启乾著：《日本近代经济简史》，北京：昆仑出版社，2006年版，第263-264页。
⑨ 周启乾著：《日本近代经济简史》，北京：昆仑出版社，2006年版，第264-265页。

和地区大量掠夺包括煤炭资源在内的资源则保障了其崛起。作为高度依赖产品出口和依赖外来资源的国家，自19世纪20年代以来，深受几次经济危机的影响后，日本开始走上军国主义扩张的道路，企图实行征服中国和世界的狂妄计划。从1931年开始，日本直接军事经费占国家预算支出的比重急剧上升，即由1931年的31.2%扩大到1937年的69.0%；1941年和1944年又分别达75.7%和85.5%[①]。这一行为直接推动了在第二次国际能源转型期间，它与能源转型引领国美国基于石油供应保障的能源依赖困境的爆发。

（二）日本与其他大国主要是美国存在石油供应保障的能源依赖困境

日本的石油资源几乎为零。其石油需求要么通过直接对外扩张掠夺获得，要么通过正常贸易采购。

1. 日本的石油自产与对外掠夺

日本的石油需求首先是通过自产和对外掠夺获得。1891年，日本在本国领土探出了第一口生产井，但产量微乎其微。1905年，被日军夺占的辽宁抚顺煤矿中就有丰富的油母页岩，藏油量达54亿吨，经加工炼制后，可做工业原料及海军燃料[②]。20世纪20年代，日本人未经苏联政府许可开采了萨哈林的奥哈油田，1924年的开采数量为1.21万吨。随后，日本同意从北萨哈林撤出军队，但要求给予其开采萨哈林石油的租让合同。1926年日本“北萨哈林石油股份公司”在北萨哈林开采了3万吨石油，1927年为7万吨，1928年为13.3万吨，1929年为15万吨[③]。日本与苏联争夺石油资源反映出了两国存在争夺石油资源的能源依赖困境，然而由于苏联此时刚成立不久，国力尚弱，同时日本在面对北方俄国时是既怕又恨，“南进战略”成了日本对外扩张的开始[④]。这些因素使得日俄（苏）之间的能源依

---

① 朱明编著：《日本经济的盛衰》，合肥：中国科学技术大学出版社，2004年版，第26页。

② 周启乾著：《日本近代经济简史》，北京：昆仑出版社，2006年版，第262页。

③ ［俄］В. Ю. 阿列克佩罗夫著：《俄罗斯石油：过去、现在与未来》，石泽译审、何小平副译审，北京：人民出版社，2012年版，第234页。

④ 对于“南进战略”的优先，日本早在明治初期即1868~1876年就提出了。参见王启生：《关于日本南进与北进扩张战略的几个问题》，载《厦门大学学报（哲学社会科学版）》，1983年第2期，第119-124页。

赖困境并未进一步激化。

20世纪30年代初，日本在侵占中国东北三省后不久，其政府即谋求对石油工业确立控制权，为其自身的需要服务。1933年自退出国联以来，日本国内钻探606口油井，其中生产井387口，总日产量12300桶，平均单井日产量只有32桶①。在“二战”前，日本已开始向石油进行转型，石油在日本的能源消费结构中占7%左右，但大部分石油用于军事和航运。1937年开始对华全面战争后，日本立即加紧，使其经济立足于全面战争。一方面迅速缓和与外国石油公司之间的关系；另一方面，国会通过了“合成石油工业法”，订立了一项为期七年的计划，目标是到1943年从煤块中提炼出“合成液体燃料”，其产量要相当于日本在1937年全年石油消耗总量的一半②。但实际情况是，该年日本生产的合成燃料产量总计为100万桶，仅为原定当年计划生产1400万桶的8%，而且那些燃料从未达到石油总需求量的5%以上③。

另外，日本还力图占领东南亚地区的产油区来保障能源供应。1940年，日本从东印度（南方战区）获取的石油为6510万桶，1942年为2590万桶，1943年为4960万桶④。但是随着日本全面发动侵华和东南亚、太平洋地区战争的进行，不仅中国军民的全面抗战深深地拖住和消耗了日本，而且由于打破了列强利益格局，日本与其他大国的矛盾也显著加剧，特别是全面侵华打破了美国对华“门户开放、利益均沾”的原则，激化了日美矛盾，使日本不可避免地走上了与美国战略对撞的道路。

2. 日本与美国石油依赖困境的激化

日本石油进口高度依赖美国。1932年以后日本从美国进口了65%的石

① 江红著：《为石油而战——美国石油霸权的历史透视》，北京：东方出版社，2002年版，第139页。

② ［美］丹尼尔·耶金著：《石油风云》，上海市政协翻译组译，上海：上海译文出版社，1992年版，第371页。

③ ［美］丹尼尔·耶金著：《石油风云》，上海市政协翻译组译，上海：上海译文出版社，1992年版，第432页。

④ ［美］丹尼尔·耶金著：《石油风云》，上海市政协翻译组译，上海：上海译文出版社，1992年版，第429页。

油与石油产品[①]，到 1935 年时，其原油的 80%来自美国[②]。到 20 世纪 30 年代末即第二次世界大战爆发时，石油进口依赖的这一状况仍未改变，80%来自美国，10%来自荷属东印度[③]。日本的石油进口依赖情况（1931~1940 年）如表 5-3 所示。这样的石油高度进口依赖形成了“能源供应依赖困境”，而日本对外发动战争离不开石油这样重要的战略物资的保障。

表 5-3　1931~1940 年日本石油进口依赖情况　　单位：百万桶

年份	原油	精炼油	总计	来自美国的进口占比
1931	6.4	13.3	19.7	约占 65%（1932 年）
1935	12.8	20.6	33.5	约占 80%
1937	20.2	16.6	36.9	约占 80%
1939	18.8	11.8	30.6	约占 85%
1940	22.0	15.1	37.1	约占 60%

注：从每年 4 月 1 日开始的财政年度起算；1931 年进口的百分比为 1932 年数据。

资料来源：［美］赫伯特·菲斯著：《通向珍珠港之路——美日战争的来临》，周颖如、李家善译，北京：商务印书馆，1983 年版，第 284 页；周启乾著：《日本近代经济简史》，北京：昆仑出版社，2006 年版，第 314 页。

1938 年 6 月，美国实施了对日航空物资出口的“道义禁运”。次年两国商务条约废除[④]。1941 年，日本国内、殖民地和占领区生产的煤炭只能满足其消费量的 88.3%，石油只能满足 18.4%，其他战略物资如铁矿石只

① 樊亢等编著：《主要资本主义国家经济简史》，北京：人民出版社，1973 年版，第 333 页。

② 周启乾著：《日本近代经济简史》，北京：昆仑出版社，2006 年版，第 314 页。

③［美］丹尼尔·耶金著：《石油风云》，上海市政协翻译组译，上海：上海译文出版社，1992 年版，第 369 页。

④［美］保罗·肯尼迪著：《大国的兴衰》，陈景彪等译，北京：国际文化出版公司，2006 年版，第 297 页。

能满足42.4%，铜为43%，铝为15%，锌为18.4%[①]。1941年8月1日，美国正式宣布对日本实行石油禁运并于9月与英国一道停止了与日本的所有贸易[②]。美国对日本实施石油禁运的力度是逐渐加大的（见表5-4）。日本在难以获得美国石油的情况下只有进一步实施“南扩”计划，以便从荷属东印度群岛获取石油；但进一步实施“南扩”计划，日本将不得不准备应对与美国的战争，而准备一场这样的战争，日本就更加需要苏门答腊的石油[③]。于是，近代以来历史上大国崛起所激化的能源供应依赖困境的经典案例之一便展现在世人面前。最终，日本的能源依赖困境促使其铤而走险发动太平洋战争[④]。

表5-4　1939~1941年美国对日本的石油出口量　单位：百万桶

年份	原油	汽油	瓦斯和燃料油	残渣燃料油	润滑油
1939（最后五个月）	6.7	0.5	2.8	1.3	0.3
1940	5.2	2.7	2.0	0.8	0.6
1941	0.1	0.1	0.2	0.0	0.0

资料来源：［美］赫伯特·菲斯著：《通向珍珠港之路——美日战争的来临》，周颖如、李家善译，北京：商务印书馆，1983年版，第285页。

1941年12月7日，日本袭击珍珠港，太平洋战争爆发。根据丹尼尔·耶金的描述，石油是日本决定开战的主要因素。但在开始策划夏威夷战役时，日本却犯了一个战略错误：忘记把美军瓦胡岛等供油设施列入攻击计划，只想着大战的主要目标是夺取东印度油田和保护从苏门答腊、婆罗洲

① 樊亢等编著：《主要资本主义国家经济简史》，北京：人民出版社，1973年版，第338页。

② 张秋生、李先进：《再论太平洋战争初期东南亚迅速沦陷的原因》，载《东南亚纵横》，2009年第6期，第73页。

③ 孔华润（沃伦·I. 科恩）主编：《剑桥美国对外关系史》（下），王琛等译，北京：新华出版社2004年版，第171页。

④ 周启乾著：《日本近代经济简史》，北京：昆仑出版社，2006年版，第327页。

到其本土的油轮航线[①]。另外，在太平洋战争中，日本一个明显的弱点是其航运易受潜艇的攻击。这就使得即使日本通过军事手段抢占了东南亚地区的石油资源，但是对这些资源的安全运输保障都成为很大的问题，更别提它们能在日本国内得到充分的使用。与美国的战争爆发后，日本被击沉和重创的货轮大约为95%[②]。受此影响，到1944年第一季度，日本石油进口已同比上一年下降一半以上，进而到1945年第一季度，其石油进口已完全停止[③]。1945年7月1日，日本的燃油储备降至了80万桶[④]。这一储量已无法支撑战争的需求。另外，在战争期间，日本石油主要用于保障军事用途，以至于在民用石油方面情形非常窘迫。这使日本无法具备战争持续进行下去的经济能力。1944年，日本合成燃料的研发工作失败，其民用汽油消耗量仅为1940年的4%，民间贮藏的食物与米酒等都被征用来提炼燃料[⑤]。

（三）“二战”结束以来，日本的能源依赖困境

正如前述，“二战”结束以来，在向实现石油转型的过程中，日本开始再度崛起。但是日本的石油资源禀赋条件并未发生改变，日本的石油主要依靠进口解决。1973年，在日本能源结构中，石油高居首位，占77.6%，是当时世界上依赖石油程度最高的国家，日本对能源的进口依赖程度高达89.9%（见表5-5）。这一高度依赖状况至今并未改变。这使得在理论上，日本的石油供应安全，存在着突发性重大性地缘政治影响的隐患。然而，由于“二战”的战败，日本与第二次国际能源转型的主导国美国的关系已从过去的霍布斯文化演化到了康德文化，日本也变成了从属美国霸权体系的一个

---

① ［美］丹尼尔·耶金著：《石油风云》，上海市政协翻译组译，上海：上海译文出版社，1992年版，第391-393页。

② ［美］丹尼尔·耶金著：《石油风云》，上海市政协翻译组译，上海：上海译文出版社，1992年版，第430-431页。

③ ［美］丹尼尔·耶金著：《石油风云》，上海市政协翻译组译，上海：上海译文出版社，1992年版，第431页。

④ ［美］丹尼尔·耶金著：《石油风云》，上海市政协翻译组译，上海：上海译文出版社，1992年版，第439页。

⑤ ［美］丹尼尔·耶金著：《石油风云》，上海市政协翻译组译，上海：上海译文出版社，1992年版，第431-432页。

盟友。这使日本与美国乃至与其他大国的能源供应依赖困境不太具备激化的可能性。同时在美国以及雅尔塔体系的主导与影响下，日本的崛起程度被限定于经济大国、政治小国的国际地位。

表 5-5　1973 年有关大国能源结构　　单位：%

国度	石油（其中进口石油）	煤	天然气	原子能	水力及其他	合计	对进口能源的依赖程度
日本	77.6（77.4）	15.4	1.5	0.6	4.9	100	89.9
美国	47.3（16.2）	17.3	30.6	0.8	4.0	100	16.2
欧共体	61.4（61.0）	22.6	11.6	1.4	3.0	100	63.0
西德	55.2（53.1）	30.9	10.2	1.1	2.6	100	56.6
法国	66.3（65.5）	17.1	8.6	1.7	6.3	100	76.0
整个资本主义世界	54.1	18.4	19.1	1.4	7.0	100	

资料来源：周启乾著：《日本近代经济简史》，北京：昆仑出版社，2006 年版，第 394 页。

三、意大利

意大利也是一个既缺煤又缺油的国家。虽然意大利是欧洲文艺复兴的发祥地，资本主义萌芽较早，但由于国家长期处于分裂状态并受到外国的统治，相对来说，意大利国力在近现代大国中最弱。因此，它与其他大国的能源依赖困境基本只处于理论上的潜在状态。

在煤钢全盛时期，意大利依旧是一个缺乏主要原料和燃料的国家，一个在技术革新和金融市场引入新资本等方面主要依赖外国的国家[①]。意大利 88%的能源来自英国的煤，这就成了维持收支平衡的负担，相应地也就

① ［意］瓦莱里奥·卡斯特罗诺沃著：《意大利经济史：从统一到今天》，沈珩译，北京：商务印书馆，2000 年版，第 3 页。

成了可怕的战略弱点①。第一次国际能源转型期间，意大利存在着基于煤炭供应安全保障的能源依赖困境。为了保证煤的进口，意大利政府降低了进口煤的关税，煤的进口量在1877～1878年增加到约130万吨；在19世纪最后的10年，煤的进口量逐年递增，到1899年前后，每年进口量达400万吨②。意大利对煤的进口依赖程度远高于同期的法国。意大利经济在世界市场内日益从属于最先进的体制③。作为20世纪初的新兴工业国家，意大利也可勉强属于近现代以来资本主义列强之一。

作为资本主义列强之一，意大利的钢铁工业在1913年的产量只是英国的12.5%，德国的14.3%，比利时的40%；它在世界制造业生产中所占的份额从1900年仅有的2.5%下降到1913年的2.4%，第一次世界大战爆发时，它的工业能力尚未达到大不列颠1900年的25%④。这样巨大的实力差距使得意大利的能源依赖困境不太可能得到激化。

与煤炭一样，意大利石油也主要依靠进口。苏联和美国都是意大利石油的重要提供国。20世纪20年代中期，苏联重油的主要购买者是意大利和法国。意大利购买重油，一是用于军舰，二是在自由市场销售⑤。此后，直至冷战时期，在西方国家里意大利既是最早购买苏联石油的国家也是购买份额最多的国家。然而，意大利与苏联的石油供应依赖困境也未处于激化状态。原因主要为：一是两国实力悬殊，苏联不太可能视意大利为主要的安全威胁；二是两国并不存在地缘上争夺能源基地的可能性，这样双方的国家利益需要超越了这一潜在困境的制约。另外，在理论上，意大利与美国还存在着石油供应依赖困境。然而这一困境除“二战”初期外总体上

① ［美］保罗·肯尼迪著：《大国的兴衰》，陈景彪等译，北京：国际文化出版公司，2006年版，第198页。

② 李世安著：《欧美资本主义发展史》，北京：中国人民大学出版社，2004年版，第157-158页。

③ ［意］瓦莱里奥·卡斯特罗诺沃著：《意大利经济史：从统一到今天》，沈珩译，北京：商务印书馆，2000年版，第84-85页。

④ ［美］保罗·肯尼迪著：《大国的兴衰》，陈景彪等译，北京：国际文化出版公司，2006年版，第199页。

⑤ ［俄］B. Ю. 阿列克佩罗夫著：《俄罗斯石油：过去、现在与未来》，石泽译审、何小平副译审，北京：人民出版社，2012年版，第228-229页。

也并未得到激化。1935 年 10 月 3 日，意大利派兵入侵埃塞俄比亚。这是继日本占领满洲后对国际秩序的第一次公然挑战[①]。1936 年 3 月，国际联盟在之前实施制裁的情况下再次讨论了对意大利的石油制裁，并通过世界主要石油公司对意大利实行非正式制裁[②]。美国总统罗斯福虽然也明确指责意大利是侵略者，但实际上美国对意大利的石油和其他商品的运送船只并没有显著减少[③]。1939 年意大利仅产煤 300 万吨，石油则几乎全部要从国外输入[④]。其中包括石油、煤等在内的 80%原料进口要通过直布罗陀海峡和苏伊士运河[⑤]。

在第二次世界大战期间，意大利是首先投降的轴心国成员，并加入同盟国对自己先前的盟友作战。意大利与石油主导国美国及主要的石油大国苏联从国家身份建构上从敌人转变到了盟友。这解除了其石油依赖困境的隐患。至此之后，意大利与其他大国的石油依赖困境转入“休眠”状态。从意大利的转变来看，从某种意义上说，它是在大国体系中的“见风使舵者”，也是被周围大国诱惑拉拢的一个“跟随者”。这样的状况从意大利国家统一进程一直到两次世界大战，其国家对外政策始终受到欧洲其他大国的影响。意大利能源的不足，能源转型的跟随及欧洲战场的战火特别是两次世界大战的浩劫使意大利在欧洲始终只能处于“次强”的地位甚至是次强中“末流”的地位。

---

①③ ［美］孔华润（沃伦·I. 科恩）主编：《剑桥美国对外关系史》（下），王琛等译，北京：新华出版社，2004 年版，第 133 页。

② ［英］波斯坦等主编：《剑桥欧洲经济史》（第八卷），王春法等译，北京：经济科学出版社，2004 年版，第 170 页。

④ ［苏］德波林主编：《第二次世界大战史》（第 2 卷），上海：上海译文出版社，1981 年版，第 521 页。

⑤ ［美］保罗·肯尼迪著：《大国的兴衰》，陈景彪等译，北京：国际文化出版公司，2006 年版，第 287 页。

第二节　能源依赖困境双面遭遇的德国

近代以来，德国是既遭受能源供应依赖困境又遭受能源需求依赖困境的国家。这样的能源依赖困境特征源于其能源资源禀赋条件：富煤缺油。在第一次国际能源转型及德国崛起期间，正如前述，德国与法国存在着争夺能源资源基地阿尔萨斯和洛林的能源供应依赖困境。随着德国煤炭产量的不断提高和德国的不断崛起，德国与能源主导国英国的能源需求依赖困境也不断表现出来。

一、德国与英国之间的能源需求依赖困境

与其他欧洲大国不同，德国具有较好的煤炭资源禀赋。这成为助推其快速崛起的重要因素。甚至有德国学者还认为丰富的煤炭储量和煤开采量的猛增是德国除教育和自然科学技术进步之外，它在高速工业化时代经济增长的第三个实质性因素①。在德国崛起过程中，与法国、意大利等国主要是依赖进口英国的煤炭资源不同，德国主要是通过自己的产能不断提高解决能源需求。德国的产煤区主要分布在鲁尔区、莱茵区、萨尔区、亚琛、巴伐利亚、威斯特伐利亚、西里西亚、萨克森等地②。基于此，德国的崛起并没有对英国及其主导的经济体系形成过度依赖，但在崛起进程中遭到了英国的打压③。

德国煤炭资源开采量的提升是在启动煤炭能源转型后并与国家政治融

---

① Karl Erich Born, *Wirtschafts-und Sozialgeschichte des Deutschen Kaiserreichs* 91867/71-1914, S. 39. 邢来顺著：《德国工业化经济—社会史》，武汉：湖北人民出版社，2003 年版，第 248 页。

② ［联邦德国］卡尔·艾利希·博恩等著：《德意志史》（第三卷），张载扬等译，北京：商务印书馆，1991 年版，第 575 页。

③ 高程、王震：《大国崛起模式与中国的策略选择——基于大国崛起历史进程的比较分析》，载《世界经济与政治》，2020 年第 12 期，第 14-15 页。

合紧密联系在一起的。1818 年，普鲁士建立关税同盟，这个经济同盟为德国统一奠定了基础，并有力地推动了德国工业的进一步发展，引起了工业中的真正革命①。1870 年秋，北德意志联邦和南德诸邦签订条约，德国实现统一。与此对应的是，1820 年，德国的煤产量仅为 120 万吨，1830 年为 140 万吨，1840 年增至 260 万吨，1850 年猛增至 670 万吨②。1850～1870 年德国的煤产量由 670 万吨增加到 3400 万吨，提高 4.1 倍；生铁产量由 21 万吨增加到 139 万吨，提高了 5.6 倍；钢产量由 5900 吨增加到 17 万吨，提高了近 28 倍；棉花消费量由 1.8 万吨增加到 8.1 万吨，约提高了 3.5 倍③。在 1871 年实现统一后，德国已超越欧洲传统意义上的大国，但离世界大国还有一点距离，但事实上它已上升为欧洲大陆的“潜在”霸主④。随着德国的崛起，欧洲国家普遍担心如果德国按照民族统一的逻辑继续走下去，将“从北海到亚得里亚海的六千万德意志人统一在一个国家”的话，那么德国将从“潜在霸主”变为现实的霸主⑤。这样的看法也来自当时的能源主导国和世界霸权——英国。1871 年以后英国驻德国大使奥都·罗素（Lord Odo Russell）认为，俾斯麦（Otto Eduard Leopold von Bismarck）要使“德国在欧洲称霸，使德意志民族在世界称霸”⑥。

1871～1890 年，德国快速崛起。到 1890 年，德国煤产量上升到 8900 万吨、生铁产量上升到 410 万吨、钢产量上升到 230 万吨⑦。这时德国在

---

① ［英］罗伯特·C. 艾伦著：《全球经济史》，陆赟译，南京：译林出版社，2015 年版，第 44 页。

② 朱彤、王蕾著：《国家能源转型：德、美实践与中国选择》，杭州：浙江大学出版社，2015 年版，第 105 页。

③ 樊亢等编著：《主要资本主义国家经济简史》，北京：人民出版社，1973 年版，第 248 页。

④ Imanuel Geiss, *Foreign Policies of the Great Powers: German Foreign Policy 1871-1914*, Volume IX, London and NewYork: Routledge & Kegan Paul Ltd., 1976, p. 12.

⑤ Otto Pflanze, *Bismarck and the Development of Germany*, Vol. 2, Princeton, N. J.: Princeton University Press, 1990, pp. 247-249.

⑥ Lord Edmond Fitzmaurice, *The Life of Granville George Leveson Gower: Second Earl Granville K. G. 1815-1891*, Vol. 2, London: Longmans, Green and Co., 1905, pp. 111-114.

⑦ ［英］A. J. P. 泰勒著：《争夺欧洲霸权的斗争 1848-1918》，沈苏儒译，北京：商务印书馆，1987 年版，第 13 页。

煤、铁、钢产量上已经超过了法国、奥匈帝国、俄国的总和，略次于英国①。从国家实力来看，1890 年初，德国便以英国一个强有力的竞争对手的面貌出现②。进而进入到 19 世纪 90 年代，德国成为英国基于煤炭工业经济的主要竞争对手。它在 1891～1893 年先后与奥匈帝国、意大利、比利时、瑞士和罗马尼亚等国家签订了贸易协定③。“经济因素”成为德、英不断走向竞争和敌对的最根本的因素④。而这一“经济因素”是主要基于煤这种能源形式投入的反映。从能源消耗量来看，到“一战”爆发前的 1913 年，德国的能源消耗量快速接近英国的能源消耗量（见表 5-6）。

表 5-6　1890～1938 年各大国的能源消耗量　　单位：百万吨煤

国家＼年份	1890	1900	1910	1913	1920	1930	1938
美国	147.0	248.0	483.0	541.0	694.0	762.0	697.0
英国	145.0	171.0	185.0	195.0	212.0	184.0	196.0
德国	71.0	112.0	158.0	187.0	159.0	177.0	228.0
法国	36.0	47.9	55.0	62.5	65.0	97.5	84.0
奥匈帝国	19.7	29.0	40.0	49.4	—	—	—
俄国（苏联）	10.9	30.0	41.0	54.0	14.3	65.0	177.0
日本	4.6	4.6	15.4	23.0	34.0	55.8	96.5
意大利	4.5	5.0	9.6	11.0	14.3	24.0	27.8

资料来源：［美］保罗·肯尼迪著：《大国的兴衰：1500-2000 年的经济变迁与军事冲突》，王保存等译，北京：求实出版社，1988 年版，第 244 页。

① 徐弃郁：《德国崛起的战略空间拓展及其启示》，载《当代世界》，2011 年第 12 期，第 58 页。

② ［美］金德尔伯格著：《世界经济霸权：1500～1990》，高祖贵译，北京：商务印书馆，2003 年版，第 259 页。

③ 高程、王震：《大国崛起模式与中国的策略选择——基于大国崛起历史进程的比较分析》，载《世界经济与政治》，2020 年第 12 期，第 15 页。

④ Edwad F. Willis, “Anglo-German Rivalry Before the World War”, *The Southwestern Social Science Quarterly*, Vol. 19, No. 3, 1938, pp. 292-303.

德国国家实力是建立在煤炭工业经济基础之上的。正如约翰·梅纳德·凯恩斯（John Maynard Keynes）所说的，德意志帝国建立的“不是血和铁的政权，而是煤和铁的政权”[①]。除煤炭、钢铁工业外，德国在电气、化工等方面也快速发展并逐渐获取领导权。到1896年，德国有39家电气工业股份公司，108家化工股份公司，它不仅拥有像西门子、通用电气公司等这样的七大巨头企业，还是19世纪末期世界上化学工业品的主要供应者[②]。基于煤工业经济形态下德国经济的快速崛起使德国商品甚至敢于和英国分庭抗礼并大举进军英国市场。到1913年，德国对外贸易额增加到了208亿多马克，而同期的英国为241亿多马克，德国在世界贸易中的比重从1870年的9.7%上升到12.6%，仅次于英国[③]。在1913年前的30年间，德国工业出口的数量由不及英国工业出口总数的一半，增加到比英国的出口数量更大。除在“半工业化国家”的地方外，德国制造品的出口都较英国多，其在工业世界的出口量超出英国1/3，甚至在未开发世界也比英国高出10%[④]。

经济的起飞使德国有实力向现存秩序挑战。大约从1897年开始，德国开始高调推行所谓的“世界政策”[⑤]，德国开始转向与英国争夺世界霸权。经济竞争、殖民地威胁、军事挑战、地理区位及英国舆论等要素共同决定了英国打压德国经济的必要性[⑥]。英德关系也不断从洛克文化向霍布斯文

① ［美］巴巴拉·弗里兹著：《煤的历史》，时娜译，北京：中信出版社，2005年版，第131页。

② ［英］波斯坦等主编：《剑桥欧洲经济史》（第六卷），王春法等译，北京：经济科学出版社，2002年版，第492页；萧国亮、隋福民编著：《世界经济史》，北京：北京大学出版社，2007年版，第242页；高德步、王珏编著：《世界经济史》，北京：中国人民大学出版社，2001年版，第267页。

③ 吴友法、邢来顺著：《德国：从统一到分裂再到统一》，西安：三秦出版社，2005年版，第107页。

④ ［英］艾瑞克·霍布斯鲍姆著：《帝国的年代：1875-1914》，贾士蘅译，北京：中信出版集团，2017年版，第52-53页。

⑤ 徐弃郁著：《脆弱的崛起：大战略与德意志帝国的命运》，北京：新华出版社，2011年版，第185页。

⑥ 高程、王震：《大国崛起模式与中国的策略选择——基于大国崛起历史进程的比较分析》，载《世界经济与政治》，2020年第12期，第17页。

化演进。1914 年德国的煤产量增长到 2.77 亿吨，只落后于英国的 2.92 亿吨，但是钢的产量已为英国、法国、俄国三国产量的总和，在世界制造业中的份额上已以 14.8%对 13.6%的比例略超越英国[①]。若论煤产量和工业实力，德国落后于美国和英国，只排在世界第三位，而第一次世界大战正是以煤为驱动的[②]。而世界大战的爆发则标志着德国与英国之间的基于煤炭资源和煤炭经济形态的能源依赖困境走向了激化。

二、德国与苏联、美国等大国之间的能源供应依赖困境

第一次世界大战使以石油为代表的能源安全开始表现出战略性与军事性特征，意味着能源安全开始从经济安全层面上升到国防安全层面，能源也从一般性商品上升到国家战略物资。与具有较好的煤炭禀赋资源不同，德国石油产量成为其能源转型发展中的弱点。对此，英国军事历史学家巴兹尔·利德尔·哈特（Basil Henry Liddell Hart）写道，德国最薄弱的一点是石油，它几乎没有被触及[③]。

1907 年，德国原油产量从之前的“万吨级”水平上升到“十万吨级”水平，达 10.6 万吨，之后至“一战”前夕就一直在这个水平徘徊，其高峰时期是 1908 年的 14.1 万吨[④]。德国石油的不足，推动了其对外扩张。资源的横向压力理论也符合德国的情况。除与英国在中东地区竞争石油资源外，两次世界大战爆发后，德国一是侵占和掠夺了罗马尼亚的石油，二是把石油的争夺目标锁定在黑海之滨的巴库和高加索地区，三是开发合成燃料。其中，第一次世界大战后期，因为协约国封锁切断了德国的海外供应线，

---

① ［美］保罗·肯尼迪著：《大国的兴衰》，陈景彪等译，北京：国际文化出版公司，2006 年版，第 204–206 页。

② ［美］巴巴拉·弗里兹著：《煤的历史》，时娜译，北京：中信出版社，2005 年版，第 131–132 页。

③ ［美］丹尼尔·耶金著：《石油风云》，上海市政协翻译组译，上海：上海译文出版社，1992 年版，第 414 页。

④ 中国社会科学院世界经济与政治研究所综合统计研究室编：《苏联和主要资本主义国家经济历史统计集》，北京：人民出版社，1989 年版，第 602 页。

德国只能从罗马尼亚得到石油[1]。而夺取巴库油田的失败对德国的打击是决定性的。根据耶金的描述，到1918年战争后期德国陆军几乎耗尽了他们的石油储备，海上战斗也只能维持6~8个月，空军和机械化部队将在两个月内停止行动[2]。这使德国根本不可能把第一次世界大战打下去并赢得战争。基于石油的能源供应依赖困境成为德国崛起扩张困境中的困境。

在第二次世界大战期间，“石油供应依赖困境”限制更为明显。1939年德国发动第二次世界大战时，其需要的65%铁矿石和石油仍不得不继续依靠进口，而且石油是从非欧洲国家进口的[3]。当德国侵略占领别国后，油气资源便成为其竭力控制的战略物资。德国一方面通过对外占领产油区，实行以战养战；另一方面在国内拼命扩大燃料生产，特别是合成燃料的生产。

就前一项来看，德国纳粹大概在战前从西欧六国（荷兰、比利时、法国、挪威、波希米亚—摩拉维亚和丹麦）动员了33%的经济资源来准备战争[4]。1939年3月23日，德国把所谓的《经济条约》强加于罗马尼亚，根据该协定所附秘密议定书，罗马尼亚政府履行义务尽快开采石油并向德国输出[5]。德国在1939~1940年取得了决定性胜利后，大大扩展了它的石油和原料来源[6]。1940年德国自产石油130万吨，进口230万吨，其中1/3

---

① ［美］丹尼尔·耶金著：《石油风云》，上海市政协翻译组译，上海：上海译文出版社，1992年版，第211页。

② ［美］丹尼尔·耶金著：《石油风云》，上海市政协翻译组译，上海：上海译文出版社，1992年版，第214-215页。

③ ［联邦德国］卡尔·哈达赫著：《二十世纪德国经济史》，扬绪译，北京：商务印书馆，1984年版，第80页。

④ Peter Liberman, *Does Conquest Pay? The Exploitation of Occupied Industrial Societies*, Princeton: Princeton University Press, 1996, p. 43.

⑤ ［苏］德波林主编：《第二次世界大战史》（第二卷），上海：上海译文出版社，1981年版，第206-207页。

⑥ ［美］保罗·肯尼迪著：《大国的兴衰》，陈景彪等译，北京：国际文化出版公司，2006年版，第333-334页。

从苏联进口①。1941 年，德国本土石油产量略微上升到 156 万吨，在进攻苏联前，单罗马尼亚就保证了德国 58%的石油供应②。然而，通过战争手段，德国石油保障能力得到一定增强。1941 年 6 月，德国不仅直接对外掠夺了 800 多万吨石油产品，而且还在其所吞并和占领的土地上通过 93 个石油加工厂加工提炼了 2650 万吨石油，而德国发动进攻苏联在一定程度上就是为了获得占苏联石油产量 90%左右的高加索地区，以及保护易受攻击的罗马尼亚的油田③。然而德国发动入侵苏联的行动受到了石油不足的制约。例如为争夺高加索油田乃至伊朗和伊拉克的油田的“布劳行动”、“斯大林格勒”战役等重大战争行动中德国都存在燃料供应的困扰④。而且苏联进入战略反攻后，被德国占领的地方又被夺回。德国试图占领和控制高加索和巴库能源基地的做法，与日本企图占领和控制东南亚的能源资源如出一辙。

就后一项来看，由于德国本土石油资源禀赋不好，除通过战争掠夺和贸易采购外，德国还试图通过从其丰富的煤炭中提取合成燃料以解决石油困境⑤。到 1940 年，德国合成燃料的产量为 7.2 万桶/日，已占德国石油供

① ［俄］B. Ю. 阿列克佩罗夫著：《俄罗斯石油：过去、现在与未来》，石泽译审、何小平副译审，北京：人民出版社，2012 年版，第 284 页；［美］丹尼尔·耶金著：《石油风云》，上海市政协翻译组译，上海：上海译文出版社，1992 年版，第 402 页。

② ［俄］B. Ю. 阿列克佩罗夫著：《俄罗斯石油：过去、现在与未来》，石泽译审、何小平副译审，北京：人民出版社，2012 年版，第 276 页。

③ Joel Hayward，“Hitler's Quest for Oil：The Impact of Economic Considerations on Military Strategy，1941-1942”，*Journal of Strategic Studies*，18 December，1995，pp. 94-135.

④ ［美］丹尼尔·耶金著：《石油风云》，上海市政协翻译组译，上海：上海译文出版社，1992 年版，第 404-407 页；［俄］B. Ю. 阿列克佩罗夫著：《俄罗斯石油：过去、现在与未来》，石泽译审、何小平副译审．北京：人民出版社，2012 年版，第 280 页。

⑤ 德国的合成燃料有两种，一种是采用氢化法，从煤中提取液体燃料。另一种是采用“费希尔—特罗普施”的方法制成的合成石油。参见［美］丹尼尔·耶金著：《石油风云》，上海市政协翻译组译，上海：上海译文出版社，1992 年版，第 396 页；［俄］B. Ю. 阿列克佩罗夫著：《俄罗斯石油：过去、现在与未来》，石泽译审、何小平副译审，北京：人民出版社，2012 年版，第 276 页。

应总量的64%①。1941年德国合成燃料生产能力已达610万吨②。其中，采用贝杰乌斯氢化法提炼的合成燃料提供了德国航空汽油总量的95%左右③。到1943年，德国合成燃料从1940年的日产7.2万桶上升到12.4万桶；1944年第一季度时，合成燃料仍然占德国燃料总供应量的57%和航空汽油的92%④。合成燃料已成为支撑德国持续进行战争的重要依靠。

德国的能源扩张和挑战行为，不仅使它与具有地缘政治紧密关系的苏联等能源大国激化了资源争夺的能源依赖困境，而且无可避免地挑战了第二次国际能源转型的主导国美国并激化了与英美联盟之间的能源依赖困境。在"二战"后期，德国的合成燃料工厂成为了盟军空袭的重要目标。到1944年9月，德国的合成燃料产量已降到5000桶/日⑤。而苏联军队的成功反击又使德国不断失去了占领区的原油来源。1944年秋天，德国工业生产直线下降，以1938年工业生产指数为100计，1945年生产资料指数下降到30%~44%，消费品生产指数下降到18%~28%⑥。1945年2月，德国的航空汽油量刚好是1000吨，为1944年头四个月水平的0.5%，此后就停产了⑦。

另外，"二战"期间，德国的石油主要是保障军事用途，以至民用石油在整个能源消费结构中微乎其微。1937~1947年，整个德国的石油消费占比一度徘徊在0.3%~0.7%⑧。民用石油的不足，削弱了其经济可持续发展能力，从而使德国与美国、苏联等国相比很难具备长期可持续战争的能

①③ [美] 丹尼尔·耶金著：《石油风云》，上海市政协翻译组译，上海：上海译文出版社，1992年版，第401页。

② [俄] В. Ю. 阿列克佩罗夫著：《俄罗斯石油：过去、现在与未来》，石泽译审、何小平副译审，北京：人民出版社，2012年版，第276页。

④ [美] 丹尼尔·耶金著：《石油风云》，上海市政协翻译组译，上海：上海译文出版社，1992年版，第414-415页。

⑤ [美] 丹尼尔·耶金著：《石油风云》，上海市政协翻译组译，上海：上海译文出版社，1992年版，第418页。

⑥ 高德步、王珏编著：《世界经济史》，北京：中国人民大学出版社，2001年版，第364页。

⑦ [美] 丹尼尔·耶金著：《石油风云》，上海市政协翻译组译，上海：上海译文出版社，1992年版，第421页。

⑧ 剑桥—哈佛"能源史：历史与经济联合中心"官方数据库，http：//sites.fas.harvard.edu/~histecon/energyhistory/energydata.html。

力和潜力。而德国通过扩张占领别国产油区和实施合成燃料的生产一般来说只能基本满足能源的军事用途，民用用能根本无法顾及。最为重要的是，这两种保障能源需求的方式，其区域位置或生产基地又容易成为军事打击的目标，无法具有持续稳定的保障能力。从而使德国在“二战”中的失败也就注定只是时间问题。

从国家经济实力崛起的角度来看，在两次争霸挑战期间，德国经济规模与发展程度仍无法与英国相比，更无法与新兴大国美国相比，这决定了它仍无法具备争夺世界霸权的市场规模或经济规模条件。“一战”前夕，德国的世界财富份额比例已略超英国（见表 2-2），但国内生产总值（GDP）、人均国内生产总值（人均 GDP）离英国还有一段距离（见表 2-4、表 2-5）。与美国相比，这些经济指标全面处于下风。这意味着当时德国或许有实力单独向英国挑战，但绝对没有实力向英美联盟进行挑战。同样的限制情况也符合“二战”前夕的德国，且此时以石油为代表的能源条件更为不足。但此时德国（及其联盟）不仅挑战了英国、美国两个新旧霸权及其联盟，还挑战了正在崛起的另一新兴大国——苏联。国家实力与霸权意愿的不完全匹配注定了其争霸具有很高的投机性和风险性，争霸很难成功。德国的石油依赖困境在“二战”后一直保存下来，只不过随着身份建构的变化和雅尔塔体系对国家权力地位的限制，它也只处于理论上的“休眠”状态。然而为了应对这一困境的限制，德国与法国等国家以“煤钢共同体”为起点，不断构建起欧洲范围内的“能源安全共同体”。此外，德国还在 20 世纪 90 年代开启了走向可再生能源再转型的道路。

第三节　遭受能源需求依赖困境的俄国

在近代以来的历史上，在能源转型跟随国中，就能源资源禀赋条件来看，只有俄国（苏联）同时具有充沛的煤炭资源和石油资源。因而总体上，这个国家没有能源供应依赖困境的困扰（“二战”期间短暂的德苏关系除外），它与其他大国的能源依赖困境主要表现在能源需求依赖困境层面。第一次国际能源转型时期，虽然俄国有着丰富的煤炭资源，然而它在开采量上远远不如英国。俄国煤产量1872年后开始迈上“百万吨”以上的水平，1897年才迈上“千万吨级”水平，1913年时也才达到3600万吨，而英国的煤炭产量在1870年就已经上升到了1.12亿吨[①]。在经济能力和发展水平上更是低于英国，因而此时的俄国与英国之间并未形成基于煤炭的能源需求依赖困境。但是俄国特别是苏联成立后，却不断与美国形成了基于石油的能源需求依赖困境。

一、沙俄与美国形成短暂的石油需求依赖困境

1860年俄罗斯的石油开采只相当于美国的1/13，1871年美国石油开采量占世界的81%，而俄罗斯只有美国的1/36[②]。1874年1月18日，俄罗斯石油工业的第一个股份制公司也是第一家垂直一体化公司——“巴库石油公司”成立[③]。此后，俄国石油开采量迅速增长。1898年，俄国的石油开采量首次超过美国，开采了6.311亿普特石油，占世界开采总量的51.6%，而美国的石油开采量折合为5.167亿普特[④]。1899年，全世界共有10个国家开采石油，生产石油1768.3万吨，俄罗斯在世界石油开采中处于领先地位，为903.3万吨（占51.1%），美国为753.7万吨（占42.6%），荷兰婆罗岛的开采量为41.8万吨，奥匈帝国的开采量为32.3万

① 中国社会科学院世界经济与政治研究所综合统计研究室编：《苏联和主要资本主义国家经济历史统计集》，北京：人民出版社，1989年版，第38-39页。

② ［俄］B. Ю. 阿列克佩罗夫著：《俄罗斯石油：过去、现在与未来》，石泽译审、何小平副译审，北京：人民出版社，2012年版，第57页、第80页。

③ ［俄］B. Ю. 阿列克佩罗夫著：《俄罗斯石油：过去、现在与未来》，石泽译审、何小平副译审，北京：人民出版社，2012年版，第85-87页、第101-102页。

④ 普特是沙皇时期俄国主要的重量计量单位之一，1普特约等于16.38千克。［俄］B. Ю. 阿列克佩罗夫著：《俄罗斯石油：过去、现在与未来》，石泽译审、何小平副译审，北京：人民出版社，2012年版，第135页。

吨，罗马尼亚为10.7万吨①。从出口量来看，1890年，俄罗斯煤油出口量是美国的41.1%，在欧洲市场的比重达43.9%，其中出口英国78.7529万桶，相比之下美国出口英国煤油135.7万桶；1893年，美国的出口量增长1.6倍，达221万桶，而俄罗斯只出口了74.3万桶，缩减了5.6%②。

20世纪初，俄国银行财团主导的俄国石油垄断集团，在国际市场上向老牌西方石油垄断集团发起竞争攻势，迫使美国洛克菲勒石油公司让出其占有的28%的世界市场份额③。而俄国的石油出口为其资本主义发展提供了资金来源④。单从石油这种资源来看，19世纪末俄国在产量上形成了对美国的挑战。但随后爆发的动乱、革命和战争使俄国具有的这种优势一度不复存在。俄国和美国的石油需求依赖困境也因此暂告一个段落。

在20世纪初期，整个沙俄帝国处在混乱之中。这当中包括了俄国的“能源中心”高加索和巴库。俄国政府为填补国库的无底洞，不明智地提高国内运输费率，其结果进一步提高了俄国石油产品在世界市场上的价格，使其更加缺乏竞争力⑤。1904年，俄罗斯发生了持续两周多有4万多名工人参加的油田大罢工；1905年8月，在阿普歇伦半岛上爆发了油田大破坏事件。这使俄罗斯的石油开采水平倒退了将近10年。1904~1905年，俄罗斯的石油产品的出口量减少了130%，1908年俄罗斯石油产品的出口量只有美国的18.6%⑥。1913年，俄罗斯公司开采石油约923万吨，而美国石油公司的开采量为3444万吨，美国是俄国的3.7倍⑦。此时，俄国石油出

---

① ［俄］B. Ю. 阿列克佩罗夫著：《俄罗斯石油：过去、现在与未来》，石泽译审、何小平副译审，北京：人民出版社，2012年版，第135页。

② ［俄］B. Ю. 阿列克佩罗夫著：《俄罗斯石油：过去、现在与未来》，石泽译审、何小平副译审，北京：人民出版社，2012年版，第137-138页。

③ 王云龙著：《现代化的特殊性道路：沙皇俄国最后60年社会转型历程解析》，北京：商务印书馆，2004年版，第181页。

④ 李世安著：《欧美资本主义发展史》，北京：中国人民大学出版社，2004年版，第214页。

⑤ ［美］丹尼尔·耶金著：《石油风云》，上海市政协翻译组译，上海：上海译文出版社，1992年版，第150-152页。

⑥ ［俄］B. Ю. 阿列克佩罗夫著：《俄罗斯石油：过去、现在与未来》，石泽译审、何小平副译审，北京：人民出版社，2012年版，第141-145页。

⑦ ［俄］B. Ю. 阿列克佩罗夫著：《俄罗斯石油：过去、现在与未来》，石泽译审、何小平副译审，北京：人民出版社，2012年版，第157页。

口在世界市场中所占的份额已从1904年的31%下降至9%[①]。

在国内动乱和统治危机的情况下，沙皇统治集团想通过对外战争来转移视线，借此使国内团结起来并恢复统治者的威望。日俄战争于1904年1月爆发。然而俄国的战败却引发了革命。1905年12月，“十二月起义”爆发。第一次世界大战则给了长年征战、内部动荡不定、外强中干的沙俄猛烈的一击。战争使阿普歇伦半岛的石油开采总量从1916年的4.8亿普特缩减到1917年的4.0亿普特，1917年4个老巴库油区的石油开采量也不可避免地缩减，1914年钻井规模减少了20.2%，1915年减少了8.0%，1916年减少了9.0%。同时，石油工业的金属材料短缺已达40%~50%[②]。1917年3月，“二月革命”爆发，彻底推翻了沙皇统治；同年11月7日，社会主义苏维埃俄国从此诞生[③]。

二、苏联与美国的石油需求依赖困境

在能源资源禀赋上与前面几个大国所不同的是，苏联既具有丰富的煤炭资源，又具有丰富的油气资源。其中，随着苏联的崛起和苏联与西方资本主义国家意识形态的不同，苏联在油气领域主要是在石油领域不断与美国形成了基于石油产量和出口竞争的石油需求依赖困境。这一困境大致上可分为两个历史阶段。“二战”结束前，由于苏联国力还未充分发展，同时由于美国处于对外政策的“孤立主义”主导时期，苏美石油需求依赖困境开始显露出一些迹象，但并未完全展现；“二战”结束后，随着苏联国力的崛起和美国霸权的展露，在美苏争霸的同时，两国石油需求依赖困境不断得到激化。

（一）苏联与美国石油需求依赖困境的“潜伏期”

苏联成立后至“二战”结束前，苏联利用其能源优势特别是石油优势

---

① ［美］丹尼尔·耶金著：《石油风云》，上海市政协翻译组译，上海：上海译文出版社，1992年版，第154页。

② ［俄］B. Ю. 阿列克佩罗夫著：《俄罗斯石油：过去、现在与未来》，石泽译审、何小平副译审，北京：人民出版社，2012年版，第162页。

③ 唐晋主编：《大国崛起》，北京：人民出版社，2006年版，第361页。

推动国家经济建设，通过对有关西方国家石油出口获得了一定的市场份额。然而，在这段时期内，苏联与能源主导国美国的石油需求依赖困境并未激化出来，究其根源：一是苏联建立初期，实力还不足以挑战美国，石油竞争市场份额有限；二是第二次世界大战爆发后，苏联与美国、英国等大国形成了反法西斯的同盟国，使石油需求依赖困境暂时不复存在。

1. 苏联成立后短期内通过石油贸易获得了一定的市场份额

1922 年底苏联成立后，苏联的能源出口受到了西方资本主义国家“反共反俄”的围困措施限制。但“荷兰皇家壳牌公司”最早秘密购买了苏联的煤油，然后在远东转卖。此后英荷壳牌集团是唯一同苏联进行石油贸易的大型公司，西方国家对苏联“石油围困”的统一阵线瓦解了[①]。1921~1922 财年，苏联向 5 个国家出口石油，出口量为 1020 万普特；1922~1923 财年出口达 13 个国家，出口量达 1980 万普特[②]。此后，苏联不断提高自己在欧洲和世界市场的占有率并挣回了大量急需的外汇。

1923~1924 财年，“苏联石油辛迪加”与 20 个国家的 28 个贸易公司开展了业务联系，该年度石油和石油产品出口量达 4290 万普特，至此所有新的西方公司都加入了与苏联的石油贸易[③]。1921~1922 财年，苏联出口的原油是 1913 年的 2 倍，1923~1924 财年是第一次世界大战前的 100 倍；1924~1925 财年，苏联石油和石油产品出口达到 8170 万普特，与上年相比几乎又增加了 1 倍[④]。为了在国外销售石油产品，“苏联石油辛迪加”建立了若干苏联出资的专业销售公司，如 1924 年 8 月 23 日在伦敦注册了 10 万英镑的“俄罗斯石油产品有限公司”，在德国成立了“德国俄罗斯石油公司”。除此之外，在德国的领土上还有另一家苏联石油商“杰洛普”在从

① ［俄］B. Ю. 阿列克佩罗夫著：《俄罗斯石油：过去、现在与未来》，石泽译审、何小平副译审，北京：人民出版社，2012 年版，第 217 页。

② ［俄］B. Ю. 阿列克佩罗夫著：《俄罗斯石油：过去、现在与未来》，石泽译审、何小平副译审，北京：人民出版社，2012 年版，第 218 页。

③ ［俄］B. Ю. 阿列克佩罗夫著：《俄罗斯石油：过去、现在与未来》，石泽译审、何小平副译审，北京：人民出版社，2012 年版，第 227 页。

④ ［俄］B. Ю. 阿列克佩罗夫著：《俄罗斯石油：过去、现在与未来》，石泽译审、何小平副译审，北京：人民出版社，2012 年版，第 227-228 页。

事经营活动，其他接着成立的类似的公司还有“法国石油产品公司”，意大利的“石油公司”“波斯石油出口公司”，在斯堪的纳维亚国家、波罗的海国家、希腊和芬兰开设的分公司，对西班牙、葡萄牙及其殖民地有买卖苏联石油产品独家经营权的由“巴塞罗那阿格斯银行”参与的合营公司等①。

在这样的情况下，苏联石油出口几乎每年增加 1 倍，其石油工业越来越具有出口导向性质。1922～1923 财年，苏联出口的石油产品占整个石油生产的 6. 1%；1923～1924 财年，苏联出口的石油产品占整个石油生产的 11. 8%，占苏联工业总出口的 23. 6%，石油出口额占总出口额的 7. 2%；1924～1925 财年，苏联的石油出口额接近 5600 万～6000 万卢布，占国家工业出口总额的 75%左右；1926～1927 财年，苏联石油出口已占其石油生产总量的 14. 3%，汽油更是高达 87. 8%，苏联占世界石油产品出口中的 4. 5%，苏联汽油在欧洲进口中所占的比重达 11. 5%；1927～1928 财年，从苏联进口石油和石油产品最多的国家是意大利，进口数量为 49. 4 万吨；第二是英国，进口数量为 38. 7 万吨；第三是法国，进口数量为 35. 5 万吨；第四是德国，进口数量为 34. 4 万吨；而到了下一财年，苏联生产的所有石油产品约 1/3（31. 85%）都用于出口，汽油出口高达 88%②。石油工业已成为苏联大规模的出口行业。

2. 20 世纪 30～40 年代苏联石油行业的发展

“二战”前期，苏联石油行业继续保持迅速发展势头。1929～1932 年，世界其他地区的石油开采量下跌 17. 0%，而苏联反而上升了 56. 5%，1931 年上半年苏联石油产量跃居世界第三位，仅次于美国和委内瑞拉③。1933～1935 年，苏联的石油产量增长了 20. 0%，煤油产量增长了 38. 0%，汽油和

① ［俄］B. Ю. 阿列克佩罗夫著：《俄罗斯石油：过去、现在与未来》，石泽译审、何小平副译审，北京：人民出版社，2012 年版，第 229–230 页。

② ［俄］B. Ю. 阿列克佩罗夫著：《俄罗斯石油：过去、现在与未来》，石泽译审、何小平副译审，北京：人民出版社，2012 年版，第 227 页、第 231 页、第 234–235 页。

③ ［俄］B. Ю. 阿列克佩罗夫著：《俄罗斯石油：过去、现在与未来》，石泽译审、何小平副译审，北京：人民出版社，2012 年版，第 236 页、第 263–265 页。

石脑油产量增长了7%。然而苏联汽油出口占汽油产量的比重从1929年的91.5%降至1935年的21.4%，煤油的出口占生产总量的比重也从1929年的34.0%降至1935年的8.5%[①]。在苏联实施第三个五年计划期间（1938~1942年），刚好碰到第二次世界大战爆发，苏联的卫国战争成为第二次世界大战欧洲战场的重要组成部分。战争给苏联的石油业发展造成了影响。1945年，苏联的石油产量为1943万吨，实际上仅增长了6.5%，比1940年的产量减少37.5%，燃料部门的生产水平仅为1940年的77.8%，其降幅超过了苏联工业部门的整体水平[②]。但应该强调的是，战争在给苏联造成破坏的同时，也激发了其以油气为代表的重工业的进一步发展，苏联石油工业取得了质的进步，为战后该行业的突破提供了保证。

（二）苏联与美国的石油需求依赖困境的“激化期”

“二战”后，苏联继续实行战争期间执行的严格的经济和节能政策，同时发现了一些大油田，这使苏联的发展再次加速。1950年即苏联第四个五年计划结束的时候，苏联已经能够生产石油工业所需的几乎所有装备[③]。第五个五年计划期间（1951~1955年），又有一些新油田被发现[④]，苏联的油气工业发展进入了高涨期。

1. 苏联石油行业的崛起再次对美国形成了挑战

20世纪50年代末，苏联已经取代了委内瑞拉成为仅次于美国的世界第二大产油国。1960年，苏联石油产量已经超过了“斯大林当年确定的最高指标”的1.5倍左右，达1.5亿吨；苏联在世界石油生产方面的份额也从1945年的5.5%提高至1965年的16.0%，石油和天然气在苏联的燃料结

---

① ［俄］B. Ю. 阿列克佩罗夫著：《俄罗斯石油：过去、现在与未来》，石泽译审、何小平副译审，北京：人民出版社，2012年版，第268页、第270页。

② ［俄］B. Ю. 阿列克佩罗夫著：《俄罗斯石油：过去、现在与未来》，石泽译审、何小平副译审．北京：人民出版社2012年版，第291页。

③ ［俄］B. Ю. 阿列克佩罗夫著：《俄罗斯石油：过去、现在与未来》，石泽译审、何小平副译审，北京：人民出版社，2012年版，第296页。

④ ［俄］B. Ю. 阿列克佩罗夫著：《俄罗斯石油：过去、现在与未来》，石泽译审、何小平副译审，北京：人民出版社，2012年版，第298-303页。

构中所占的比重也从 1955 年的 23. 5%提高到 1962 年的 42. 4%[①]。

从 20 世纪 60 年代开始，苏联在原油生产方面的能力已开始接近美国。1970 年，苏联年产原油 3. 53 亿吨，美国为 4. 75 亿吨，苏联以每年 2600 多万吨的速度不断增长，到 1974 年时苏联原油（包括凝析油）产量达到了 4. 58 亿吨，同年美国的原油产量为 4. 38 亿吨，苏联超过了美国的原油产量，成为世界最大的石油生产国[②]。如果以原油和成品油合并来看，1974 年苏联的石油生产水平已达到美国的 92. 3%，1975 年则以 4. 5%的比例超过了美国[③]。与苏联油气生产大爆发的同时，1975 年，苏联的生铁产量约为 1 亿吨，也超过了美国[④]。1976 年，苏联开采石油 5. 1 亿吨，天然气冷凝液（凝析液）2000 万吨，同年美国石油开采量为 4. 61 亿吨；1977 年，苏联石油产量达 5. 5 亿吨，已经超过其制定的目标；1980 年，苏联石油开采量继续超过其竞争对手 9. 8%[⑤]。1983 年，苏联超过美国成为最大的天然气生产国[⑥]。

苏联快速发展的能源状况形成了对美国的能源挑战。这种挑战的逻辑是：如果苏联油气资源充足且进入市场竞争，那将形成对美国油气主导权的挑战；如果苏联油气资源不足，则会像德国、日本一样进行军事对外扩张和争夺。苏联的能源资源禀赋和经济能力的崛起决定了美苏面临的是第一种情况，而且在能源领域，它们是在同一能源体系（石油和天然气）的竞争。苏联与美国进行能源霸权的争夺，除在产量、境外石油资源产地竞

---

① ［俄］B. Ю. 阿列克佩罗夫著：《俄罗斯石油：过去、现在与未来》，石泽译审、何小平副译审，北京：人民出版社，2012 年版，第 304-305 页。

② ［苏］列利丘克著：《苏联的工业化：历史、经验、问题》，闻一译，北京：商务印书馆，2004 年版，第 365-366 页。

③ ［俄］B. Ю. 阿列克佩罗夫著：《俄罗斯石油：过去、现在与未来》，石泽译审、何小平副译审，北京：人民出版社，2012 年版，第 316-318 页。

④ ［英］罗伯特 · C. 艾伦著：《全球经济史》，陆赟译，南京：译林出版社，2015 年版，第 135 页。

⑤ ［俄］B. Ю. 阿列克佩罗夫著：《俄罗斯石油：过去、现在与未来》，石泽译审、何小平副译审，北京：人民出版社，2012 年版，第 316-318 页、第 321 页。

⑥ Vaclav Smil, *Energy Transitions*: *History*, *Requirements*, *Prospects*, Santa Barbara: Praeger, 2010, p. 102.

争外①，还有一个重要手段就是不断扩大石油出口，与美国争夺世界石油市场。

20世纪50年代初，大部分西欧国家都和苏联签订了进口苏联石油的合同。1955年，苏联向西方出口石油规模达380万吨；1958年增加到900万吨；1960年增加到1800万吨②。苏联石油出口高涨，正如20世纪20~30年代一样，它再次变成了苏联外汇收入的支柱（见表5-7）。意大利埃尼集团是第一个与苏联签订长期石油合同的公司，1959年最高峰时苏联石油曾占据意大利16%的市场份额③。此后，苏联石油占据欧洲市场份额越来越高。虽然西欧国家基本上都属于美国的盟友，但在能源上不同程度地形成了对苏联一定的依赖。1970年，石油和石油产品在苏联向所有工业发达资本主义国家的出口总额中占22%，其中在对意大利的出口总额中占51%、在对瑞典的出口总额中占45%、在对芬兰的出口总额中占42%、在对西德的出口总额中占36%、在对法国的出口总额中占24%、在对冰岛的出口总额中占88%；而意大利的进口量为1000多万吨、芬兰的进口量约为800万吨、西德的进口量为600多万吨、瑞典的进口量约为500万吨、日本的进口量为270万吨、法国的进口量为250万吨④。

表5-7　1955~1970年石油和石油产品在苏联对资本主义国家出口情况

单位：百万卢布，%

年份	1955	1960	1965	1970
对资本主义国家的出口总额	633	1219	2350	3990
出口的石油和石油产品	70	225	391	550

① 苏联、美国两个超级大国对第三世界的石油争夺主要集中在中东地区。其中，苏联争夺和渗透的主要是伊拉克、叙利亚、伊朗等国。

② ［苏］勃·弗·拉奇科夫著：《石油与世界政治》，上海师范大学外语系俄语组、上海《国际问题资料》编辑组合译，上海：上海人民出版社，1977年版，第231页、第228页。

③ Anthony Sampson: *The Seven Sisters: The Great Oil Companies and the World They Shaped*, New York: Bantam Books, 1991, p. 179.

④ ［苏］勃·弗·拉奇科夫著：《石油与世界政治》，上海师范大学外语系俄语组、上海《国际问题资料》编辑组合译，上海：上海人民出版社，1977年版，第235-236页。

续表

年份	1955	1960	1965	1970
石油和石油产品占的比重	11	18	17	14

资料来源：［苏］勃·弗·拉奇科夫著：《石油与世界政治》，上海师范大学外语系俄语组等译，上海：上海人民出版社，1977年版，第235页。

不仅在石油上苏联是西欧国家的重要供应者，作为当时拥有世界上最大的天然气储量的国家，从20世纪60年代末以来，苏联还同一系列西欧国家签订了供应天然气的大型长期合同。这些合同规定，苏联在20年内将要供应西欧国家的天然气总量，大约相当于2.3亿~2.5亿吨石油①。

对西方石油公司来说，除通过西方政府对苏联石油进口加以重大的限制之外，削减售价也是迎接挑战和钳制俄国人的一个办法。对此，苏联也通过价格战和以货易货的方式加强攻势与反击。冷战时代，这不仅被认为是一种商业行为，甚至被认为是一种政治进攻②。

2. 美国对苏联油气挑战的遏制

苏联油气行业的崛起和对美国地位的挑战导致了美国的竞争性反应和遏制。1960年11月，在芝加哥举行的美国石油研究所年会上，西方石油垄断组织第一次阐明了自己的计划，它们企图借口反对苏联石油威胁以保持自己在各方面的阵地。同年，美国参议院国内安全小组委员会公布了一份报告《冷战中的苏联石油》，它不仅描述了北约成员国有可能陷入“依赖苏联石油供应的境地”状况，还要求美国政府进行干预。与此同时，在北大西洋公约组织成员国议会的联席会议上，“苏联石油威胁”成为一个主要问题被秘密讨论。除此之外，美国政府要求美国驻外大使谨慎地说服所在国政府，不要增加俄国石油的进口量。同时美国国会发布报告，把苏联石油工业说成是“一个恶魔”并通过“杰维茨修正案”。美国全国石油

① ［苏］勃·弗·拉奇科夫著：《石油与世界政治》，上海师范大学外语系俄语组、上海《国际问题资料》编辑组合译，上海：上海人民出版社，1977年版，第271-272页。

② ［美］丹尼尔·耶金著：《石油风云》，上海市政协翻译组译，上海：上海译文出版社，1992年版，第638页、第643页。

协会也出版两卷调查报告《苏联集团石油输出的影响》①。对此，苏联外交部长在1963年1月提出声明，指出美国政府的措施是妄图继续“冷战”政策，是在缓和国际紧张局势的道路上制造障碍②。由表5-8可知，随着美苏安全困境的激化和美苏争霸的进行，苏联对西方国家的石油出口比例总体呈下降趋势。

表5-8　1955~1974年苏联石油出口情况（包括原油及油品）

单位：万吨，%

年份	出口量	出口占原油产量	向东欧出口		向西方资本主义国家出口	
			出口量	占出口	出口量	占出口
1955	800.6	11.1	220.1	27.4	380.7	47.4
1960	3322.0	22.0	940.0	28.3	1590.0	47.9
1965	6410.0	26.0	2260.0	35.2	2770.0	43.2
1970	9640.0	27.6	4060.0	42.2	4150.0	43.2
1971	10500.0	27.5	5140.0	49.0	4800.0	45.6
1972	10600.0	27.1	5620.0	53.1	4500.0	42.5
1973	11830.0	27.9	6310.0	53.3	4750.0	40.1
1974	11620.0	25.3	6669.0	57.3	4556.0	39.2

资料来源：［苏］勃·弗·拉奇科夫著：《石油与世界政治》，上海师范大学外语系俄语组等译，上海：上海人民出版社，1977年版，第292页。

20世纪80年代初，当西欧国家计划大幅度增加购买苏联天然气的数量时，引起了美欧的不和与争斗。欧洲人希望使用苏联天然气作为他们能源分散化战略的一部分，并减少对石油的依赖。美国则担心扩大这项进口会给苏联人以影响欧洲的政治手段并提升苏联的经济和军事能力。对此，美国一方面实施“技术封锁”，禁止含有美国技术的天然气开采设备对苏

① ［苏］勃·弗·拉奇科夫著：《石油与世界政治》，上海师范大学外语系俄语组、上海《国际问题资料》编辑组合译，上海：上海人民出版社，1977年版，第237-243页。

② ［苏］勃·弗·拉奇科夫著：《石油与世界政治》，上海师范大学外语系俄语组、上海《国际问题资料》编辑组合译，上海：上海人民出版社，1977年版，第244页。

联出口；另一方面又说服欧洲把自苏联进口的天然气比例控制在30%以内并鼓励开发挪威的天然气来进行替代[①]。

就在美国对苏联发动“能源反击战”的时候，在全球能源危机和信息化的背景下，西方主要国家的工业发展模式快速向后工业化转移。在这个阶段，他们迅速地实现了向资源节约型技术的过渡（美国升级了其66%的设备，欧共体国家达70%～75%，日本达82%），以及向知识密集型产业（微电子、计算机科学、生物科技、机器人）的过渡[②]。一般也认为这是第三次工业革命的开端。苏联在这方面却没跟上步伐，还在依靠传统能源、原材料、中间产品、军火等出口来维持“霸权”地位。其中，石油出口收入占其外汇收入总额的60%以上[③]。严重依赖能源出口的经济使西方在向全球科技革命进军的这一新阶段，苏联经济却一直疲软。

从能源角度来看，自1987年苏联石油产量达到历史最高峰的6.2亿吨后便在1988年进入了新一轮危机。一方面，危机的深度在很大程度上表现为石油产量显著下降，原因是高产油田的所有产品中含水量高达80%以上[④]。另一方面，是苏联未能跟进新一轮的工业革命，却陷入了依赖石油的“路径依赖”。1989年苏联石油产量超过沙特阿拉伯，但它已处于低效率、技术落后等危机之中。对此，著名能源问题专家耶金认为，苏联的能源政策一直是20世纪70年代中期以来苏联工业中最具破坏性的单一因素，也是苏联经济增长逆转和停滞的主要原因之一[⑤]。

3. 能源依赖困境是导致苏联争霸失败的重要因素之一

自“二战”结束以来，美苏在能源依赖困境领域不断激化外，随着

① ［美］丹尼尔·耶金著：《石油风云》，上海市政协翻译组译，上海：上海译文出版社，1992年版，第940页。

② ［俄］B. Ю. 阿列克佩罗夫著：《俄罗斯石油：过去、现在与未来》，石泽译审、何小平副译审，北京：人民出版社，2012年版，第325页。

③ ［美］丹尼尔·耶金著：《石油风云》，上海市政协翻译组译，上海：上海译文出版社，1992年版，第981页。

④ ［俄］B. Ю. 阿列克佩罗夫著：《俄罗斯石油：过去、现在与未来》，石泽译审、何小平副译审，北京：人民出版社，2012年版，第334-335页。

⑤ ［美］丹尼尔·耶金著：《石油风云》，上海市政协翻译组译，上海：上海译文出版社，1992年版，第980-981页。

冷战的爆发，两国展开了全面的“霸权争夺”。在此期间，国际能源体系已实现向石油的转型，苏联具备资源优势，但在技术能力和经济规模条件方面逊色于美国。而深陷能源依赖困境也是苏联争霸失败的一个重要因素。

冷战期间，苏联具有一定的技术优势，但主要体现在军工领域且总体上逊色于美国。在苏联追上美国的几个领域（如激光、核弹头和常规弹头、空气动力学等），其技术成就没有应用于生产，这与苏联军事工业和民用工业两大部门之间没有什么关系有关。在美国，军用品的生产约占整个工业生产的15%~20%，参与国防部军事订货的工业企业约占全国工业企业单位的1/3，一些大的军火承包商如洛克希德飞机公司、波音飞机公司、麦克唐奈—道格拉斯公司等都是军用生产与民用生产相结合的[①]。因此与美国经济中军事工业和民用工业两大部门之间的协调一致相反，苏联经济和政治制度中的缺陷（缺乏市场竞争）成为技术变革和技术推广的障碍[②]。

另外，自20世纪70年代以来，苏联在科研经费占国民经济总产值比重、科研人员数量等方面的投入逐渐超越了美国，但从科技产出、专利、论文数量、获诺贝尔奖人数等关键指标来看，苏联与美国的差距仍然较大[③]。与此相关的是，苏联长期压抑消费品生产，使大量一流技术、材料、设备和人员集中在第一部类即所谓甲类工业，尤其是重工业，造成了甲类工业、乙类工业和农业的极不平衡发展，从而导致经济增长率不断下降[④]。

民用领域技术的落后，使苏联仍主要靠能源出口换取外汇。1980年能

---

① 李东：《论美苏实力对比变化的发展趋势及其主要原因》，《复旦学报（社会科学版）》，1988年第2期，第15页。

② ［美］班宁·加勒特、邦妮·格拉塞著：《日益扩大的美苏技术差距及其战略意义》，许铁兵摘译，《国际经济评论》，1985年第5期，第29-30页。

③ 郭碧坚：《从科学技术的投入和产出看美苏等国的基础研究》，《科学学研究》，1986年第1期，第60-69页。

④ 李东：《论美苏实力对比变化的发展趋势及其主要原因》，《复旦学报（社会科学版）》，1988年第2期，第16页。

源出口份额占整个苏联出口的46.8%，到1985年时这一比例上升到52.7%①。就在同年，美国政府授意沙特阿拉伯增加石油产量，市场立即做出反应，石油价格持续下跌，逆向石油危机形成。苏联国库的硬通货收入因此也大幅下跌，然而苏联并没有将大量石油外汇用于更新生产设备，而是用来购买食品和必需的消费品。物资的短缺导致了经济危机，而经济危机又导致了政治危机，苏联争霸败相显露无遗。

美苏冷战及争霸期间，苏联严重依赖能源出口对其整个经济体制来说是生死攸关的。严重依赖能源出口的贸易很容易被对手掐住命脉，反而成为对手用于拖垮自己的武器。如果说法国、日本、意大利甚至德国的能源依赖困境主要属于能源获取保障型的困境，那么苏联的能源依赖困境则主要是过于依赖能源出口对国家经济安全形成的“自我设限”式的困境。苏联的经济相对封闭，对外贸易不发达，在1985年时其外贸总额占其社会总产值的比重还不到1/10，外贸总额排在世界第七位②，主要的贸易伙伴是东欧社会主义各国。低效率的苏联工业加上封闭的贸易经济使苏联的经济很难持续发展。这使苏联无论在经济规模与市场规模上，还是在国际经济影响力上都根本无法与美国竞争。

正如德国和日本一样，苏联从“国家经济能力”上还未完成对美国的超越，却表现出了“霸权意愿”。20世纪70年代中期至80年代初期，是苏联经济实力最强的时候，然而其国民收入和工业产值分别只为美国的67%和80%③。从社会总产值或国民生产总值的数值变化来看，1965年苏联社会总产值为4200亿卢布，美国国民生产总值为6849亿美元；1975年时这一数值分别变为8626亿卢布和1.5492万亿美元；1982年

① ［俄］B. Ю. 阿列克佩罗夫著：《俄罗斯石油：过去、现在与未来》，石泽译审、何小平副译审，北京：人民出版社，2012年版，第332页。

② 萧国亮、隋福民编著：《世界经济史》，北京：北京大学出版社，2007年版，第400页。

③ 于国政：《苏联对外经济联系的现状、潜力和趋势》，载《苏联东欧问题》，1991年第5期，第46页。

又分别为 1.236 万亿卢布和 3.073 万亿美元[①]。即使按卢布兑美元 1∶1 的汇率来看，苏联与美国之间的经济能力差距呈不断拉大的趋势[②]。即便如此，苏联仍然在油气领域和军事领域展开了与美国的竞争。以至于到 20 世纪 70 年代时形成了与美国“油气竞赛”和“军备竞赛”的局面。苏联不断陷入了与美国全面战略对抗的“安全困境”。纵观近代俄罗斯、苏联的崛起过程，在能源转型跟随下，该国因能源优势助力其不断向霸权崛起，但又因能源依赖困境的不断激化而限制了这一进程。这使苏联在后期的发展中很难把自己的能源优势转换为经济优势，以至苏联在与美国的争霸中逐步走向失败。当然，值得强调的是，最终苏联争霸失败，原因众多。以能源依赖困境为代表的“能源因素”及其关联因素只是其中重要的一项。

根据以上梳理可发现，在近代以来的国际能源转型中，绝大多数能源转型跟随国都经历了能源依赖困境，只有一个国家是例外，那就是在第一次国际能源转型下也实现了经济能力崛起的美国。恰巧第二次国际能源转型领导权也在英美之间实现了转换，与之同时转换的还有霸权权力和地位。美国与英国没有产生基于煤炭的能源依赖困境：一是因为美国自身就具有极其优越的煤炭资源。二是美国并未在煤炭资源上与英国展开竞争，在煤炭经济体系下，美国是在英国主导的体系内崛起但未对英国及其主导的市场形成脆弱性依赖[③]。不仅如此，美国还启动和引领了以石油为主导的第二次国际能源转型。三是美国独特的地理位置，它远离欧洲，而在崛起过程中始终长期保持不介入欧洲事务的“孤立主义”，没有挑战英国霸权的

① 中国社会科学院世界经济与政治研究所综合统计研究室编：《苏联和主要资本主义国家经济历史统计集》，北京：人民出版社，1989 年版，第 8 页、第 194-195 页。

② 1961 年，苏联兑美元的汇率为 1 美元等于 0.90 卢布。到 1981 年，1 美元兑卢布的官方汇价是 0.699，而黑市汇价在 10~20。如果按 1 美元兑换 10 卢布计算，则 1981 年苏联的 GNP 仅为 1160 亿美元。由于苏联不是市场经济国家，并不需要将全部 GNP 产值按黑市汇价兑换成美元计量。比较客观的是，按 1 美元兑换 1 卢布计算，则 1981 年苏联的 GNP 为 1.16 万亿美元，已经低于日本。参见方明著：《全球货币战略：大国崛起》，北京：中国法制出版社，2013 年版，第 19-20 页、第 30 页。

③ 高程、王震：《大国崛起模式与中国的策略选择——基于大国崛起历史进程的比较分析》，载《世界经济与政治》，2020 年第 12 期，第 11-14 页。

意愿，从而得以和英国长期保持“康德文化”而不是“霍布斯文化”身份建构。而两次世界大战不仅未对美国造成实质性伤害，相反还助推了其国力进一步崛起。这些因素使美国得以成功实现引领第二次国际能源转型和霸权崛起。

第六章　能源转型与大国崛起的历史经验启示

从近代以来的历史进程来看，两次国际能源转型对应了两个世界霸权及有关大国的崛起。对于这一因素或历史现象的分析理应在学术界得到进一步加强，并需要进一步进行能源转型视角下大国崛起的理论提炼和历史经验总结。这无疑对中国在新一轮以“可再生能源”等新能源为代表的第三次国际能源转型进程中，如何更好地推动中华民族复兴具有十分重要的参考和借鉴价值，意义重大。

第一节　能源转型与大国崛起的逻辑

通过对能源转型与大国崛起两大历史现象进行回顾分析，可以验证本书第一章中提出的有关命题假设和概念，使能源转型与大国崛起之间的逻辑联系进一步明朗化。

一、能源转型是大国经济起飞的重要路径和一项必要前提

在第一章中，根据罗斯托的经济起飞理论和能源转型视角的结合，本书提出了能源转型是大国经济起飞与崛起的重要路径和一项必要前提这一

假设性命题。通过前文有关能源转型引领国、能源转型跟随国的历史经验的回顾分析，该命题得到了验证。

第一，从第一次国际能源转型引领国英国的情况来看，能源转型早于经济起飞。罗斯托认为，英国是第一个实现经济起飞的国家，起飞的时间点在 1783 年。然而有关研究显示，以焦耳（Petajoules）为燃烧单位计，1783 年时英格兰和威尔士的煤炭消费已占能源消费结构的 71.9%。而在这之前的 100 多年里，煤炭已逐渐取代柴薪成为英国能源结构中的主导能源[①]。因此，可以说在英国经济起飞之前，英国已经经历了从柴薪到煤炭的能源转型。能源转型进而导致英国工业革命和国家经济起飞。从历史逻辑来看，英国率先开启的向煤炭的能源转型离不开以手工业为代表的制造业的对大量燃料的使用需求。按此逻辑推理，经济发展需求推动了能源转型进程，而经济发展需求又离不开近代以来地理大发现和商业革命的推动。1488 年商业革命开启，不久之后新航路的发现，既拉开了欧洲殖民霸权的序幕，也拉开了能源转型的序幕。此后，能源转型引发了英国工业主导部门的扩张和运输业、贸易业和金融业增长的连锁反应。使以生产供给革命、消费革命、运输革命等为特征的“工业革命”相继爆发并扩散至其他大国。

第二，英国工业革命传播到其他有关大国后，这些能源转型跟随国也纷纷开启能源转型进程并实现了经济起飞。根据罗斯托的划分，法国在 1830~1860 年、美国在 1843~1860 年、德国在 1850~1875 年、日本在 1878~1900 年、俄国在 1890~1914 年也都实现了起飞。这些国家在起飞开始后大约 60 年（或者说起飞结束后 40 年左右）一般达到所谓的成熟阶段[②]。同时，罗斯托也指出，如果以大规模工业成熟时期（工业全面增长最迅速的时期）为标准，则英国的起飞期间为 1819~1848 年；美国的起飞

---

① Paul Warde, *Energy Consumption in England and Wales*, Consiglio Nazionale delle Ricerche, 2007, pp. 115-122. http://sites.fas.harvard.edu/~histecon/energyhistory/data/Warde_Energy%20Consumption%20England.pdf.

② ［美］W. W. 罗斯托著：《经济增长的阶段：非共产党宣言》，郭熙保等译，北京：中国社会科学出版社，2001 年版，第 9 页、第 38 页。

期间为 1868～1893 年；日本的起飞期间为 1900～1920 年；俄国的起飞期间为 1928～1940 年[①]。与此对应的是，这些国家在经济起飞完成前都已纷纷实现了向煤炭的能源转型。它们实现经济起飞的逻辑基本与英国相同。因此，能源转型跟随国崛起的历史状况也告诉我们实现能源转型是经济起飞的重要路径和一项必要前提。

第三，第二次国际能源转型引领国是美国，正如第四章所述，它引领的向石油消费的转型引领了“大众消费时代”的到来。美国引领的石油转型的实质是在“煤炭时代”基础上的经济和社会的升级与转型。在这个历史阶段中，虽然世界主要大国都遭受了两次世界大战的重创，但由于它们再次跟随美国开启新一轮的能源转型进程，这些大国也都纷纷从经济能力上再次实现了崛起。在这个过程中，英国和美国完成了“霸权转移”，苏联一度崛起到与美国争霸的地步。法国从 20 世纪 50 年代到 1973 年，无论是从国内生产总值衡量还是从工业生产衡量，其经济平均年增长率都高于 1896～1949 年的任何时期，经济面貌发生了根本的变化，出现了质的飞跃，法国经济真正实现了现代化[②]。德国和日本则在战后快速恢复，经济能力分别称雄于欧洲和亚洲。不仅如此，许多发展中国家也在这一历史阶段迎来民族独立和走向经济崛起进程[③]。

综上所述，从近代以来大国崛起来看，大国经济起飞和崛起必先经历能源转型，能源转型推动了经济转型和起飞，能源转型是大国经济起飞的重要路径和一项必要前提。

二、重大国际能源转型由特定大国引领推进

历史上的重大国际能源转型是一个较长周期中比较少见的历史现象。

---

① ［美］W. W. 罗斯托著：《经济增长的阶段：非共产党宣言》，郭熙保等译，北京：中国社会科学出版社，2001 年版，第 40 页。

② 沈坚著：《当代法国—欧洲的自尊与信心》，贵阳：贵州人民出版社，2000 年版，第 47－64 页。

③ 受资源禀赋条件或技术开采能力制约，许多发展中国家向石油的转型是通过石油进口依赖保障进行的，有研究显示，石油进口依赖促进了这些国家能力的提升。参见卢凌宇、许剑：《因“祸”得福？石油进口依赖与发展中国家能力》，载《世界经济与政治》，2020 年第 12 期。

这是因为国际能源转型的启动和推进需要严苛的条件，不会轻易自然发生。重大国际能源转型由更具备条件、需求和能力的特定大国引领推进。其中，条件主要对应资源、需求主要对应市场、能力主要对应技术。而把三者有效结合在一起的是政策、制度与环境。当这些因素成功组合作用时，能源转型得以启动和推进。

第一，不同的国家具有不同的资源禀赋特征，这是地理因素使然。若某个大国具备了某项极具优势的能源资源，则该国具备潜在启动某一能源转型的第一项条件。该国同时具有潜在的可能性把具备优势的能源资源推动转化为能源转型进程的主导资源。

第二，只具备资源因素并不能一定启动和主导能源转型，对某项能源资源的使用须具备强大的市场需求，然而存在这样巨大市场需求和市场规模的大国屈指可数。市场规模与需求成为更为严苛的对能源转型引领或主导国进行历史淘汰的条件。

第三，某项能源资源的大规模开采或利用，还需有关大国具备相应的技术能力。而巨大的市场需求是孕育技术创新能力的重要推力，反之技术突破和创新又会大力加速和推动能源转型进程。能源转型与技术进步和创新密不可分。实质上，人类在经济演化的过程中，寻求更高效能源的替代和转型也是经济活动中的一种创新。能否改革创新是影响世界权力发生转移的重要因素，同时也符合在新兴领域拓展利益比在传统领域拓展利益容易形成道义性的判断①。技术能力是推动能源转型加速与成功的关键变量和条件。有观点认为，能源利用方式和种类的变化被认为是工业革命的核心②。而能源转型进程则靠“技术集群”下的技术进步和突破来“锁定”（Lock-ins）③。技术能力也因此成为严苛的对能源转型引领或主导国进行淘

① 阎学通、张旗编著：《道义现实主义与中国的崛起战略》，北京：中国社会科学出版社，2018 年版，第 12 页、第 32 页。

② 舒小昀：《工业革命：从生物能源向矿物能源的转变》，载《史学月刊》，2009 年第 11 期，第 118-124 页。

③ Roger Fouquet，Peter J. G. Pearson，“Past and prospective energy transitions：Insights from history”，*Energy Policy*，Vol. 50，2012，p. 2.

汰的限制性条件因素。

第四，能引领国际能源转型的大国不受重大国际战争、国内革命的影响且具备支撑能源转型的制度条件和社会环境。这样的条件与社会环境往往具有很强的历史偶然性与选择性限制。

当这些因素成功综合作用在一个大国身上时，它便具备启动和主导引领国际能源转型的条件，从而有可能引领国际能源转型的推进。因此，一次成功的国际能源转型引领实现是有关国家“资源+市场+技术+制度”与社会环境（政治因素）的“完美风暴”组合的结果。受严苛条件因素影响，重大国际能源转型只能由特定大国引领进行。历史上具备这些条件从而引领和实现国际能源转型的国家只有英国和美国。从英美引领和推动的两次重大国际能源转型来看，排除制度条件、社会环境、人的主观能动性这些“主观建构条件”和不可控因素，特别需要强调的是它们的能源资源禀赋条件、技术能力和市场规模扩张等这几个“客观条件”对保障能源转型的作用。

第一，在引领国际能源转型期间，英美的能源消费量和产量巨大，往往占据世界首位，能为世界提供50%左右的主导能源。这不仅保障了它们能源转型引领的地位，而且还保障了国际能源转型的顺利进行。

第二，英美在不同历史时期能引领国际能源转型还在于其领先的技术能力。技术是打开两次国际能源转型“多米诺骨牌”进程的关键因素，但技术的突破和发展需要能源这样的技术载体。英美成功推动国际能源转型进程其核心在于“技术为王”。

第三，技术创新和技术革命创造巨大的能源需求市场。能源转型前夕首先是某种能源消费量的不断增大，能源转型过程表现为从“量变”到“质变”再到“量变”。可支配能源总量的上升显著改变了人类社会经济的发展模式，使之逐渐由劳动密集型转变为能源密集型和技术密集型[①]。基于某种能源的转型成为决定经济突变式起飞和增长的重要因素。因此，能

① 吴磊：《新能源发展对能源转型及地缘政治的影响》，载《太平洋学报》，2021年第1期，第65页。

源转型与经济的快速增长和经济结构与活动的重大转变密切相关[①]。

三、能源转型推动大国差异化崛起

能源作为经济发展要素和工业的“血液”是国家经济起飞的物质基础。经济能力的提升是国家崛起的根本保障。简而言之，大国崛起指的是国家实力和地位在国际体系中由弱到强、由低到高的变化过程。历史证明，大国崛起首先在于经济崛起。经济的崛起程度或发展程度在于工业化程度，工业化的高度发展离不开能源，能源的核心之处在于基本能源的充足供应和更高效能源转型的实现。能源转型把能源作为国家经济发展的要素资源、技术载体和经济效率，甚至是国防力量与潜力充分结合和展现出来。能源转型是一个从新能源形态到新工业形态再到新经济形态并最终实现国家经济崛起的连续递进与升级的“动能传递”过程。就某一历史阶段来看，国家经济崛起包含以制造业为代表的工业和以贸易、金融等为代表的服务业行业的“产业集群”兴起，并在各项有关经济指标上处于领先地位。

在能源转型和国家经济崛起的过程中，受能源资源地理分布特征和经济发展对能源依赖的影响，能源便从经济发展要素向大国崛起中竞相追逐的“权力要素”转变，能源也因此成为一项权力来源。从资源到大宗商品再到战略资源的转变则是有关这一转变的明证。

首先，正如前述，在国际体系中结构现实主义认为国家的最高目标是统治世界。国家以“实力”来界定利益，“实力”指的是国家所能获得的物质资源[②]。通过不断获取更多的资源以及从规模经济中获利，国家的实力会逐步增强[③]。大国生性要扩张[④]。国家出于自信或至少出于对资源增加

---

① Roger Fouquet, Peter J. G. Pearson, “Past and prospective energy transitions: Insights from history”, p. 2.

② ［美］法利得·扎卡利亚：《从财富到权力》，门洪华等译，北京：新华出版社，2001 年版，第 9 页、第 25 页。

③ 罗伯特·吉尔平：《世界政治中的战争与变革》，武军等译，北京：中国人民大学出版社，1994 年版，第 109 页。

④ ［英］马丁·怀特：《权力政治》，宋爱群译，北京：世界知识出版社，2004 年版，第 96 页。

的欲望而扩张[①]。在资源争夺中，能源也因此成为大国扩张争夺的要素。从国家与市场两种权力的叙事逻辑来看，这种要素对一国乃至全球的生产结构、安全结构、金融结构甚至是知识结构的影响至关重要，从而对运输体系、贸易体系、能源供应体系、经济福利和发展体系造成重要影响。在能源转型进程的历史周期中，能源转型主导国通过能源转型的引领与主导，可较自然地不断获取对应主导能源驱动下的国际经济结构性权力。

其次，资源短缺所造成的影响对于国家是不平等的，从而使（对资源短缺的）掌控成为可能[②]。在能源资源对工业部门“关联性”强以及获取不确定性、不平衡性甚至是不充分性的情况下，能源转型中的主导能源便成为一项“累积性资源”。根据资源累积性的概念即对一种资源的占有能容易地保存或获取其他资源[③]可得出：能源→工业能力→贸易和经济能力→军事能力→国际权力的累积效应过程。对这些资源拥有掌控主导权的大国也就自然而然地拥有了资源权力影响力并形成联系性权力。

最后，不仅现实主义认为资源是权力的来源，而且权力也被新自由制度主义视为对资源的控制或对结果的潜在影响[④]。在能源转型进程中，能源转型主导与能源转型跟随之间形成了不对称依赖。能源非对称依赖则是这种不对称依赖关系的一种反映，这也成了一项权力来源。因此，能源转型引领国通过能源转型引领获得主导能源经济形态下的“先发优势”“联系性权力”和“结构性权力”，形成全面经济实力优势并能塑造国际能源规范和机制。这样的优势和关系又会转化为军事优势、文化和政治优势，使能源转型主导国兼具霸权崛起的硬实力和软实力。能源从一种发展要素

① ［美］法利得·扎卡利亚著：《从财富到权力》，门洪华等译，北京：新华出版社，2001 年版，第 29 页。

② ［美］肯尼思·华尔兹著：《国际政治理论》，信强译，上海：上海人民出版社，2008 年版，第 165 页。

③ 斯蒂芬·范·埃弗拉认为资源的累积性是两个因素（该资源可获取和保护其他资源的效用，从其领土上提取该资源的成本）的函数。当资源具有更高的累积性时，国际政治就更具有竞争性，因此也更具暴力性。参见［美］斯蒂芬·范·埃弗拉著：《战争中的原因：权力与冲突的根源》，何曜译，上海：上海人民出版社，2014 年版，第 127-128 页。

④ ［美］罗伯特·基欧汉、约瑟夫·奈著：《权力与相互依赖》，门洪华译，北京：北京大学出版社，2012 年版，译者前言第 11 页。

演变成了权力来源。不对称依赖关系以及不同的经济能力和权力掌控使得大国呈现出差异化崛起。

历史表明，能引领国际能源转型的大国有能力崛起为世界霸权（世界强国）。霸权崛起具有“能源链”因素的影响或制约，实际上，以某种新能源为主导能源转型进程是一国资源禀赋能力、技术实力、改革能力、市场活力的具体体现，而能源转型引领就是一种基于主导能源下的能源经济形态结构性权力塑造的过程和国际政治领导力的具体体现①。能源转型过程中霸权崛起的路径表现为：能源资源禀赋优势—形成资源权力影响—引领实现能源转型与经济转型—经济能力以绝对优势崛起。其后的逻辑顺理成章，即通过军事能力崛起和对外政策调整成就霸权地位。

美国与英国是实现霸权和平转移的一组国家。从它们的案例和历史经验来看，在实现这种霸权的和平转移之前，必然是霸权继承国经济的全面崛起和超越。其中的路径步骤为：第一，上一轮能源转型跟随崛起（跟跑），同时避免对既有能源转型主导国地位的挑战；第二，在新能源产量世界第一位序保障下开启和引领国际能源转型（换挡加速）；第三，基于新能源作为核心要素投入下制造业的登顶或超越；第四，贸易与金融领导权的建立或取代；第五，霸权获得或转移。这几个步骤使美国在能源转型进程中可以比其他国家更早地有一个“换挡加速”的过程。换言之，新崛起的国家在实现经济崛起到首位的过程中往往能引领全球能源经济形态的转型。而不具备能源转型引领条件的国家很难在经济崛起上实现“登顶”，但可以在能源转型跟随下实现“次优”崛起即大国等级体系中的世界大国（区域强国）或进行超出自身条件与能力的争霸挑战。这样的崛起状态是受到包括“能源依赖困境”在内的“安全困境”等因素限制和影响下的结果。因此，能源转型除是推动大国崛起的重要因素外，还是形成大国崛起间“安全困境”的一项重要因素。

---

① 《大国领导力》阐述了政治领导力是决定国家兴衰的重要决定因素。参见阎学通著：《大国领导力》，李佩芝译，北京：中信出版集团，2020 年版。

四、能源依赖困境限制能源转型跟随国的争霸

在能源转型与大国崛起进程中，除能源转型引领国通过能源转型主导优势获取全面经济优势和超强实力优势，从而实现霸权崛起外，其他转型跟随大国要么依赖霸权成为霸权联盟，要么在实力接近霸权时进行争霸挑战。然而当这类国家在“国家能力”与“霸权意愿”不完全匹配时进行争霸，往往导致霸权权力转移的失败。争霸的国家往往是权力转移理论中的“强大而不满意”的国家，如第一次国际能源转型期间的德国、第二次国际能源转型期间的苏联。导致争霸失败的一个重要因素是它们在能源转型与崛起进程中都遭受到了“能源依赖困境”的限制。能源依赖困境的根本逻辑是，在能源转型进程中，能源转型跟随国要么形成对他国的能源进口依赖或者是特定来源依赖，要么形成“自身依赖”，激化安全困境。成功实现霸权权力转移的国家则能够避开这一困境的限制，避开的根本路径则是再次成功引领国际能源转型。由于能源在国家经济发展中的基础性作用，“能源依赖困境”往往先于国家间的军事、政治安全困境发生。同时，由于能源对国家军事力量的重要作用，能源依赖困境也可能成为军事、政治安全困境中的一部分。这使该困境具有了先导性和内嵌式特征，使它从而成为能源转型跟随国崛起进程中困境的困境。虽然经济崛起是霸权崛起的必要而非充分条件。然而一国要实现霸权崛起，必然首先要实现经济崛起的最大化，形成绝对的全面经济优势和超强国力。除美国从第一次国际能源转型以来的崛起和实现最终霸权权力转移外，法国、德国、日本、苏联等国家在崛起中的争霸行为都违背了霸权崛起的这一逻辑，国家能力与霸权意愿并不完全匹配，它们在能源转型跟随中的争霸陷入了与既有霸权或其他大国的能源依赖困境，并在不同程度上使这一困境得以激化。

18~19 世纪的法国在向煤炭能源转型进程中比英国落后，属于典型的煤炭转型的跟随国，在煤炭资源和有关技术上都很大程度地依赖英国，形成了煤炭消费依赖进口，进口煤炭依赖英国的局面。当英国引领国际能源转型不断实现国家实力崛起时，法国却陷入了能源依赖困境的限制。即使

是这样，法国在拿破仑时期仍发动了“争霸欧洲”的挑战。争霸的失败及维也纳体系的建立则使法国再也没有能力进行霸权挑战。

德国也是两次能源转型的跟随国。它的能源条件是富煤缺油。它的技术条件在19世纪前期处于追赶状态，19世纪后期至20世纪40年代具有一定的优势，但并不具备同时期与英国和美国一样的“绝对优势”。就市场规模或经济规模来说，它在“一战”前夕已接近并有超越英国的趋势，但无法与美国相比。这意味着德国很难具有挑战英美联盟的能力。同样的限制情况也符合“二战”前夕的德国。但此时德国不仅挑战了英美两个新旧霸权及其联盟，还挑战了正在崛起的另一个新兴大国——苏联。德国在两次能源转型期间和崛起争霸中，也遭遇了能源依赖困境。而争霸的失败及雅尔塔体系建立，使德国被定位于霸权国主导下的“次优”状态。

20世纪早期，日本的争霸处于第二次国际能源转型期间，但它的石油资源几乎等于零。它的技术水平和市场规模在大国行列里只处于末流阶段。日本与美国遭遇的能源依赖困境是近代以来的一个经典例证。如果说德国在第一次国际能源体系转型期间，“霸权能力”崛起已接近完成，基本具备争夺“世界霸权”的资格，只不过这样的争霸具有很高的投机性和风险性的话，那么日本无论是在第一次国际能源转型期间，还是在第二次国际能源转型时，它都不具备争夺“世界霸权”的能力和资格。

与德国、日本、法国不同的是，苏联具有能源资源禀赋优势并在“二战”后展开了与美国的油气竞争，这使得以能源需求为主的能源依赖困境不断走向激化。但是苏联的经济能力也未完全实现充分的崛起。无论是在经济总量上还是在人均水平上，苏联与美国差距都较大。苏联实行的经济制度和经济结构无法适应市场需求，市场规模条件无法与美国相比，技术条件特别是民用技术条件也比美国等西方国家落后。在这样的情况下，苏联却展开了与美国的“军备竞赛”“油气竞赛”和“势力范围”的争夺，形成了与美国在经济、军事、政治、科技、意识形态等全方位的竞争与对抗。在这场对抗中，苏联的“石油路径依赖+军备竞赛+对外援助+对外局部的冲突与战争”无疑会损伤其并未完全崛起的经济能力，形成“战略透支”。而并未完全崛起的经济能力使得苏联并不完全具备与美国相等的公共产品提供能力和对外援助能力。这反过来又会削弱其“霸权”合法性权威和影响力。进而这些因素与经济危机一道在国际国内造成认同危机和政治危机并导致苏联争霸失败。

与上述所有大国不同的是，只有美国在第一次能源转型过程中有效避开了与当时能源转型主导国英国的能源依赖困境。其中主要的原因正如第五章所分析的一样：一是美国自身丰富的资源禀赋优势并远离欧洲；二是开启煤炭能源转型之后不久，美国随即探索开启了石油转型进程，美国比其他国家提前进入“换挡加速”的经济崛起进程，这一进程的成功推进使美英之间得以避免煤炭和煤炭经济转型主导之争；三是美国在崛起中和完全实现石油转型之前，虽然总体上国力已超越英国，但并未表现出霸权意愿，奉行不介入欧洲事务的“孤立主义”；四是两次世界大战的爆发不仅未损伤美国，反而助推了其进一步向世界霸权的崛起。

从“能源转型因素”的角度来看，历史上霸权崛起的成功案例和失败案例都绝非历史巧合。对这样的现象需要加强研究，进行深入的历史归纳和总结。

第二节　能源转型周期与大国权力周期及国际体系的演变

大国是国际体系中的主要行为体，除“个体层面”外，能源转型与大国崛起之间的互动也将不可避免地带来“体系层面”的演变。

一、能源转型周期与大国权力周期变化

就像进入民族国家争霸进程以来，大国崛起乃至霸权崛起具有一样的周期。人类社会自进入化石能源时代以来，某一主导能源的能源形态和能

源转型也具有周期。总体来看，大国能源转型的周期与大国经济起飞周期和权力变化周期基本同步；霸权崛起与能源转型引领实现的时间几乎一致；某类主导能源的周期几乎与霸权周期一致；国际能源转型与霸权的国际权力转换基本同步，国际能源格局与国际权力格局基本保持一致，国际能源体系转型与国际体系转型基本同步。

根据历史回顾可发现，通过第一次国际能源转型，有关大国基本上完成第一波崛起，在此期间，大国崛起带来权力变化博弈，大国安全困境凸显，直至第一次世界大战爆发，遭受战争重大影响的大国经济发展和国际权力进入下降阶段。此后直至第二次能源转型开启，大国崛起进入新一轮周期，然而在此次崛起过程中，第二次世界大战爆发，大部分国家崛起进程再次被打断[①]，直至战争结束后，在新一轮能源转型中，这些大国得以继续崛起。因此，由于能源转型推动了经济和社会的转型与升级，同时大国崛起带来的权力变化和大国博弈加剧，主要大国在能源转型周期中大致呈现出的是一种"波浪式"式的崛起（见图 6-1）。在这个过程中，霸权守成国与新兴崛起大国之间通过能源转型主导悄然间完成权力转移。

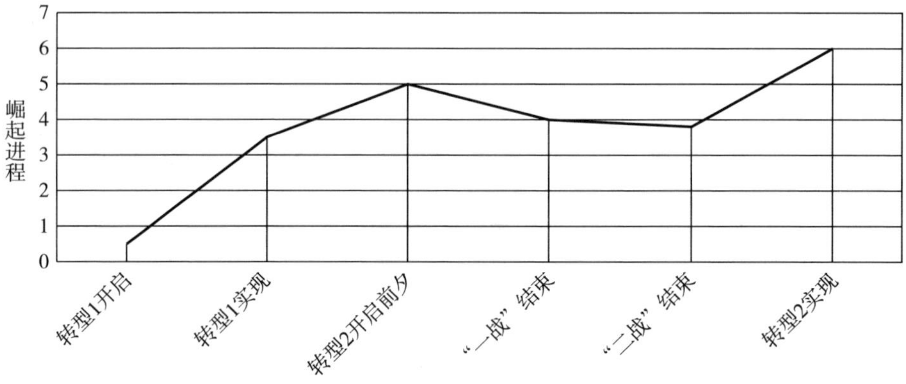

图 6-1　两次国际能源周期中的大国崛起曲线

资料来源：笔者自制。

---

① 由于美国远离两次世界大战战场且是第二次国际能源转型引领国，除 20 世纪 20 年代末爆发的经济危机短暂的影响外，美国在较长周期内都处于持续崛起状态。因此，美国是两次世界大战期间国家能力未受削弱反而增强的例外国家。

从能源转型和大国具体崛起的周期时间来看，罗斯托认为国家经济起飞40年后达到成熟状态，而对于能转型跟随国来说，从一次能源转型开启到实现的周期也基本是40年，一般来说，这40年也是国家崛起的周期。这一周期与反映世界经济变化的康德拉季耶夫50年周期基本吻合①。以莫德尔斯基为代表的长周期理论认为霸权周期则至少要保持100年②，而从煤炭到石油的国际能源转型周期也基本如此。从能源转型实现与霸权获得来看，1750年英国已实现煤炭在能源结构中过半的比例，1760年前后英国的发明速度加快了③，而“七年战争”战胜法国后，英国已迈向霸权进程；同样，“二战”结束后美国从英国手中接过霸权，几乎在此时期它率先实现了向石油的转型。英国大约用时60年完成向煤炭变成主导能源的转型，世界能源体系完成向煤炭变成主导能源的转型则用时75年左右；美国大约用时40年完成向石油变成主导能源的转型，世界能源体系完成煤炭向石油主导的转型则用时50年左右。一定程度上，这样的“时间差”所折射出来的也是世界霸权与世界其他国家在经济发展水平上和国家实力崛起上的差距。能源转型主导国与能源转型跟随国在能源转型实现上存在的“时间差”，可以成为新兴国家在新的历史条件下崛起时所需要关注的一条历史经验。

从以上分析可见，国际能源转型的历史周期与霸权更替的周期乃至地缘政治变迁和国际体系变迁具有高度的相关性。能源转型周期与大国权力周期的变化将会导致能源体系、国际格局、国际体系的进一步变化。

二、能源体系与国际格局、国际体系的变迁

英国著名地缘政治学家麦金德（Halford Mackinder）曾认为谁控制了作为世界岛的欧亚大陆，谁就能统治世界。从英国和美国称霸的过程来看，

① 有关康德拉季耶夫周期的论述可参见 Nikolai D. Kondratieff, “Long Waves in Economic Life”, *Review of Economics and Statistics*, Vol. 17, No. 6, 1935, pp. 105-115.

② George Modelski, *Long Cycles in World Politics*, London: Macmillan, 1987.

③ ［美］罗斯托著：《这一切是怎么开始的：现代经济的起源》，黄其祥等译，北京：商务印书馆，2014年版，第145-170页。

这并不太符合现实。事实上，英美两国远离欧亚大陆，然而却在不同的历史阶段崛起成了世界霸权。从能源史的角度来看，或许我们可以说谁引领和主导了国际能源转型进程，谁就具备了霸权崛起的条件和实力，谁就具有了改变世界面貌的能力。正如本书文献综述部分所述，从目前的研究来看，尽管不乏对能源及地缘政治变迁的研究，然而从能源转型导致能源体系、国际格局与国际体系变迁的分析仍为罕见。这或许是开拓能源政治研究所值得关注的一个领域。

从能源转型的历史过程来看，能源转型并不意味着新能源完全把旧能源排斥在外，只不过会形成新能源主导、多种能源共存的体系结构。因此，就像拥有经济体系、国际政治体系一样，人类社会也拥有一个不断演化的能源体系。正如国际格局、国际体系会发生变迁一样，国际能源格局与国际能源体系也会发生变迁。推动这一变迁的正是国际能源转型。例如苗中泉就认为，国际能源转型进程意味着国家间权力关系的大规模重新调整，连带造成国际格局的剧变①。

在两次国际能源转型中，国际能源格局基本上都反映了从一个中心到多个中心的变化，这与国际格局的变化有异曲同工之处；而国际能源体系自第一次能源转型开启以来，只实现了从传统生物燃料体系到现代矿物燃料体系的转变，而国际政治体系总体上也只发生了从区域帝国到现代民族国家的转变。因此，能源体系的演变与国际政治经济体系和地缘政治的变化之间是否存在内在的联系？

回顾历史可发现，自拉开化石能源转型帷幕以来，人类社会处于前工业经济时代和以生物燃料为主的时代，前工业经济引起了资本主义世界经济体系的扩张，开始推动包括有关能源如泥炭、煤炭、风力、水力等资源的扩张和探索，被人类不断开发利用的多元能源体系雏形开始显现，这一时期以“威斯特伐利亚”体系为代表的民族主权国家时代也开始到来。在世界范围内的第一次能源转型期间，由于众多大国崛起和争霸，国际格局

---

① 苗中泉：《世界能源秩序与地缘政治动力》，载《南大亚太评论》，2020 年第 1 期，第 176–177 页。

迎来“多极”时代，直至英国崛起为世界霸权，世界进入维也纳体系时代。从维也纳体系至第一次世界大战前，随着国际能源转型的推进和其他大国的崛起，国际能源格局形成了从以英国为主到以英、德、俄、美等为中心的时代，国际政治格局也处于英国作为“离岸平衡手”的“多极均势时代”。欧洲出现了历史上所谓的“百年均势”，维持了近一个世纪的和平局面。在此期间，国际地缘政治权力结构处于以欧洲为中心的时代。这个时代也是能源体系“以煤为王”的时代。

第一次世界大战后建立的华盛顿—凡尔赛体系则标志着国际地缘政治权力结构开始转移，此时第二次国际能源转型再次拉开帷幕，国际地缘政治格局也逐渐形成了欧、美两个中心共治的时代。随着国际能源转型的推进和美国的崛起，这一期间不断形成了实质上以美国为首的“一超多强”的实力格局，只不过英国还未正式向美国进行权力转移，美国也处于不愿介入欧洲事务的“孤立主义”主导时期。第二次世界大战的爆发，摧毁和重创了“多强”，“一超”独大。美国引领第二次国际能源转型深入发展，国际体系随之迎来雅尔塔体系和英美权力的和平转移，而国际能源体系也发生了从以煤炭为主导的体系转移到了以石油为主导的体系，“石油为王”取代“以煤为王”。“雅尔塔体系”初衷或形式上形成了“美苏共治”，但随之而来的“冷战”又形成了美苏争霸的“两极”格局，与此对应的是，国际能源格局也从以美国为主进入到了美苏竞争的局面。苏联争霸的失败意味着国际地缘政治权力版图完全从欧洲移向太平洋北美地区。随着其他大国的崛起和第三世界的兴起，国际能源格局和国际政治格局也都进入到了相对“多极”的时代。但是这样的多极自近代以来主要在“平衡的多极”与“不平衡的多极”之间来回摇摆①。“不平衡的多极”在世界霸权崛

① 米尔斯海默根据杰克·利维（Jack Levy）的大国战争数据库，把1792~1990年的国际体系分为7个时期：1792~1793年，平衡的多极；1793~1815年，不平衡的多极；1815~1902年，平衡的多极；1903~1918年，不平衡的多极；1919~1938年，平衡的多极；1939~1945年，不平衡的多极；1945~1990年，两极。参见［美］约翰·米尔斯海默著：《大国政治的悲剧》，王义桅等译，上海：上海人民出版社，2008年版，第378页。

起后则主要表现为“一超多强”甚至是“单极时刻”[1]。

当前，随着非常规油气资源革命和可再生能源的崛起。国际能源体系正朝着以煤炭、石油、天然气、核能、可再生能源等多种能源种类构成的综合能源体系演进。因此，可以肯定的是，随着经济、技术的发展，人类的能源体系从传统生物燃料体系为主导演变到现代矿物燃料体系为主导再向综合能源体系演变。如果能源体系的演变与国际格局、国际体系的演变存在相关逻辑的话，那么能源体系的再次演变将不可避免地会推动国际格局和国际体系再次演进与变化。然而这是一项新的研究议题，还需要进行更深入的研究分析。

第三节　新一轮能源转型下中国的挑战与机遇

回顾历史，展望未来。自20世纪后期以来，随着能源开采和利用技术的进步与人类对能源认识的变化，第三次国际能源转型的大幕悄然拉开，国际能源体系变革加速发展，国际能源战略形势发生了重大和深刻的变化。从全球范围来看，以能源效率提升、非常规化石能源开发和以可再生能源为代表的新能源发展成为今后能源发展的三大技术路线和发展方向[2]。其中，因气候和环境问题催生的低碳发展或二氧化碳净零排放使得可再生能

① 有关单极结构的文献如：Charles Krauthammer, “The Unipolar Moment”, *Foreign Affairs*, Vol. 70, No. 1, 1990, pp. 23-33; Michael Mastanduno, “Preserving the Unipolar Moment: Realist Theories and U. S. Grand Strategies after the Cold War”, *International Security*, Vol. 21, No. 4, 1997, pp. 49-88; William C. Wolfforth, “The Stability of a Unipolar World”, *International Security*, Vol. 24, No. 1, 1999, pp. 5-41.

② 许剑：《国际能源转型的技术路径与中国的角色》，载《云南大学学报（社会科学版）》，2018年第3期，第136-144页。

源发展更是成为新一轮国际能源转型的关注着力点①。自2014年6月提出推动中国能源发展的“四个革命、一个合作”的战略愿景后，习近平总书记于2020年9月正式宣布中国将力争在2030年前和2060年前分别实现碳达峰和碳中和。这为中国更深入、更广泛地推动能源转型和参与全球能源治理指明了方向，或许也让我们窥见中国推进能源转型和“双碳”目标所面临的挑战和机遇。

一、挑战

中国是世界上最大的发展中国家，包含能源在内的资源与人口的不对称是长期存在的结构性问题。虽然自中华人民共和国成立以来，我们取得了举世瞩目的发展，综合国力大幅提高，人民生活总体步入小康，但这些成绩的取得，很长时间以来是靠粗放式增长维系的。高能耗、高排放、低效率是中国能源消费状况的真实写照。在环境承受力已经很脆弱而产能又过剩的今天，这样的发展方式亟待转变。“金山银山不如绿水青山”正成为一种共识。因此，如何平衡好环境保护与经济发展便是摆在当今中国各级政府面前的一个重大课题。当前中国的能源约束主要体现在能源结构、环保压力、能源进口依赖三方面。

（一）能源结构

中华人民共和国成立之初，当西方国家普遍迈向石油转型时，中国仍处于“煤炭时代”，煤炭曾占全国能源消费总量的90%以上，可以说当时中国工业落后了西方一个时代。但是通过自力更生，艰苦奋斗，中国逐渐

① 近几年无论是国际能源署（IEA），还是国际可再生能源署（IRENA），或者是英国石油公司BP的有关报告都清晰地指出，以可再生能源为代表的新能源转型正在快速推进，2040年左右将是实现第三次能源转型的一个关键时间点。参见IEA：*World Energy Outlook* 2015，Paris：International Energy Agency，2015；IEA：*World Energy Outlook* 2016，Paris：International Energy Agency，2016；IEA：*World Energy Outlook* 2017，Paris：International Energy Agency，2017；IEA：*World Energy Outlook* 2018，Paris：International Energy Agency，2018；IEA：*World Energy Outlook* 2019，Paris：International Energy Agency，2019；IEA：*World Energy Outlook* 2020，Paris：International Energy Agency，2020；IRENA：*A New World－The Geopolitics of the Energy Transformation*，2019，Abu Dhabi：International Renewable Energy Agency，2019；BP：*BP Statistical Review of World Energy*，2019，London：BP，2019；BP：*BP Statistical Review of World Energy*，2020，London：BP，2020.

建立了完备的能源工业体系。当新一轮能源转型浪潮来袭时，中国也不得不卷入其中。然而中国的能源结构和现实也决定中国将经历以煤为主向多元发展再向非化石能源为主过渡的阶段[①]。随着其他能源的发展和中国经济的转型，煤炭占中国能源结构的比例不断下降。纵然如此，当前煤炭仍然占中国能源消费结构的近60%。根据2021年BP发布的《世界能源统计年鉴》的数据，2020年煤炭占中国一次能源消费结构的比例已下降至56.6%，而石油为19.6%，天然气为8.2%，核能为2.2%，包含水电在内的可再生能源为13.4%[②]。从数据来看，这已阶段性实现了在“十三五”最后一年即2020年非化石能源达到15%的目标。然而，与碳排放密切相关的化石能源仍占中国能源结构的84%，特别是化石能源中碳排放最多的煤炭仍然占据中国能源消费的“半壁江山”。因此，中国能源结构仍不够合理，清洁能源的增长仍有巨大的空间，构建“现代能源体系”仍然任重道远。在这个过程中，为了实现减排目标，又不影响经济增长，需要解决煤炭和煤电行业低效高排的问题，并推动油气领域提质增效，节能降碳。更重要的是，与能源结构调整对应的是还需要继续推进产业结构、交通结构优化与供给侧结构性改革，推动能源关键核心技术突破，继续改革完善能源体制，努力推动中国从能源大国到能源强国，从制造业大国到制造业强国的转变。能源结构调整在很大程度上是中国能源转型推进的关键所在。在高质量可持续发展及“双碳”目标的限定下，中国能源转型和经济转型还有很长的路要走，任务颇为艰巨。

（二）环保压力

与能源结构对应的则是由高能耗碳排放及工业化进程造成的环保压力。在国内，近年来因化石能源使用和地方政府唯GDP增长论而导致的环境污染和极端气候已引起了中央政府的重视。经济的发展需要与环境保护之间保持平衡越来越成为人们的共识。国际上，自2006年中国成为最大温室气

---

① 周守为、朱军龙：《助力“碳达峰、碳中和”战略的路径探讨》，载《天然气工业》，2021年第12期，第2页。

② 同年，油气占全球能源消费结构的55.93%，煤炭占比为27.2%，非化石能源占比为16.86%。参见BP：*BP Statistical Review of World Energy*，2021，London：BP，2021.

体排放国后，西方发达国家一直要求中国在全球环境保护和碳减排上承担更多的责任和义务。目前，中国已是世界上最大的能源消费国，这不可避免地使中国也成为了最大的碳排放国。碳减排、碳达峰、碳中和及环保压力在一定程度上是中国能源转型面临的主要束缚。根据 2021 年 BP 发布的《世界能源统计年鉴》，2020 年中国大陆碳排放为 98.993 亿吨，占世界的 30.7%①。从发达国家的经验来看，从碳达峰到碳中和至少要用 70 年时间，而中国要用不到 10 年的时间实现碳达峰，再用 30 年时间实现碳中和，压力和挑战无疑是巨大的。尽管如此，中国政府一直在秉持“共同而有区别的责任”下积极努力推进自身的节能减排。2016 年《巴黎协定》的签署是国际社会对全球气候和环境治理的最新成果与收获，反映了全球对于气候变化行动的共识。中国政府积极参与其中，表明了中国政府敢于直面解决全球气候变暖和环境治理的决心与责任，也表明了中国推进能源治理和经济转型的决心。而“双碳”计划的宣布则表明中国推进能源转型已有了更明确的时间路线。

（三）能源进口依赖

自 20 世纪 90 年代以来，中国自产能源特别是油气资源无法满足巨大的市场需求，只有通过进口解决。中国的能源进口有几个关键时间点：1993 年成为成品油净进口国，1996 年成为原油净进口国，2006 年开始进口天然气，2009 年从传统的煤炭出口国转变为进口国。从此之后，中国的能源进口依赖就一路高涨。中国的能源进口依赖以石油最为突出，2016～2018 年中国原油对外依存度分别为 65.7%、68.6%、70.1%②。到 2019 年，中国原油对外依存度已达 70.8%，天然气对外依存度已达 43%③。中国能源的高度进口依赖一定程度上形成了“能源供应依赖困境”，特别是绝大部分原油进口来自动荡不稳的海湾地区和北非地区，运输须经过一些

① BP：*BP Statistical Review of World Energy*，2021，London：BP，2021.

② 刘朝全、姜学峰主编：《2017 年国内外油气行业发展报告》，北京：石油工业出版社，2018 年版，第 59 页。

③ 《2019 年我国原油对外依存度 70.8%》，中国石油新闻中心网，2020 年 3 月 31 日，http：//news.cnpc.com.cn/system/2020/03/31/001769303.shtml。

风险较高的咽喉要道。这样的能源来源和路径也使中国能源安全形成了“特定来源依赖”。这一因素使中国能源安全面临着严重隐患，特别是在冲突乃至战争时期，这一困境有可能会被激化和转化。因此，中国的能源转型既是面向生态友好型的转型又是根本解决中国能源安全的转型。这一转型具有“跨越式”特征，在转型未实现前或过渡阶段，需要积极稳妥地处理好油气存在的依赖困境。

二、机遇

虽然当前中国能源转型面临的挑战较为明显，实现能源转型的任务颇为艰巨，但有幸的是，近年来中国在能源上的发展有着令人鼓舞的进步。中国不仅在核能、各种可再生能源、洁净煤、智能电网以及能源基础建设的范畴上是领跑者之一，而且是全球可再生能源发电的最大投资国，是能效政策的引领者，是数字经济与能源交叉新技术的引领者，是全球最大的电动车市场[①]。这主要得益于中国作为新近崛起中的大国在制度道路、市场规模、运输革命前景、新能源发展等方面有着自身的优势，主要表现在以下方面：

（一）具有中国特色的社会主义发展道路

随着中国改革开放的深化和推进，中国的社会主义制度优越性不断凸显：一方面尊重市场在资源配置中的基础性作用，另一方面具有集中力量办大事的能力。中华人民共和国成立以来所取得的重大科技成就、经济成就和国际地位等成绩就是这种制度优越性的体现，并创造出了“中国模式”的发展道路。中国的能源体制是中国制度的组成部分。随着中国现代治理体系和治理能力的提升，能源领域体制改革取得了一定的成绩，例如取消下放72%的审批事项，进一步放宽市场准入，电力市场体系建设初步建立，覆盖战略、规划、政策、标准、监管、服务的能源治理机制基本形成，能源法律体系不断完善[②]。随着中国物质实力的不断提高，在新的时

① IEA：*World Energy Outlook* 2017，Paris：International Energy Agency，2017，p. 471.

② 任平：《能源的饭碗必须端在自己手里》，载《人民日报》，2022年1月7日，第5版。

期我们应继续深化改革和开放，加强制度建设，创造更有利于生产力解放、社会创新和人才脱颖而出的社会环境。这对于迎接正在开展的包含能源革命在内的科技革命与工业革命至关重要。

（二）中国市场规模

再好的技术最终也需要寻找市场，获得市场的认可。经过几十年的中高速发展，中国经济总量按美元汇率计算已上升到世界第二位并且还在持续处于提升的态势中，其中人均 GDP 在 2021 年时已突破 1.2 万美元，超过世界人均 GDP 水平①。中国人民生活水平和消费能力也有了很大的提高。中国已经是全球最大的能源生产国和能源消费国。受新冠肺炎疫情影响，2020 年全球能源需求出现自 1945 年以来最大的负增长（-4.5%），然而中国却在众多国家中以 2.1%的增幅保持了最高的增长，仅中国就贡献了全球能源市场需求份额的 26.1%②。2021 年中国能源消费总量又比 2020 年增长 5.2%③。基于中国巨大的人口基数、经济发展水平和对未来持续发展的预期，中国巨大的市场所散发出的能量和魅力是任何国家和企业所不能忽视的，中国能源市场也因此逐渐具有甚至转变为能源权力影响力，这为中国开展包括能源科技合作在内的国际能源合作创造了独特而有利的条件。目前，中国在能源领域科技里实现了从以“跟跑、并跑”为主向“创新、主导”的加速转变并且与 90 多个国家和地区建立了政府间能源合作机制，与 30 多个能源领域国际组织和多边机制建立合作关系，成立了 APEC 可持续能源中心等 5 个区域合作平台，建成了涵盖亚欧美非区域的五大油气合作区④。

（三）运输革命前景

基于中国巨大的人口基数和有限的资源条件，在交通领域，中国注定

① 中华人民共和国国务院新闻办公室，“2021 年国民经济运行情况新闻发布会”，2022 年 1 月 17 日，http://www.scio.gov.cn。

② BP：*BP Statistical Review of World Energy*，2021，London：BP，2021.

③ 胡汉舟：“能源保供成效显著，能源结构持续优化”，国家统计局网页，http://www.stats.gov.cn/tjsj/sjjd/202201/t20220118_1826513.html。

④ 中华人民共和国国务院办公室：《新时代的中国能源发展》，载《人民日报》，2020 年 12 月 22 日，第 12 版。

很难走西方传统石油消费的“奢侈型”道路，而必须要走以公共交通为主的发展道路。公共交通是实现节能减排、提高能效的有效方式之一。事实上，中国公共交通特别是轨道交通已取得了较大的发展。目前，中国拥有世界上最长和最完善的高速铁路网和城市轨道交通网①。高速动车和电力机车是采用电力驱动的现代交通方式，具有运量大、高效、绿色环保、多点区域联通等优势。从蒸汽机车到内燃机车到高速动车恰好预示着人类能源使用从煤到石油到电力的转型之路。根据加拿大学者理查德·吉尔伯特（Richard Gilbert）和安东尼·珀尔（Anthony Perl）所设想的陆地运输电气化情况直至今日没有在美国发生，反而在中国不断地成为现实。按现在的情况，21 世纪最有希望发生运输革命的地方在中国②。除此之外，中国在电动车领域的发展也令人瞩目。2016 年，中国纯电动车销售比其余地方的总和还要多③。2017 年，超过一半的电动轿车在中国销售，电动大巴和两轮电动车的销售比例则更高，中国已经是电力化出行的引领者④。中国陆地运输领先世界的“两高两电”⑤ 及城市轨道交通正推动中国的陆地运输革命前景的到来。与此相关的是，随着可再生能源发电的迅速发展，可以预计运输的电力来源将有很大一部分来自可再生能源⑥。

（四）可再生能源与核能等新能源的引领发展

经过近几年的努力，中国已成为全球可再生能源的引领者。引领的领域主要在水电、风电、太阳能光伏发电及电动车等。在水电方面，中国占

---

① 中国高速铁路占世界高速铁路的 2/3，已超过其他所有国家加起来的里程；城市轨道交通占世界的 28%以上，2015 年时地铁里程已超过欧盟成为世界第一。参见 IEA：*The Future of Rail*：*Opportunity for energy and the environment*，2019，Paris：International Energy Agency，2019，pp. 25-26；p. 28.

② ［加］理查德·吉尔伯特、安东尼·珀尔著：《运输革命：超越石油的高铁之路》，赵乐静，赵无忌译，上海：上海科学技术出版社，2015 年第二版，序言第 3-4 页。

③ IEA：*World Energy Outlook* 2017，Paris：International Energy Agency，2017，p. 636.

④ IEA：*World Energy Outlook* 2018，Paris：International Energy Agency，2018，p. 57.

⑤ “两高”指中国拥有世界排名第一的高速公路网和高速铁路网，“两电”指铁路的电气化和汽车运输的电动化。

⑥ 根据《2018 年世界能源展望》的预计，在新政策情景下，2040 年用于交通的可再生能源电力来源将增长到 25%，其中中国将占增长的 40%。参见 IEA：*World Energy Outlook* 2018，Paris：International Energy Agency，2018，p. 268.

全球水电产能的1/4左右，直到2040年水电都是中国可再生能源中占比最大的部分[①]。在风电方面，2014~2016年中国新增产能基本保持在全球新增产能的一半左右。中国陆上风电产能已超过欧盟，而海上风电则排在欧盟后位列全球第二[②]。在太阳能光伏发电方面，中国自2015年以来便成为全球最大的太阳能光伏安装市场，无论从存量还是从增量来看，中国都大幅领先其他国家。2017年全球太阳能光伏新增产能97吉瓦，其中中国占了一半以上（53吉瓦）[③]。总体来看，中国风电产能占世界的1/3，太阳能光伏占世界的1/4，世界前十大光伏面板生产商有六家来自中国，世界前十大风力涡轮机生产商有四家来自中国[④]。截至2021年10月底，中国在水电、风电、太阳能发电和生物质发电装机规模均保持世界第一[⑤]。

除在可再生能源发展上取得不俗的表现外，中国在核能方面的发展也进步神速。全球在建的64吉瓦核能电厂中，1/3在中国[⑥]。预计2030年前，中国核能产能将超过美国和欧盟；而到2040年，在全球电力结构中，核电占10%左右，而中国则是全球最大的核电生产国[⑦]。与发电领域领先对应的是，近年来中国在特高压输电、能源互联网技术等方面的发展也领先世界，令人鼓舞和兴奋。

（五）非常规油气资源

根据国际能源署《2017年世界能源展望》报告，中国天然气资源储量预估为50万亿立方米，其中绝大部分属于非常规天然气，仅页岩气就占32万亿立方米，占全球页岩气资源的15%[⑧]。因此，中国有着非常丰富的

---

① IEA：*World Energy Outlook* 2017，2017，Paris：International Energy Agency，2017，p. 598.

② IEA：*World Energy Outlook* 2017，2017，Paris：International Energy Agency，2017，p. 600.

③ IEA：*World Energy Outlook* 2015，Paris：International Energy Agency，2015，pp. 356－358；IEA：*World Energy Outlook* 2016，Paris：International Energy Agency，2016，pp. 408－409；IEA：*World Energy Outlook* 2017，Paris：International Energy Agency，2017，pp. 230－231；IEA：*World Energy Outlook* 2018，Paris：International Energy Agency，2018，p. 249；p. 292.

④ IEA：*World Energy Outlook* 2017，Paris：International Energy Agency，2017，p. 636.

⑤ 任平：《能源的饭碗必须端在自己手里》，载《人民日报》，2022年1月7日，第5版。

⑥ IEA：*World Energy Outlook* 2017，Paris：International Energy Agency，2017，p. 602.

⑦ IEA：*World Energy Outlook* 2018，Paris：International Energy Agency，2018，p. 44，p. 346.

⑧ IEA：*World Energy Outlook* 2017，Paris：International Energy Agency，2017，p. 590.

非常规油气资源。近年来，我国非常规油气资源勘探开发也取得了一些突破，如重庆硞陵页岩气、青海干热岩、深海油气、南海天然气水合物（可燃冰）等。中国在非常规油气资源上既紧跟技术前沿探索又保持“引而不发”的态势，将使中国更能从容地面对能源需求和能源转型。

综上所述，面对新一轮能源转型和工业革命浪潮，在全球气候变化脱碳背景下，中国的能源状况和有关条件对实现中国的低碳能源转型既有挑战又有机遇。从根本上来说，这需要解决好传统能源与发展新能源的关系，而这无疑是摆在中国各级政府、学术界、工商企业界面前的一个重大课题。需要观念、技术、政策、资金、营商环境等不断得到优化调整，需要继续优化供给侧结构性改革。同时，中国的能源转型也离不开国际能源合作的进一步推进。总体来看，中国在新一轮能源转型中的机遇大于挑战。

结　语

本书从能源转型视角下透视近代以来有关大国的崛起。为了更好地对研究的问题进行理解，本书首先搭建理论分析框架，厘清和设定有关概念，借鉴和移植融合有关理论，分析和推导出四个命题假设与推论。这些命题假设和推论通过第二章至第五章的历史回顾分析得到了经验验证。在此基础上，本书通过第六章进一步分析总结出能源转型与大国崛起之间的内在逻辑联系和历史启示。本书的主要核心发现可归纳如下：

第一，能源转型是大国经济起飞的重要路径和一项必要前提，大国经济起飞推动大国崛起，能源转型的过程就是国家经济起飞和国家崛起的过程。近代以来，能源已经成为影响、制约或促进国家经济发展与崛起的重要因素，能源转型是推动大国经济起飞的路径所在。推动这些变化的逻辑是：国家发展需求导致能源转型，从而使大国经济起飞和崛起具备了一种更高效“主导能源”引导的路径并触发了经济扩张效应的产生，从而推动了现代经济和社会转型。从能源形态到新工业形态再到新经济形态，国家经济在这个过程中实现了起飞和崛起。历史上重大能源转型推动了世界主要大国如葡萄牙、西班牙、荷兰、英国、美国、德国、法国、俄国、日本、意大利等国的经济起飞和崛起。同时，这些大国的崛起又会推动能源转型和能源革命向世界范围的扩展。在两次重大国际能源转型推动下，世界上以某种主导能源为基础的工业经济形态也经历了两次变迁，即从以植物能源、初始矿物能源、人畜与自然力为混合的前工业（1.0）经济形态→以化石能源固体煤炭为主导的工业（2.0）经济形态→以化石能源石油液体为主导的工业（3.0）经济形态。这一变迁过程是人类“工业文明”进程的反映。

第二，能源转型角色决定大国崛起层次，重大国际能源转型由崛起中的特定大国引领推进，国际能源转型引领与世界霸权或世界强国崛起存在着正向关系。前者的逻辑在于特定大国通过能源转型引领确立经济实力优势，具有为世界其他地区提供大部分主导能源、技术和关联产品的能力。后者的逻辑在于实力优势成为国际领导力和权力的来源。国际能源转型并不是一种常见的历史现象，世界霸权或世界强国崛起也只可能发生在少数国家身上。这样的稀缺现象与严苛条件限制有关。一方面，人类对众多能源资源的认识一直处于探索实践中，对资源的认识、开发、利用是一个长期的过程，有重大影响的能源转型一般不会轻易发生或者需要较长的时间过程。另一方面，在众多国家中，只有少数特定国家具有资源、市场、技术、制度与社会环境等各项要素的相对优势，有且只有当需求、条件、能力和环境等各项因素成功综合作用时，对某种新能源的开发利用以及面向这种新能源的转型才可能显现出必然性。这使得一旦能源转型开启，能源转型引领与主导国具有为世界提供大部分主导能源、技术和关联产品的能力，从而保障了国际能源转型的进行。同时转型引领国因此不断确立其主导下的新工业经济形态，从而不断获取超强经济实力和超强国力，并得以借此构建有利于自身国家利益的国际机制和国际规范，最终能不断向大国等级体系中的最高层次——世界霸权或世界强国崛起。历史表明，能源转型完成时间与霸权确立时间基本一致；能源转型跟随国一般很难实现霸权崛起，但可实现处于霸权跟随状态下或霸权挑战失败下的相对崛起或“次优”崛起。其中，能源依赖困境是限制这一状态的一个重要因素。

第三，能源转型形成特定能源依赖，能源依赖困境制约能源转型跟随国争霸。能源转型一旦启动和推进，所有国家都会形成对特定能源即转型中的主导能源的依赖，然而受资源禀赋差异、技术能力差异和国家崛起诉求等因素影响，各国对资源依赖具有差异性、竞争性以及不确定性等特征，能源依赖困境从而形成。然而历史表明，由于能源转型引领国在霸权崛起前具有任何他国不可比拟的能源资源优势或者霸权崛起后的超强国力，它们在能源依赖时具有主动权或超强应对能力，能源依赖困境对其并不突出。对于能源转型跟随国来说，情况则相反。在国家崛起中，资源禀赋不好的大国一般会遭遇“能源供应依赖”困境，能源供应安全对这类国家形成困扰，对外能源扩张压力体现在这类国家身上；资源禀赋较好的大国一般会遭遇“能源需求依赖”困境，能源需求安全对这类国家形成困扰，能源市场竞争诉求体现在这类国家身上；有的国家甚至还同时遭遇到两个方面的困扰。该困境的逻辑使国家崛起状态面临着要么接受现状，直至放弃争霸，要么不满足于现状，进行争霸挑战。但无论是能源对外扩张还是能源市场竞争，挑战国一般都会受到霸权国的遏制，使其挑战很难成功。因此，能源依赖困境限制了能源转型跟随国家的争霸。突破该困境的根本路径在于一国在崛起中能否再次成功引领实现国际能源转型，从而通过能源转型引领转换实现与霸权国的国际权力转移。然而，正如第二条所指出的，国际能源转型和国际权力转移都是极为罕见的现象。

需要强调的是，自近代以来能源转型与大国崛起呈现出较长的周期性变化特征，历史上的重大能源转型与大国崛起还推动了国际格局和能源地缘政治的变化，自近代以来世界经济中心和权力结构中心表现出欧洲—美洲—亚太逐步的移动轨迹特征。新一轮能源转型进程下，国际能源体系与国际经济和政治体系正逐渐地发生变化。

历史上的国际能源转型与大国崛起对中国具有重要的启示价值。在新一轮以低碳技术为核心的国际能源转型背景下，中国的能源转型具有自身的约束和激励，压力、挑战和机遇并存。庆幸的是，经过近几年的快速发展，中国已经是新一轮能源转型的引领国，中国在资源、技术和市场上都相对具有优势，新一轮能源转型对实现中华民族伟大复兴具有重大意义[①]。根据能源转型推动大国崛起的历史经验，让人们看到了可以通过推动新能源转型进而稳步推动中华民族伟大复兴的这种前景。而中国在以可再生能源为代表的新能源和电力技术的持续进步与“飞跃”则是这种前景的依靠和动力所在。然而，中国要持续引领实现能源转型，压力和挑战都非常大，机遇与困难并存。

① 有学者指出，中国应寻求的是全球性强国而非霸权。中国也一直声明不称霸。参见阎学通著：《世界权力的转移——政治领导与战略竞争》，北京：北京大学出版社，2015 年版，第 456-492 页；阎学通、张旗编著：《道义现实主义与中国的崛起战略》，北京：中国社会科学出版社，2018 年版，第 12-13 页、第 23-26 页；阎学通：《大国领导力》，李佩芝译，中信出版集团 2020 年版，第 53-64 页、第 245 页；陈遥：《信任力与中国和平发展》，载《世界经济与政治》，2020 年第 10 期，第 132 页；参见苏长和：《在新的历史起点上思考中国与世界的关系》，载《世界经济与政治》，2012 年第 8 期，第 18-19 页。

参考文献

一、著作类

（一）中文著作

［1］倪世雄等著：《当代西方国际关系理论》，上海：复旦大学出版社，2009年版。

［2］阎学通著：《世界权力的转移——政治领导与战略竞争》，北京：北京大学出版社，2015年版。

［3］阎学通、张旗编著：《道义现实主义与中国的崛起战略》，北京：中国社会科学出版社，2018年版。

［4］阎学通、孙学峰等著：《中国崛起及其战略》，北京：北京大学出版社，2005年版。

［5］阎学通著：《大国领导力》，李佩芝译，北京：中信出版集团，2020年版。

［6］封永平著：《大国崛起困境的超越：认同建构与变迁》，北京：中国社会科学出版社，2009年版。

［7］萧国亮、隋福民编著：《世界经济史》，北京：北京大学出版社，2007年版。

［8］罗荣渠著：《现代化新论——世界与中国的现代化进程》，北京：北京大学出版社，1993年版。

［9］金耀基著：《从传统到现代》，北京：中国人民大学出版社，1999年版。

［10］张卫良著：《英国社会的商业化历史进程：1500—1750》，北京：人民出版社，2004 年版。

［11］唐晋主编：《大国崛起》，北京：人民出版社，2006 年版。

［12］上海市社会科学界联合会编：《国际责任　互利共赢 · 软力量 · 对外战略：上海市社会科学界第五届学术年会文集：世界经济 · 国际政治 · 国际关系学科卷》，上海：上海人民出版社，2007 年版。

［13］于宏源著：《环境变化与权势转移：制度、博弈和应对》，上海：上海人民出版社，2011 年版。

［14］崔守军著：《能源大冲突——能源失序下的大国权力变迁》，北京：石油工业出版社，2013 年版。

［15］朱彤、王蕾著：《国家能源转型：德、美实践与中国选择》，杭州：浙江大学出版社，2015 年版。

［16］宁留甫著：《能源转换的政治经济学分析》，长春：吉林出版集团，2016 年版。

［17］董继斌主编：《能源社会学》，上海：书海出版社，2005 年版。

［18］高世宪等著：《推动能源生产和消费革命研究》，北京：中国经济出版社，2014 年版。

［19］王桂兰著：《能源战略与和平崛起》，北京：科学出版社，2011年版，第 31-88 页。

［20］余胜海著：《能源战争》，北京：北京大学出版社，2012 年版。

［21］波音著：《航海、财富与帝国：从经济学角度看世界历史》，北京：群言出版社，2017 年版。

［22］樊亢等编著：《主要资本主义国家经济简史》，北京：人民出版社，1973 年版。

［23］高德步、王珏编著：《世界经济史》，北京：中国人民大学出版社，2001 年版。

［24］李世安著：《欧美资本主义发展史》，北京：中国人民大学出版社，2004 年版。

［25］林伯强、黄光晓编著：《能源金融》，北京：清华大学出版社，2014 年版。

［26］王麟著：《铁路传奇》，太原：山西教育出版社，2015 年版。

［27］高铁见闻著：《高铁风云录》，湖南文艺出版社，2015 年版。

［28］焦娅敏、张贵红主编：《能源科技史教程》，上海：复旦大学出版社，2016 年版。

［29］肖仁源著：《德国铁道调查记》，协会书局，1932 年版。

［30］丁则民主编：《美国通史》（第三卷），北京：人民出版社，2002 年版。

［31］余志森主编：《美国通史》（第四卷），北京：人民出版社，2002 年版。

［32］刘绪贻、李存训著：《美国通史》（第五卷），北京：人民出版社，2002 年版。

［33］刘绪贻主编：《美国通史》（第六卷），北京：人民出版社，2002 年版。

［34］清华大学自然辩证教研组编：《科学技术史讲义》，北京：清华大学出版社，1982 年版。

［35］姜振寰著：《科学技术史》，济南：山东教育出版社，2010 年版。

［36］童鹰著：《现代科学技术史》，武汉：武汉大学出版社，2000 年版。

［37］中国美国史研究会编：《美国现代化历史经验》，北京：东方出版社，1994 年版。

［38］刘波著：《石油与 20 世纪的变迁》，开封：河南大学出版社，2005 年版。

［39］张爽著：《美国崛起之政治经济学分析》，北京：时事出版社，2012 年版。

[40] 中国社会科学院世界经济与政治研究所综合统计研究室编：《苏联和主要资本主义国家经济历史统计集》，北京：人民出版社，1989年版。

[41] 萨那等编：《第一次世界大战史》，北京：人民出版社，1979年版。

[42] 吴斐丹著：《经济学说史》，贵阳：贵州人民出版社，1984年版。

[43] 徐弃郁著：《脆弱的崛起：大战略与德意志帝国的命运》，北京：新华出版社，2011年版。

[44] 周启乾著：《日本近代经济简史》，北京：昆仑出版社，2006年版。

[45] 朱明编著：《日本经济的盛衰》，合肥：中国科学技术大学出版社，2004年版。

[46] 江红著：《为石油而战——美国石油霸权的历史透视》，北京：东方出版社，2002年版。

[47] 王云龙著：《现代化的特殊性道路：沙皇俄国最后60年社会转型历程解析》，北京：商务印书馆，2004年版。

[48] 宋则行、樊亢主编：《世界经济史》（上卷），北京：经济科学出版社，1998年版。

[49] 方明著：《全球货币战略：大国崛起》，北京：中国法制出版社，2013年版。

[50] 阎铸主编：《军事战略导论》，北京：中国社会科学出版社，1992年版。

[51] 樊勇明著：《西方国际政治经济学》，上海：上海人民出版社，2006年版。

[52] 吴友法等著：《德国通史·第六卷　重新崛起时代（1945—2010）》，南京：江苏人民出版社，2019年版。

[53] 吴友法、邢来顺著：《德国：从统一到分裂再到统一》，西安：三秦出版社，2005年版。

[54] 邢来顺著：《德国工业化经济——社会史》，武汉：湖北人民出版社，2003年版。

[55] 张芝联主编：《法国通史》，沈阳：辽宁大学出版社，2000年版。

[56] 沈坚著:《当代法国——欧洲的自尊与信心》，贵阳：贵州人民出版社，2000 年版。

[57] 沈汉著:《资本主义史》（第一卷），北京：人民出版社，2009 年版。

[58] 王国清、朱德祥编著:《世界煤炭地理》，北京：商务印书馆，1987 年版。

[59] 刘朝全、姜学峰主编:《2017 年国内外油气行业发展报告》，北京：石油工业出版社，2018 年版。

（二）外文译著

[1] [美] W. W. 罗斯托编:《从起飞进入持续增长的经济学》，贺力平等译，成都：四川人民出版社，2000 年版。

[2] [美] W. W. 罗斯托著:《这一切是怎么开始的：现代经济的起源》，黄其祥等译，北京：商务印书馆，2014 年版。

[3] [美] W. W. 罗斯托著:《经济增长的阶段：非共产党宣言》，郭熙保等译，北京：中国社会科学出版社，2001 年版。

[4] [美] W. W. 罗斯托著:《经济增长理论史：从大卫·休谟至今》，陈春良等译，杭州：浙江大学出版社，2016 年版。

[5] [美] 西蒙·库兹涅茨著:《现代经济增长》，戴睿等译，北京：北京经济学院出版社，1989 年版。

[6] [美] 道格拉斯·诺斯著:《西方世界的兴起》，张炳九译，北京：学苑出版社，1988 年版。

[7] [美] 道格拉斯·诺斯著:《经济史中的结构与变迁》，陈郁等译，上海：上海人民出版社，1994 年版。

[8] [美] 道格拉斯·诺斯著:《理解经济变迁过程》，钟正生等译，北京：中国人民大学出版社，2008 年版。

[9] [美] 詹姆斯·多尔蒂等著:《争论中的国际关系理论》（第五版），阎学通等译，北京：世界知识出版社，2013 年版。

[10] [美] 汉斯·摩根索著:《国家间政治：权力斗争与和平》（第

七版），徐昕等译，北京：北京大学出版社，2006 年版。

［11］［美］汉斯·摩根索著：《国际纵横策论争强权、求和平》，卢明华等译，上海：上海译文出版社，1995 年版。

［12］［英］马丁·怀特著：《权力政治》，宋爱群译，北京：世界知识出版社，2004 年版。

［13］［美］约翰·米尔斯海默著：《大国政治的悲剧》，王义桅等译，上海：上海人民出版社，2008 年版。

［14］［美］罗伯特·吉尔平著：《世界政治中的战争与变革》，武军等译，北京：中国人民大学出版社，1994 年版。

［15］［美］罗伯特·吉尔平著：《国际关系政治经济学》，杨宇光等译，上海：上海人民出版社，2011 年版。

［16］［美］保罗·肯尼迪著：《大国的兴衰——1500 年—2000 年的经济变迁与军事冲突》，王保存等译，北京：求实出版社，1988 年版。

［17］［美］保罗·肯尼迪著：《大国的兴衰》，陈景彪等译，北京：国际文化出版公司，2006 年版。

［18］［美］兹比格纽·布热津斯基著：《大棋局——美国的首要地位及其地缘战略》，中国国际问题研究所译，上海：上海人民出版社，1998 年版。

［19］［美］金德尔伯格著：《世界经济霸权：1500～1990》，高祖贵译，北京：商务印书馆，2003 年版。

［20］［美］罗伯特·基欧汉著：《霸权之后：世界政治经济中的合作与纷争》，苏长和等译，上海：上海人民出版社，2012 年版。

［21］［美］罗伯特·基欧汉，约瑟夫·奈著：《权力与相互依赖》，门洪华译，北京：北京大学出版社，2012 年版。

［22］［美］伊曼纽尔·沃勒斯坦著：《现代世界体系》（第一卷至第四卷），郭方等译，北京：社会科学文献出版社，2013 年版。

［23］［英］安格斯·麦迪森著：《世界经济两百年回顾》，李德伟、盖建玲译，北京：改革出版社，1997 年版。

［24］［英］安格斯·麦迪森著：《世界经济千年史》，伍晓鹰等译，北京：北京大学出版社，2003 年版。

［25］［美］肯尼思·华尔兹著：《国际政治理论》，信强译，上海：上海人民出版社，2008 年版。

［26］［美］亚历山大·温特著：《国际政治的社会理论》，秦亚青译，上海：上海人民出版社，2014 年版。

［27］［美］斯蒂芬·范·埃弗拉著：《战争中的原因：权力与冲突的根源》，何曜译，上海：上海人民出版社，2014 年版。

［28］［英］苏珊·斯特兰奇著：《国家与市场》，杨宇光等译，上海：上海人民出版社，2012 年版。

［29］［美］小约瑟夫·奈著：《理解国际冲突——理论与历史》，张小明译，上海：上海世纪出版集团，2001 年版。

［30］［美］约瑟夫·奈著：《硬权力与软权力》，门洪华译，北京：北京大学出版社，2005 年版。

［31］［英］克里斯·弗里曼、弗朗西斯科·卢桑著：《光阴似箭：从工业革命到信息革命》，沈宏亮主译，北京：中国人民大学出版社，2007 年版。

［32］［德］赫尔曼·希尔著：《能源变革：最终的挑战》，王乾坤译，北京：人民邮电出版社，2013 年版。

［33］［英］罗伯特·艾伦著：《近代英国工业革命揭秘：放眼全球的深度透视》，毛立坤译，杭州：浙江大学出版社，2012 年版。

［34］［英］罗伯特·C. 艾伦著：《全球经济史》，陆赟译，南京：译林出版社，2015 年版。

［35］［英］A. J. P. 泰勒著：《争夺欧洲霸权的斗争 1848—1918》，沈苏儒译，北京：商务印书馆，1987 年版。

［36］［美］杰夫·马德里克著：《经济为什么增长》，乔江涛译，北京：中信出版社，2003 年版。

［37］［英］彼得·杰伊著：《财富的历程》，杨建民译，北京：国际文

化出版公司，2005 年版。

［38］［美］巴巴拉 · 弗里兹著：《煤的历史》，时娜译，北京：中信出版社，2005 年版。

［39］［意］卡洛 · M. 奇波拉主编：《欧洲经济史》（第一卷），徐璇译，北京：商务印书馆，1988 年版。

［40］［意］卡洛 · M. 奇波拉主编：《欧洲经济史》（第三卷），吴良健等译，北京：商务印书馆，1989 年版。

［41］［英］波斯坦等主编：《剑桥欧洲经济史》（第二卷），钟和等译，北京：经济科学出版社，2004 年版。

［42］［英］波斯坦等主编：《剑桥欧洲经济史》（第四卷），王春法等译，北京：经济科学出版社，2003 年版。

［43］［英］波斯坦等主编：《剑桥欧洲经济史》（第六卷），王春法等译，北京：经济科学出版社，2002 年版。

［44］［英］波斯坦等主编：《剑桥欧洲经济史》（第七卷），王春法等译，北京：经济科学出版社，2004 年版。

［45］［英］波斯坦等主编：《剑桥欧洲经济史》（第八卷），王春法等译，北京：经济科学出版社，2004 年版。

［46］［美］阿尔弗雷德 · 克劳士比著：《人类能源史——危机与希望》，王正林等译，北京：中国青年出版社，2009 年版。

［47］［法］保尔 · 芒图著：《十八世纪产业革命：英国近代大工业初期的概况》，杨人楩等译，北京：商务印书馆，2011 年版。

［48］［美］曼塞 · G. 布莱克福德著：《西方现代企业的兴起》，锁箭译，北京：经济管理出版社，2001 年版。

［49］［美］斯塔夫里阿诺斯著：《全球通史：从史前到 21 世纪》，吴象婴等译，北京大学出版社，2006 年版。

［50］［英］克拉潘著：《现代英国经济史》（上、中、下卷），姚曾廙译，北京：商务印书馆，2011 年版。

［51］［法］米歇尔 · 波德著：《资本主义的历史：从 1500 年至 2010

年》，郑方磊等译，上海：上海辞书出版社，2011 年版。

［52］［英］W. H. B. 考特著：《简明英国经济史（1750 年至 1939 年）》，方廷钰等译，北京：商务印书馆，1992 年版。

［53］［加］瓦科拉夫·斯米尔著：《能源转型：数据、历史与未来》，高峰等译，北京：科学出版社，2018 年版。

［54］［法］布罗代尔著：《文明史》，常绍民等译，北京：中信出版社，2014 年版。

［55］［美］托马斯·K. 麦格劳著：《现代资本主义：三次工业革命中的成功者》，赵文书等译，南京：江苏人民出版社，1999 年版。

［56］［联邦德国］卡尔·艾利希·博恩等著：《德意志史》（第三卷），张载扬等译，北京：商务印书馆，1991 年版。

［57］［澳］A. G. 肯伍德、A. G. 洛赫德著：《国际经济的成长：1820～1990》，王春法译，北京：经济科学出版社，1997 年版。

［58］［苏］列宁著：《列宁全集》（第 27 卷），中共中央马克思恩格斯列宁斯大林著作编译局编译，北京：人民出版社，2017 年版。

［59］［英］克里斯蒂安·沃尔玛尔著：《铁路改变世界》，刘媺译，上海：上海人民出版社，2014 年版。

［60］［意］瓦莱里奥·卡斯特罗诺沃著：《意大利经济史：从统一到今天》，沈珩译，北京：商务印书馆，2000 年版。

［61］［美］吉尔伯特·C. 菲特、吉姆·E. 里斯著：《美国经济史》，司徒淳等译，沈阳：辽宁人民出版社，1981 年版。

［62］［美］汤普逊著：《中世纪经济社会史》（下册），耿淡如译，北京：商务印书馆，2011 年版。

［63］［美］曼库尔·奥尔森著：《国家兴衰探源——经济增长、滞胀与社会僵化》，吕应中等译，北京：商务印书馆，2001 年版。

［64］［美］加里·M. 沃尔顿、休·罗考夫著：《美国经济史》（第十版），王珏等译，北京：中国人民大学出版社，2013 年版。

［65］［美］法利得·扎卡利亚著：《从财富到权力》，门洪华等译，北

京：新华出版社，2001 年版。

［66］［苏］勃・弗・拉奇科夫著：《石油与世界政治》，上海师范大学外语系俄语组、上海《国际问题资料》编辑组合译，上海：上海人民出版社，1977 年版。

［67］［美］H. N. 沙伊贝、H. G. 瓦特、H. U. 福克纳等著：《近百年美国经济史》，彭松建等译，北京：中国社会科学出版社，1983 年版。

［68］［英］J. F. 佩克著：《国际经济关系——1850 年以来国际经济体系的演变》，卢明华等译，贵阳：贵州人民出版社，1990 年版。

［69］［美］钱德勒等编：《信息改变了美国：驱动国家转型的力量》，万岩、邱艳娟译，上海：上海远东出版社，2008 年版。

［70］［美］查理斯・R. 吉斯特著：《美国垄断史：帝国的缔造者和他们的敌人》，傅浩等译，北京：经济科学出版社，2004 年版。

［71］［美］斯坦利・L. 恩格尔曼、罗伯特・E. 高尔曼主编：《剑桥美国经济史：20 世纪》（第三卷），高德步等译，北京：中国人民大学出版社，2008 年版。

［72］［美］布鲁斯・卡明思著：《海洋上的美国霸权：全球化背景下太平洋支配地位的形成》，胡敏杰等译，北京：新世界出版社，2018 年版。

［73］［美］杰里米・阿塔克、彼得・帕塞尔著：《新美国经济史：从殖民地时期到 1940 年》，罗涛等译，北京：中国社会科学出版社，2000 年版。

［74］［美］孔华润（沃伦・I. 科恩）主编：《剑桥美国对外关系史》（上、下），王琛等译，北京：新华出版社，2004 年版。

［75］［美］托马斯・帕特森等著：《美国外交政策》（上、下），李庆余译，北京：中国社会科学出版社，1989 年版。

［76］［法］弗朗索瓦・卡龙著：《现代法国经济史》，吴良健等译，北京：商务印书馆，1991 年版。

［77］［苏］И. И. 罗斯图诺夫主编：《第一次世界大战史：1914—1918》（上册），钟石译，上海：上海译文出版社，1982 年版。

［78］［美］丹尼尔·耶金著：《石油风云》，上海市政协翻译组译，上海：上海译文出版社，1992 年版。

［79］［英］艾瑞克·霍布斯鲍姆著：《帝国的年代：1875—1914》，贾士蘅译，北京：中信出版集团，2017 年版。

［80］［德］迪特尔·拉甫著：《德意志史：从古老帝国到第二共和国》，波恩 Inter Nationes 出版社，1987 年版。

［81］［联邦德国］卡尔·哈达赫著：《二十世纪德国经济史》，扬绪译，北京：商务印书馆，1984 年版。

［82］［俄］B. Ю. 阿列克佩罗夫著：《俄罗斯石油：过去、现在与未来》，石泽译审、何小平副译审，北京：人民出版社，2012 年版。

［83］［苏］德波林主编：《第二次世界大战史》（第二卷），上海：上海译文出版社，1981 年版。

［84］［美］赫伯特·菲斯著：《通向珍珠港之路——美日战争的来临》，周颖如、李家善译，北京：商务印书馆，1983 年版。

［85］［苏］波梁斯基等主编：《苏联国民经济史讲义》（上、下册），秦文允等译，北京：三联书店，1964 年版。

［86］［苏］列利丘克著：《苏联的工业化：历史、经验、问题》，闻一译，北京：商务印书馆，2004 年版。

［87］［加］理查德·吉尔伯特、安东尼·珀尔著：《运输革命：超越石油的高铁之路》，赵乐静、赵无忌译，上海：上海科学技术出版社，2015 年第二版。

（三）外文著作

［1］A. F. K. Organski, *World Politics*, New York: Alfred Akonpf, 1958.

［2］George Modelski and William R. Thompson, *Sea Power in Global Politics, 1494–1993*, Seattle: University of Washington Press, 1988.

［3］George Modelski, *Long Cycles in World Politics*, London: Macmillan, 1987.

［4］Charles F. Doran, *The Politics of Assimilation: Hegemony and Its After-*

math, Baltimore: The Johns Hopkins Press, 1971.

[5] Charles Tilly, *Coercion, Capital, and European States, AD* 1990～1992, Oxford: Blackwell, 1992.

[6] Richard Rosecrance, *The Rise of the Trading State*, New York: Basic Books, 1986.

[7] Manus I. Mindlarsky ed., *Handbook of War Studies*, Boston: Unwin Hyman, 1989.

[8] Michael W. Flinn, *The History of the British Coal Industry*, 1700－1830, Vol. 2, Oxford: Clarendon Press, 1984.

[9] Hans-Joachim Braun, *The German Economy in the Twentieth Century*, London and New York: Routledge, 1990.

[10] Leopold von Ranke, *The Theory and practice of History*, The Bobbs-Merrill Company, Inc., 1973.

[11] E. H. Carr, *Twenty Years Crisis*, 1919-1939: *An Introduction to the Study of International Relations*, Palgrave Macmillan, 2001.

[12] A. J. P. Taylor, *The Struggle for Mastery in Europe*, Oxford: At the Clarendon Press, 1954.

[13] Jack S. Levy, *War in the Modern Great Power System*, 1495-1975, Lexington: University Press of Kentucky, 1983.

[14] Robert Gilpin, *War and Change in World Politics*, Cambridge: Cambridge University Press, 1981.

[15] Michael Doyle, *Empires*, New York: Cornell University Press, 1986.

[16] Owen Worth, *Rethinking Hegemony*, London: Palgrave Macmillan, 2015.

[17] William C. Wohlforth, *The Elusive Balance*: *Power and Perceptions during the Cold War*, Ithaca, NY: Cornell University Press, 1993.

[18] Howard Geller, *Energy Revolution*: *Policies For a Sustainable Fu-*

ture, Washington, D. C. : Island Press, 2003.

[19] Bruce Podobnik, *Global Energy Shifts*: *Fostering Sustainability in a Turbulent Age*, Philadelphia: Temple University Press, 2006.

[20] Robert A. Hefner Ⅲ, *The Grand Energy Transition*: *The Rise of Energy Gases*, *Sustainable Life and Growth*, *and the Next Great Economic Expansion*, New Jersey: John Wiley & Sons, Inc. , 2009.

[21] Vaclav Smil, *Energy Transitions*: *History*, *Requirements*, *Prospects*, Santa Barbara: Praeger, 2010.

[22] Vaclav Smil, *Energy in World History*, Boulder: Westview Press, 1994.

[23] Mason Willrich: *Energy and World Politics*, New York: The Free Press, 1975.

[24] William P. Avery and David P. Rapkin: *America in a Changing World Political Economy*, New York: Longman, 1982.

[25] N. F. R. Crafts, *British Economic Growth during the Industrial Revolution*, Oxford: Clarendon Press, 1985.

[26] Kenneth. Pomeranz, *The Great Divergence*: *China*, *Europe*, *and the Making of the Modern World*, Princeton, NJ, Princeton University Press,2000.

[27] E. A. Wrigley, *Continuity*, *Chance and Change*, Cambridge: Cambridge University Press, 1988.

[28] John Peter Oleson, *The Oxford Handbook of Engineeringand Technology in the Classical World*, Oxford: Oxford University Press, 2009.

[29] Astrid Kander, et al. , *Power to the People*: *Energy in Europe over the Last Five Centuries*, Princeton: Princeton University Press, 2013.

[30] Paul Sweezy, *Modern Capitalism and Other Essays*, New York: Monthly Review Press, 1972.

[31] Maurice Aymard: *Dutch Capitalism and World Capitalism*, Cambridge: Cambridge University Press, 1982.

[32] E. E. Rich and C. H. Wilson: *Cambridge Economic History of Europe, Volume Ⅳ: The Economy of Expanding Europe in the 16th and 17th Centuries*, Cambridge: Cambridge University Press, 1967.

[33] Jan De Vries and Ad Van Der Woude, *The First Modern Economy: Success, Failure, and Perseverance of the Dutch Economy*, 1500 - 1815, Cambridge University Press, 1997.

[34] Jonathan I Israel, *Dutch Primacy in World Trade*, 1585-1740, Oxford: Clarendon Press, 1989.

[35] John U. Nef, *The Conquest of the Material World*, Chicago: University of Chicago Press, 1964.

[36] Edward A. Wrigley, *Energy and the English Industrial Revolution*, Cambridge: Cambridge University Press, 2010.

[37] Michael Reed, *The Age of Exuberance* 1550-1700, Routledge & Kagan Paul, 1986.

[38] Charles Singeret al: *A History of Technology, Volume Ⅲ: From the Renaissance to the Industrial Revolution*, c. 1500-c. 1750, Oxford: At the Clarendon Press, 1957.

[39] Peter A. O' Connor, *Energy Transitions*, Boston: Boston University Press, 2010.

[40] C. Cleveland: *Encyclopedia of Energy*, New York: Elsevier, 2004.

[41] Patrick O'Brien and Caglar Keyder, *Economic Growth in Britain and France*, 1780-1914: *Two Paths to the Twentieth Century*, Routledge, 1978.

[42] Margaret Jacob, *The Cultural Meaning of the Scientific Revolution*, New York: McGraw-Hill, 1988.

[43] E. P. Thompson, *The Making of the English Working Class*, New York: Alfred A. Knope, Inc., 1966.

[44] Jonathan Hughes, *American Economic History* (3rd edition), Scott, Foresman and Company, 1990.

［45］ D. Landes, *The Unbound Prometheus*: *Technological and Industrial Development in Western Europe from* 1750 *to the Present*, Cambridge: At the University Press, 1969.

［46］ P. G. M. Dickson: *The Financial Revolution in England*: *A Study in the Development of Public Credit*, 1688–1756, Routledge, 2016.

［47］ Joseph J. Spengler: *Natural Resources and Economic Growth*. Washington: Resources for the Future, 1961.

［48］ Alfred Chandler, *The Railroads*: *The Nation's First Big Business*, New York: Harcourt, Brace & World, 1965.

［49］ Alfred Chandler, *The Visible Hand*: *Tile Managerial Revolution in American Business*, Cambridge, Massachusetts: Harvard University Press, 1977.

［50］ Angel Kwolek-Folland, *Engendering Business*: *Men and Women in the Corporate Office*, 1870-1930, Baltimore and London: Johns Hopkins University Press, 1994.

［51］ Daniel Yergin, *The Prize*: *The Epic Quest for Oil*, *Money and Power*, New York: Simon & Schuster, 1991.

［52］ Bruce L. R. Smith and Joseph J. Karlesky, *The State of Academic Science*, Vol. 1. New Rochelle, N. Y. Change Magazine Press, 1977.

［53］ Stanley Lebergott, *Pursuing Happiness*: *American Consumers in the Twentieth Century*, Princeton, N. J.: Princeton University Press, 1993.

［54］ Stanley Lebergott, *The American Economy*: *Income*, *Wealth and Want*, Princeton, N. J.: Princeton University Press, 1962.

［55］ Peter Fearon, *War*, *Prosperity and Depression*: *The American Economy* 1917–1945, University Press of Kansas, 1987.

［56］ Susan B. Carter, et al. *The Historical Statistics of the United States*: *Early Times to the Present*, *Volume V*, New York: Cambridge University Press, 2006.

［57］ Peter N. Stearns, *The Industrial Revolution in World History*, Boulder, Colorado: Westview Press, 1993.

[58] Imanuel Geiss, *Foreign Policies of the Great Powers: German Foreign Policy* 1871 - 1914, Volume Ⅸ, London and NewYork: Routledge & Kegan Paul Ltd., 1976.

[59] Otto Pflanze, *Bismarck and the Development of Germany*, Vol. 2, Princeton, N. J.: Princeton University Press, 1990.

[60] Lord Edmond Fitzmaurice, *The Life of Granville George Leveson Gower: Second Earl Granville K. G.* 1815 - 1891, Vol. 2, London: Longmans, Green and Co., 1905.

[61] Nazli Choucri and Robert C. North, *Nations in Conflict: National Growth and International Violence*, San Francisco: W. H. Freeman and Company, 1975.

[62] Peter Liberman, *Does Conquest Pay? The Exploitation of Occupied Industrial Societies*, Princeton: Princeton University Press, 1996.

[63] Anthony Sampson: *The Seven Sisters: The Great Oil Companies and the World They Shaped*, New York: Bantam Books, 1991.

[64] Vaclav Smil, *Energy in World History*, Boulder: Westview Press, 1994.

[65] Mauro Agnoletti, Simone Neri Serneri Editors, *The Basic Environmental History*, London: Springer, 2014.

二、论文类

（一）中文论文

[1] 叶江:《试析大国崛起与“安全困境”的关系》，载《世界经济与政治》，2005 年第 2 期。

[2] 宋德星:《中国崛起的大战略理论建构》，载《国际展望》，2013 年第 6 期。

[3] 约翰·R. 麦克尼尔:《能源帝国：化石燃料与 1580 年以来的地缘

政治》，格非译，载《学术研究》，2008 年第 6 期。

［4］赵宏图：《国际能源转型现状与前景》，载《现代国际关系》，2009 年第 6 期。

［5］舒小昀：《工业革命：从生物能源向矿物能源的转变》，载《史学月刊》，2009 年第 11 期。

［6］邱建群：《生态危机与能源转换——英国首先发生工业革命原因之新解》，载《辽宁大学学报（哲学社会科学版）》，2010 年第 2 期。

［7］朱彤：《能源革命的概念内涵、国际经验及应注意的问题》，载《煤炭经济研究》，2014 年第 11 期。

［8］邹才能、赵群、张国生、熊波：《能源革命：从化石能源到新能源》，载《天然气工业》，2016 年第 1 期。

［9］潘荣成：《近代早期英国能源转型及其启示》，载《理论月刊》，2016 年第 2 期。

［10］裴广强：《近代以来西方主要国家能源转型的历程考察——以英荷美德四国为中心》，载《史学集刊》，2017 年第 4 期。

［11］史丹：《能源转型与低碳工业化道路》，载《理论视野》，2017 年第 11 期。

［12］舟丹：《全球第三次能源转型的特征》，载《中外能源》，2017 年第 9 期。

［13］李秀：《雅尔塔会议与美国石油》，载《史学集刊》，1995 年第 3 期。

［14］中国银行国际金融研究所课题组：《全球能源格局下我国的能源金融化策略》，载《国际金融研究》，2012 年第 4 期。

［15］苏长和：《在新的历史起点上思考中国与世界的关系》，载《世界经济与政治》，2012 年第 8 期。

［16］张建新：《21 世纪的国际能源安全问题》，载《国际安全研究》，2013 年第 6 期。

［17］吴磊：《中国能源安全面临的战略形势与对策》，载《国际安全

研究》2013 年第 5 期。

[18] 吴磊:《国际能源体系转型与中国应对》,载《人民论坛·学术前沿》,2016 年第 11 期。

[19] 吴磊、詹红兵:《国际能源转型与中国能源革命》,载《云南大学学报(社会科学版)》,2018 年第 3 期。

[20] 许剑:《国际能源转型的技术路径与中国的角色》,载《云南大学学报(社会科学版)》,2018 年第 3 期。

[21] 吴磊、许剑:《论能源安全公共产品属性与能源安全共同体构建》,载《国际安全研究》,2020 年第 5 期。

[22] 吴磊:《新能源发展对能源转型及地缘政治的影响》,载《太平洋学报》,2021 年第 1 期。

[23] 曹峰毓:《国际能源革命与中国的对策》,云南大学博士学位论文,2019 年。

[24] 任琳、黄宇韬:《技术与霸权兴衰的关系——国家与市场逻辑的博弈》,载《世界经济与政治》,2020 年第 5 期。

[25] 卢凌宇、鲍家政:《从制造者到索取者:霸权衰落的逻辑》,载《世界经济与政治》,2019 年第 9 期。

[26] 卢凌宇、许剑:《因“祸”得福?石油进口依赖与发展中国家能力》,载《世界经济与政治》,2020 年第 12 期。

[27] 张秋生、李先进:《再论太平洋战争初期东南亚迅速沦陷的原因》,载《东南亚纵横》,2009 年第 6 期。

[28] 周林薇:《论战后日本经济增长方式的转折及对我国的启迪》,载《日本问题研究》,1996 年第 1 期。

[29] 汤重南:《浅谈近代日本的国体——军事封建帝国主义》,载《日本研究》,1999 年第 4 期。

[30] 陈薇薇:《冷战后日本政治右倾化及其对中日关系的影响》,湖南师范大学硕士学位论文,2014 年。

[31] 张克清:《日本政治大国战略对中日关系的影响》,东北大学硕

士学位论文，2008 年。

[32] 杨松：《近代英国棉纺织业发展研究（1760-1860）》，陕西师范大学硕士学位论文，2016 年。

[33] 李广一、刘维楚：《略论英国工业的发展速度》，载《湘潭大学学报（哲学社会科学版）》，1978 年第 1 期。

[34] 徐弃郁：《德国崛起的战略空间拓展及其启示》，载《当代世界》，2011 年第 12 期。

[35] 郭碧坚：《从科学技术的投入和产出看美苏等国的基础研究》，载《科学学研究》，1986 年第 1 期。

[36] 李东：《论美苏实力对比变化的发展趋势及其主要原因》，载《复旦学报（社会科学版）》，1988 年第 2 期。

[37] [美] 班宁・加勒特、邦妮・格拉塞：《日益扩大的美苏技术差距及其战略意义》，许铁兵摘译，载《国际经济评论》，1985 年第 5 期。

[38] 于国政：《苏联对外经济联系的现状、潜力和趋势》，载《苏联东欧问题》，1991 年第 5 期。

[39] 王启生：《关于日本南进与北进扩张战略的几个问题》，载《厦门大学学报（哲学社会科学版）》，1983 年第 2 期

[40] 封永平：《认同变迁：英美权力的和平转移》，载《国际政治科学》，2005 年第 3 期。

[41] 杨露：《理解经济增长的制度基础——对话复旦大学教授唐世平》，载《南风窗》，2017 年第 14 期。

[42] 吴云霞：《论近代英国采煤技术的发展》，陕西师范大学硕士论文，2011 年。

[43] 黄振乾、唐世平：《现代化的“入场券”——现代欧洲国家崛起的定性比较分析》，载《政治学研究》，2018 年第 6 期。

[44] 于宏源：《霸权国的支撑机制：一种资源知识视角的分析》，载《欧洲研究》，2018 年第 1 期。

[45] 高程：《中美竞争视角下对“稳定发展中美关系”的再审视》，

载《战略决策研究》，2018 年第 2 期。

[46] 高程：《中美竞争与“一带一路”阶段属性和目标》，载《世界经济与政治》，2019 年第 4 期。

[47] 陈遥：《信任力与中国和平发展》，载《世界经济与政治》，2020 年第 10 期。

[48] 高程、王震：《大国崛起模式与中国的策略选择——基于大国崛起历史进程的比较分析》，载《世界经济与政治》，2020 年第 12 期。

[49] 苗中泉：《世界能源秩序与地缘政治动力》，载《南大亚太评论》，2020 年第 1 期。

[50] 中华人民共和国国务院办公室：《新时代的中国能源发展》，载《人民日报》，2020 年 12 月 22 日。

[51] 周守为、朱军龙：《助力“碳达峰、碳中和”战略的路径探讨》，载《天然气工业》，2021 年第 12 期。

[52] 任平：《能源的饭碗必须端在自己手里》，载《人民日报》，2022 年 1 月 7 日。

（二）外文论文

[1] Charles F. Doran & Wes Parsons, “War and the Cycle of Relative Power”. *The American Political Science Review*, Vol. 74, No. 4, 1980.

[2] Charles F. Doran, “War and Power Dynamics: Economic Underpinnings”, *International Studies Quarterly*, Vol. 27, No. 4, 1983.

[3] Charles F. Doran, “Systemic Disequilibrium, Foreign Policy Role, and the Power Cycle: Challenges for Research Design”, *The Journal of Conlict Resolution*, Vol. 33, No. 3, 1989.

[4] Charles F. Doran, “Power Cycle Theory of Systems Structure and Stability: Commonalities and Complementarities”, in Midlarsky, ed., *Handbook of War Studies*, Boston: Unwin Hyman, 1989.

[5] Charles Maynes, “‘Principled’ Hegemony”, *World Policy Journal*, Vol. 14, No. 3, 1997.

[6] John H. Herz, "Idealist Internationalism and the Security Dilemma", *World Politics*, Vol. 2, No. 2, 1950.

[7] Nikolai D. Kondratieff, "Long Waves in Economic Life", *Review of Economics and Statistics*, Vol. 17, No. 6, 1935.

[8] Edwad F. Willis, "Anglo－German Rivalry Before the World War", *The Southwestern Social Science Quarterly*, Vol. 19, No. 3, 1938.

[9] Michael Hechter and William Brustein, "Regional Modes of Production and Patterns of State Formation in Western Europe", *American Journal of Sociology*, Vol. 85, No. 5, 1980.

[10] Richard B. Du Boff, "The Introduction of Electric Power in American Manufacturing", *The Economic History Review*, Vol. 20, No. 3, 1967.

[11] Milton Lipton, "Energy in the American Economy 1850－1975", *Challenge*, Vol. 10, No. 9, 1962.

[12] Charles Krauthammer, "The Unipolar Moment", *Foreign Affairs*, Vol. 70, No. 1, 1990.

[13] Gavin Wright, "The Origins of American Industrial Success, 1879－1940", *American Economic Review*, Vol. 80, September 1990.

[14] Terry Boswell & Mike Sweat, "Hegemony, Long Waves, and Major Wars: A Time Series Analysis of Systemic Dynamics, 1496－1967", *International Studies Quarterly*, Vol. 35, No. 2, 1991.

[15] Patrick O' Brien and Geoffrey Allen Pigman, "Free Trade, British Hegemony and the International Economic Order in the Nineteenth Century", *Review of International Studies*, Vol. 18, No. 2, 1992.

[16] Joel Hayward, "Hitler' s Quest for Oil: The Impact of Economic Considerations on Military Strategy, 1941－1942", *Journal of Strategic Studies*, 18 December, 1995.

[17] Michael Mastanduno, "Preserving the Unipolar Moment: Realist Theories and U. S. Grand Strategies after the Cold War", *International Security*,

Vol. 21, No. 4, 1997.

[18] Martha Finnemore and Kathryn Sikkink, "International Norm Dynamics and Political Change", *International Organization*, Vol. 52, No. 4, 1998.

[19] William C. Wolfforth, "The Stability of a Unipolar World", *International Security*, Vol. 24, No. 1, 1999.

[20] Jeroen C. J. M. Frans H. Oosterhuis, "An Evolutionary Economic Analysis of Energy Transitions", *ERSA Conference Papers*, 45th Congress of the European Regional Science Association, 2005.

[21] Donald Puchala, "World Hegemony and the United Nations", *International Studies Review*, Vol. 7, No. 4, 2005.

[22] Daron Acemoglu, Simon Johnson and James Robinson, "The Rise of Europe: Atlantic Trade, Institutional Change, and Economic Growth", *American Economic Review*, Vol. 95, No. 3, 2005.

[23] Steven Mufson, "As China, U. S. Vie for More Oil, Diplomatic Friction May Follow", *Washington Post*, April 15, 2006.

[24] Feng Yongping, "The Peaceful Transition of Power from the UK to the US", *The Chinese Journal of International Politics*, Vol. 1, No. 1, 2006.

[25] Daniel Yergin, "Ensuring Energy Security", *Foreign Affairs*, Vol. 85, No. 2, 2006.

[26] Ian Clark, "Towards an English School Theory of Hegemony", *European Journal of International Relations*, Vol. 15, No. 2, June 2009.

[27] Brock Tessman, Wojtek Wolfe, "Great Powers and Strategic Hedging: The Case of Chinese Energy Security Strategy", *International Studies Review*, Vol. 13, No. 2, 2011.

[28] Arnulf Grubler, "Energy transitions research: Insights and cautionary tales", *Energy Policy*, Vol. 50, 2012.

[29] David Jacobs, "The German Energiewende–History, Targets, Policies and Challenges", *Renewable Energy Law and Policy Review*, Vol. 3, No. 4,

2012.

[30] Robert C. Allen, "Backward into the future: The shift to coal and implications for the next energy transition", *Energy Policy*, Vol. 50, 2012.

[31] Roger Fouquet, Peter J. G Pearson, "Past and Prospective Energy Transitions: Insights from History", *Energy Policy*, Vol. 50, 2012.

[32] Edward A. Wrigley, "Energy and the English Industrial Revolution", *Philosophical Transactions of the Royal Society A* (*Mathematical, Physical & Engineering Sciences*), Vol. 371, No. 1986, 2013.

[33] Karaman Kivanc and Sevket Pamuk, "Different Paths to the Modern State in Europe: The Interaction Between Warfare, Economic Structure, and Political Regime", *American Political Science Review*, Vol. 107, No. 3, 2013.

[34] Peter A. O' Connor, Cutler J. Cleveland, "U. S. Energy Transitions 1780-2010", *Energies*, Vol. 7, No. 12, 2014.

[35] World Energy Council, *Global Energy Transitions: A Comparative Analysis of Key Countries and Implications for the International Energy Debate*, Berlin: Weltenergierat-Deutschland, 2014.

[36] He Jian-Kun, "Objectives and Strategies for Energy Revolution in the Context of Tackling Climate Change", Advances in Climate Change Research, Vol. 6, No. 2, 2015.

[37] Benjamin K. Sovacool, "How long will it take? Conceptualizing the temporal dynamics of energy transitions", *Energy Research & Social Science*, Vol. 13, 2016.

[38] Roger Fouquet, "Historical energy transitions: Speed, prices and system transformation", *Energy Research & Social Science*, Vol. 22, 2016.

[39] Daniel W. Drezner, "Technological Change and International Relations", *International Relations*, Vol. 33, No. 2, 2019.

三、报告类

[1] *Global Energy Transitions*, London: World Energy Council, 2014.

[2] Angus Maddison: *Development Centre Studies the World Economy: A Millennial Perspective*, Paris: OECD Pub, 2001.

[3] IEA: *World Energy Outlook* 2015, Paris: International Energy Agency, 2015.

[4] IEA: *World Energy Outlook* 2016, Paris: International Energy Agency, 2016.

[5] IEA: *World Energy Outlook* 2017, Paris: International Energy Agency, 2017.

[6] IEA: *World Energy Outlook* 2018, Paris: International Energy Agency, 2018.

[7] IEA: *World Energy Outlook* 2019, Paris: International Energy Agency, 2019.

[8] IEA: *World Energy Outlook* 2020, Paris: International Energy Agency, 2020.

[9] IEA: *The Future of Rail: Opportunity for energy and the environment*, 2019, Paris: International Energy Agency, 2019.

[10] IRENA: *A New World-The Geopolitics of the Energy Transformation*, 2019, Abu Dhabi: International Renewable Energy Agency, 2019.

[11] BP: *BP Statistical Review of World Energy*, 2019, London: BP, 2019.

[12] BP: *BP Statistical Review of World Energy*, 2020, London: BP, 2020.

[13] 中国石油技术经济研究院：《2050年世界与中国能源展望》(2019版)。

四、电子文献与网络资料类

[1] Arnulf Grübler, "Energy Transitions", The Encyclopedia of Earth, April 16, 2013, https://editors.eol.org/eoearth/wiki/Energy_transitions.

［2］习近平：《积极推动我国能源生产和消费革命》，新华网，http：//news. xinhuanet. com/。

［3］J. W. de Zeeuw，“Peat and the Dutch Golden Age：The Historical Meaning of Energy Attainability”，1976，http：//peatandculture. org/document-en/Zeeuw. pdf.

［4］剑桥—哈佛“能源史：历史与经济联合中心”官方数据库，http：//sites. fas. harvard. edu/~histecon/energyhistory/。

［5］美国能源信息署（EIA），https：//www. eia. gov。

［6］EIA，*Annual Energy Review* 2011，Washington，DC：Energy Information Administration，2011，https：//www. eia. gov.

［7］IEA，https：//www. iea. org/.

［8］BP，https：//www. bp. com/.

［9］IRENA，https：//www. irena. org/.

［10］中国石油技术经济研究院，http：//etri. cnpc. com. cn/。

［11］中国石油新闻中心，http：//news. cnpc. com. cn/system/2020/03/31/001769303. shtml。

［12］中华人民共和国国务院新闻办公室，http：//www. scio. gov. cn。

［13］国家统计局网站，http：//www. stats. gov. cn/。

后　记

本书是在博士学位论文的基础上修改而成，而博士论文是数易其稿用近六年岁月铢积寸累而成。六年前，中国在新能源领域的引领发展已让世界惊艳。对此，国际能源署年度权威报告《2017 年世界能源展望》专门辟出“中国能源展望”专栏对中国能源发展尤其是新能源发展进行评估和展望。六年后，中国在新能源领域的持续引领发展态势更让我们坚定我国实现新一轮能源转型以及实现“双碳”目标的信心和前景。

回首求索之路，万千滋味涌心头。这里面既有踌躇满志，也有无数次的自我怀疑与否定，更有无数次对学术研究之根本的思考。但一路走来，仍心怀感恩、不忘初心。首先，我要由衷地感谢我的导师吴磊教授。正是有了他的帮助和指导，我的博士论文写作和博士求学才得以画上一个圆满的句号，然而我深知该论文离老师的殷切希望仍有诸多不足和不少差距。其次，我要由衷地感谢卢凌宇教授。卢老师到云南大学工作后，恰巧给我们这一届博士生讲授《国际关系理论》。从专业学习到论文写作指导，卢老师亦师亦友，也给予了我莫大的帮助和支持。再次，我要感谢张春教授对我博士论文提出的非常具有建设性的建议，这对搭建我论文的理论分析框架非常有帮助。最后，感谢云南大学历史与档案学院退休教师吕昭义教授老前辈等答辩专家及其教育部相关学位论文匿名外审专家对我论文的肯定、认可和建议，感谢云南大学国际关系研究院张永宏书记、卢光盛院长、李涛副院长以及施黎老师等领导和老师在我求学期间给予的帮助。

值此成果付梓之际，特别感谢经济管理出版社编辑对书稿的认可、帮助和支持，他们工作严谨、高效、专业，为本书的出版付出了巨大的努力，也感谢云南财经大学博士学术基金对本书的全额资助。

2023 年 8 月于昆明